1 fr. 25 le volume

ŒUVRES COMPLÈTES D'HECTOR MALOT

MONDAINE

PARIS
ERNEST FLAMMARION, ÉDITEUR
26, RUE RACINE, PRÈS L'ODÉON

EN VENTE A LA MÊME LIBRAIRIE

EN COURS DE PUBLICATION

ŒUVRES COMPLÈTES D'HECTOR MALOT

à 1 fr. 25 le volume

Le Lieutenant Bonnet	1 vol.
Suzanne	1 vol.
Miss Clifton	1 vol.
Clotilde Martory	1 vol.
Pompon	1 vol.
Mariohette	1 vol.
Un Curé de Province	1 vol.
Un Miracle	1 vol.
Romain Kalbris	1 vol.
La Fille de la Comédienne	1 vol.
L'Héritage d'Arthur	1 vol.
Le Colonel Chamberlain	1 vol.
La Marquise de Lucillière	1 vol.
Ida et Carmelita	1 vol.
Thérèse	1 vol.
Le Mariage de Juliette	1 vol.
Une Belle-Mère	1 vol.
Séduction	1 vol.
Paulette	1 vol.
Bon Jeune homme	1 vol.
Comte du Pape	1 vol.
Marié par les Prêtres	1 vol.
Cara	1 vol.
Vices Français	1 vol.
Raphaelle	1 vol.
Duchesse d'Arvernes	1 vol.
Corysandre	1 vol.
Anie	1 vol.
Les Millions Honteux	1 vol.
Le docteur Claude	2 vol.
Le Mari de Charlotte	1 vol.
Conscience	1 vol.
Justice	1 vol.
Les Amants	1 vol.
Les Époux	1 vol.
Les Enfants	1 vol.
Les Amours de Jacques	1 vol.

PARIS. — IMP. C. MARPON ET E. FLAMMARION, RUE RACINE, 26.

MONDAINE

Ouvrages de HECTOR MALOT

COLLECTION GRAND IN-18 JÉSUS

Les Victimes d'amour : Les Amants, Les Époux, Les Enfants .... 3 vol.
Les Amours de Jacques .... 1 —
Romain Kalbris .... 1 —
Un beau-frère .... 1 —
Madame Obernin .... 1 —
Une bonne affaire .... 1 —
Un curé de province .... 1 —
Un miracle .... 1 —
Souvenirs d'un blessé : Suzanne .... 1 —
Souvenirs d'un blessé : Miss Clifton .... 1 —
La belle madame Donis .... 1 —
Clotilde Martory .... 1 —
Une belle-mère .... 1 —
Le mari de Charlotte .... 1 —
L'héritage d'Arthur .... 1 —
L'Auberge du monde : Le colonel Chamberlain, La marquise de Lucillière .... 2 —
L'Auberge du monde : Ida et Carmelita, Thérèse .... 2 —
Madame Prétavoine .... 2 —
Cara .... 1 —
Sans famille .... 2 vol.
Le docteur Claude .... 1 —
La Bohème tapageuse .... 3 —
Une femme d'argent .... 1 —
Pompon .... 1 —
Séduction .... 1 —
Les millions honteux .... 1 —
La petite sœur .... 2 —
Paulette .... 1 —
Les Besoigneux .... 2 —
Marichette .... 2 —
Micheline .... 1 —
Le sang bleu .... 1 —
Le lieutenant Bonnet .... 1 —
Baccara .... 1 —
Zyte .... 1 —
Vices français .... 1 —
Ghislaine .... 1 —
Conscience .... 1 —
Justice .... 1 —
Mariage riche .... 1 —
Mondaine .... 1 —
Mère .... 1 —
Anie .... 1 —
Complices .... 1 —
En famille .... 2 —

Mme HECTOR MALOT

Folie d'amour .... 1 vol.
Le prince .... 1 vol.

Émile Colin — Imprimerie de Lagny

MONDAINE

PAR

HECTOR MALOT

PARIS
ERNEST FLAMMARION, ÉDITEUR
26, RUE RACINE, PRÈS L'ODÉON

1896

MONDAINE

PREMIÈRE PARTIE

I

La rue Championnet, l'une des plus longues de Montmartre, était, il y a peu de temps encore, une simple route de banlieue, déserte et bien loin de Paris dont elle se trouve séparée par la butte et le mur du cimetière indéfiniment prolongé qui la mettent dans un isolement tranché, où rien ne peut avertir l'étranger qu'une puissante ville est là, tout près, vivante seulement par son mugissement. Qu'on la suivît de l'avenue de Saint-Ouen à la rue des Poissonniers, on ne trouvait sur cet interminable parcours que des boutiques de marchands de vin occupant le rez-de-chaussée de pauvres maisonnettes, des chantiers d'entrepreneurs, les grands bâtiments d'une école primaire, un jardin d'horticulteur et des terrains vagues, beaucoup, toujours des terrains vagues. Vastes comme de vrais champs de campagne, ils étalaient de chaque côté du trottoir une herbe poudreuse l'été, rare l'hiver; et les palissades plus ou moins vermoulues continuaient les palissades. Sur plusieurs s'élevaient des constructions bizarres tenant autant du hangar et de la hutte que de la maison, et rappelant plutôt des campements de sauvages que des habitations d'hommes civilisés ; des abris, non des demeures.

Dans l'un de ces terrains qui a deux entrées, l'une sur la rue Championnet, et l'autre sur un passage débouchant rue Marcadet, une cabane en planches couverte d'un toit de carton bitumé est habitée par un vieux porteur de journaux appelé le père Trip, qui paie son loyer en tenant l'emploi de gardien de cet enclos.

Les autres terrains voisins se gardent tout seuls, mais, comme dans celui-là, s'élèvent plusieurs bâtiments, — sur la rue un atelier de serrurier ; sur le passage la remise d'un déménageur ; au centre, une maisonnette à un étage ; et en face une cabane en planche, dans le genre de celle du gardien, — il a bien fallu un concierge pour ouvrir les barrières le matin et les fermer le soir.

Quand de la rue on regarde la maisonnette adossée au mur mitoyen d'une scierie dont on entend le ronflement continuel, il semble qu'avec sa façade vitrée d'un large et haut châssis, elle doit être l'atelier d'un peintre ou d'un statuaire qui, faisant passer les exigences du bon marché avant celles du bien-être et du confortable, n'a pas craint de s'exiler dans ce quartier désert. L'été, un cordon de vigne vierge enguirlande son toit de tuiles rouges. L'hiver, des lierres égaient ses murs de leur verdure. Tandis que le terrain est encombré de débris de toutes sortes et d'herbes folles, un tapis de gazon s'étend devant la porte, formant un jardinet au centre duquel s'élève une touffe de sureau dont les branches retombent en parasol.

C'est, en effet, un atelier construit pour un sculpteur à ses débuts, qui l'a habité alors que, travaillant dans la solitude, à la besogne du matin au soir, sans distractions, sans relations, il n'avait de rapports qu'avec ses modèles et son praticien ; mais qu'il a quitté le jour où le succès lui étant venu enfin, avec une œuvre heureuse, il a compris que les gens du monde, si désireux qu'ils pussent être d'avoir un buste signé de son jeune nom glorieux, ne se décideraient jamais au voyage qu'ils devraient entreprendre pour arriver jusqu'à lui.

— Rue Championnet ? Où donc prenez-vous ça, la rue Championnet ?

— Quartier des Grandes-Carrières.

Autant dire dans la forêt de Bondy ou de Sénart.

Quand le père Trip avait accroché l'écriteau : *Atelier et logement à louer*, il avait pensé qu'il aurait plus d'une fois à le renouveler, effacé et déchiré par les intempéries, avant de retrouver un locataire, car il ne se faisait pas d'illusions, le pauvre vieux, sur les charmes et les agréments du quartier qu'il habitait malgré lui. Quel serait l'artiste assez dépourvu de clientèle ou d'amis pour venir s'enterrer là !

Et cependant, au bout de huit jours, il s'était présenté un amateur qui, après avoir visité les trois pièces dont se composait la maison : l'atelier, une petite chambre, une cuisine assez grande, avait dit qu'il la prenait.

Tout de suite. Comme ça. Sans marchander. Le père Trip fut stupéfait. Il était honnête homme, le vieux gardien, et comme le prix qu'il avait annoncé était une demande qui, selon lui, serait discutée et par conséquent abaissée, il était gêné de voir qu'on l'acceptât ainsi. Ne devait-il pas offrir à ce locataire naïf un moyen de rattraper en partie ce qu'il venait d'abandonner si bénévolement ! Il le crut.

— Il y aura bien quelques petites réparations, dit-il.

— Je ferai faire celles que je jugerai utiles.

C'était à désespérer. Qu'était donc ce singulier locataire ?

— Monsieur se nomme ?

— Geoffroy.

— Sculpteur ?

— Non.

— Peintre ?

— Non.

— Ni peintre, ni sculpteur ! Alors pourquoi louait-il un atelier d'artiste ? Et dans ce quartier maudit que lui, Trip, aurait abandonné, s'il avait eu le moyen de payer son terme ailleurs, à Montrouge, par exemple, où son ambition se flattait de demeurer un jour, si les temps devenaient meilleurs.

De plus en plus surpris, il examina son locataire.

C'était un homme de vingt-huit à trente ans, qu'à son allure décidée, à sa tournure élégante, à son regard droit et à son parler bref on aurait pu prendre pour un officier, n'eût été une longue barbe brune frisée qui n'avait rien de militaire. Trip n'était pas un observateur qui, du premier coup d'œil, caractérise et classe celui qu'il examine, mais dans ses années de service, il avait été brosseur et il lui sembla que le costume aussi n'était pas celui d'un officier en bourgeois; moins pincé, moins habillé, plus souple.

En continuant les questions qui étaient dans son rôle de concierge, il arriverait bien à savoir quelque chose, sans doute.

— Et pour les renseignements? demanda-t-il.

— Je paie d'avance.

— C'est l'habitude qu'on prenne des renseignements; le propriétaire y tient.

— Vous lui direz que j'arrive de province.

— Mais...

— Est-ce qu'il craint qu'on fasse partir ses autres locataires! demanda Geoffroy en regardant le terrain vague qui s'étalait autour d'eux.

— Enfin ce que j'en dis c'est par ordre; si monsieur veut revenir demain.

Le propriétaire était trop heureux de louer cet atelier, qu'il croyait garder vacant pendant plusieurs termes, pour ne pas saisir cette occasion inespérée et accepter ce locataire quel qu'il pût être. Que lui importait qu'il ne donnât pas de renseignements, puisqu'il payait d'avance. C'était peut-être un amoureux qui voulait une maison discrète pour ses rendez-vous. Et quand ce serait un voleur cherchant à se cacher, il n'y avait pas à craindre qu'il emportât le terrain. Et puis il payait d'avance

Le lendemain, le nouveau locataire arriva en compagnie de fumistes et, sous sa direction, commencèrent aussitôt des travaux qui continuèrent l'étonnement de Trip.

Comme on était au mois de septembre, il admettait que dans cette maisonnette posée sur le sol même et construite en carreaux de plâtre avec pans de bois et enduits extérieurs au balai, on voulût un chauffage moins primitif que celui dont se contentait le sculpteur, habitué à la dure et qui n'avait pas d'autre souci que d'empêcher sa terre de geler. Mais dans le travail des fumistes il ne semblait pas que rien dût prendre la forme d'un calorifère, d'une cheminée ou d'un poêle. Ils s'étaient installés dans la cuisine, et, à côté du fourneau, ils avaient, avec des briques et des plaques de poterie réfractaire, commencé une construction bizarre à laquelle Trip ne comprenait rien du tout.

Dépité de chercher sans trouver, il s'était décidé, poussé par la curiosité, à les interroger:

— Qu'est-ce que c'est donc que ces machines-là, hein, la coterie?

— Vous voyez bien, des fours.

Le père Trip, quoique la vie ne lui eût pas été douce, était resté vieux, l'homme gai de sa jeunesse, toujours prêt à la plaisanterie, riant des choses pour n'en pas pleurer, drôle dans toute sa personne, comique même avec sa tête ronde comme un boulet de canon et des yeux perçants qui éclairaient une physionomie mobile de mime, barbue, chevelue, et comme il se moquait facilement des gens, il était volontiers disposé à croire qu'on se moquait de lui.

— Des fours ! dit-il, vous vous fichez de moi ; pas des fours à pain au moins.

— Non, des fours d'émailleur.

Un émailleur alors, ce locataire; ni peintre ni sculpteur.

Trip n'était pas un ignorant, il connaissait parfaitement l'émail ; et même, il avait un petit plat en fonte émaillée dans lequel il faisait cuire des œufs bien mieux qu'à la poêle, mais il n'était pas une bête non plus et il ne pouvait pas croire que son locataire s'installait dans cet atelier pour fabriquer des plats de ce genre : un monsieur, son locataire, non un simple ouvrier ; cela se reconnaissait à ses manières, à sa façon de parler aux gens, sans familiarité comme sans brutalité, et aussi à la finesse de son linge.

Ce qu'il vit quand les fumistes eurent achevé la construction des fours dans la cuisine et l'installation d'un poêle-calorifère dans l'atelier, ce fut l'arrivée successive d'un mobilier qui sûrement était celui d'un monsieur. D'abord un marchand de literie apporta et monta dans la chambre un lit en cuivre qui éblouit Trip. Puis l'ameublement de l'atelier ne fut pas moins extraordinaire à ses yeux : une grande table en noyer ciré, une vieille commode avec des bronzes dorés, un canapé en tapisserie, deux fauteuils recouverts de cuir estampé, deux chaises volantes laquées rouge, n'était-ce pas caractéristique. Enfin une voiture du *Bon Marché* déposa entre ses mains deux tapis roulés, dont les étiquettes qu'il lut le firent rêver : sur l'une on lisait : Prix 475 fr. ; sur l'autre : Prix 525 fr. On gagnait donc bien gros dans l'émail qu'on pouvait dépenser une pareille somme pour des tapis qui n'étaient ni grands, ni neufs, et ne devaient pas être indispensables.

Après les fumistes et les marchands de meubles vinrent des ouvriers tapissiers qui posèrent des rideaux, des portières, et la maisonnette se trouva prête à recevoir son maître.

Ce fut un matin qu'il arriva ; Trip qui rentrait de sa tournée le vit descendre d'une voiture de place ; il était en costume de voyage : veston court, chapeau rond, et à la main il portait une couverture ; rien de plus naturel, puisqu'il venait de la province, mais ce qui l'était moins c'était l'absence de bagages : comment n'apportait-il pas avec lui ses vêtements et son linge de corps ?

Trip crut devoir le conduire jusqu'à la maisonnette et lui en ouvrir la porte ; la casquette à la main il allait rester dehors, quand son locataire lui demanda d'entrer.

— Pouvez-vous vous charger de mon ménage ? dit-il.

— Ça dépend.

— Je vous donnerai ce que vous demanderez.

— Ce n'est pas ça que je veux dire. Excusez-moi de m'être mal expliqué. Et puis il ne faudrait pas croire que je suis un homme à répondre de cette façon à une proposition honnête. Il ne s'agit pas du prix, mais de l'heure à laquelle vous voulez que votre ménage soit fait, parce qu'il faut que vous sachiez que je ne suis pas libre de mon temps : dans l'après-midi, de quatre à huit heures, je porte un journal du soir ; la nuit, de une heure à neuf ou dix heures, un journal du matin...

— Douze heures de marche !

— Eh oui, tous les jours sans en manquer un seul, pas même l'hiver, quand il tombe du verglas ou de la neige ; il faut que les abonnés aient leur journal à l'heure habituelle et quand on se fait remplacer, c'est des retards et des erreurs. Heureusement les jambes sont solides et le cœur est bon. Faut bien gagner sa vie, n'est-ce pas. C'est donc sur le coup de dix heures que je rentre, car la course est longue de Nogent à Paris.

— Eh bien, dix heures me conviennent.

— C'est que je dois vous dire que je ne suis pas encore libre à dix heures. Bien que vous n'ayez jamais vu ma femme, j'en ai une, tout de même, qui depuis trois ans ne quitte pas son lit, paralysée. Alors quand je rentre, il faut que je commence par m'occuper d'elle, que je lui fasse son café, car on mange tout de même au lit. Si bien que je ne peux pas être libre avant onze heures.

— Mettons onze heures, mettons midi si vous aimez mieux ; vous prendrez le moment de la journée où vous n'aurez rien à faire. Je tiens seulement à ce que vers midi vous puissiez aller me chercher mon déjeuner lorsque je travaillerai. Quant à mon lit vous le ferez quand vous pourrez. Au reste je ne coucherai pas souvent ici, quelques nuits seulement par mois.

Comme Trip le regardait avec curiosité, il ajouta, pour expliquer ces absences évidemment étranges :

— Je voyage beaucoup.

Trip essaya une question :

— Pour vos travaux ?

Mais il n'obtint pas de réponse, et son désappointement se traduisit par une grimace comique qui amena un demi-sourire sur le visage sérieux de Geoffroy.

— Comme je ne passerai pas la nuit ici aujourd'hui, continua celui-ci, je vous donnerai ma clé en partant.

— C'est que si vous partez après trois heures et demie, je ne serai plus à ma baraque, qui sera fermée.

— Alors, portez cette clé au serrurier et demandez-lui d'en faire une semblable tout de suite.

— Ce serrurier travaille dans l'électricité, non dans les serrures, et puis si vous le voulez bien, ce n'est pas la peine : quand votre prédécesseur sortait, il accrochait la clé à un clou dans le lierre, où je la prenais et où il la retrouvait quand il rentrait.

— C'est primitif.

— Il n'y a pas de danger ; elle est bien cachée, et jamais personne n'est entré chez lui.

— Eh bien, montrez-moi ce clou.

Au moment où Trip ouvrait la porte, un beau

chat jaune entra dans l'atelier, sans crainte, marchant droit, la queue en l'air, comme s'il était chez lui.

— Tiens, c'est Diavolo! Voilà qui est fort...

— Qu'est-ce qui est fort?

— Qu'il soit encore revenu. Il faut vous dire que c'est le chat du sculpteur, une belle bête, comme vous voyez, à laquelle on peut tenir. Naturellement on l'a emmené en déménageant; le lendemain il était de retour ici: du boulevard de Clichy à la rue Championnet, il a trouvé son chemin. Je l'ai reporté. Il est revenu. Je l'ai reporté encore, et le voilà. Que veux-tu que je fasse de toi, mon pauvre Diavolo?

Après avoir tourné dans l'atelier en flairant chaque meuble, le chat était revenu à Trip et il se frottait contre ses jambes en faisant ron-ron, le dos recourbé, la queue perpendiculaire, les oreilles dressées, les yeux grands ouverts.

— Que vas-tu devenir? dit Trip en lui passant la main sur le dos.

— Est-ce que vous n'allez pas le reporter?

— Son maître n'en veut plus, il m'a dit que s'il se sauvait une quatrième fois, il l'abandonnait, et que ce n'était pas la peine de le lui reporter; puisqu'il aimait mieux son quartier que son maître, il fallait le laisser libre de son choix. Ce n'est pas sa faute, à ce pauvre garçon, s'il est le sultan du quartier; il est bien naturel, n'est-ce pas, qu'il revienne là où il est roi. Seulement, que va-t-il devenir? Nous ne pouvons pas nous donner le luxe d'un chat habitué à la bonne nourriture comme Diavolo.

— Puisqu'il tient tant à sa maison, il ne faut pas le déposséder.

— Il l'est.

— Vous lui ouvrirez la porte.

Trip se mit à rire :

— Ce n'est pas par les portes que Diavolo passe.

— Vous lui ouvrirez les fenêtres.

— Ce n'est pas par les fenêtres.

— Par où, alors ?

— Par son trou, et son trou est bouché. Si vous voulez entrer dans la cuisine, vous allez voir.

En effet, dans le mur de la cuisine, à cinquante centimètres environ du sol, se montrait un enduit de plâtre qui n'avait pas encore eu le temps de sécher.

— Voilà où était son trou, dit Trip, à l'intérieur on le fermait par une feuille de carton suspendue à un clou : du dehors Diavolo n'avait qu'à s'élancer, comme le font les écuyères, à travers les cerceaux, pour rentrer chez lui quand l'envie lui en prenait et du dedans il n'avait qu'à pousser le carton pour sortir. C'était curieux à voir.

— Eh bien ! vous remettrez les choses dans l'état où elles étaient ; vous lui donnerez la nourriture à laquelle il était habitué...

— Du foie et du lait.

— Et il sera heureux.

II

— Mon locataire !

C'était le mot que Trip avait maintenant sans cesse à la bouche, le fond de ses entretiens avec ses voisins, qui, pour se moquer quelquefois de sa fierté d'avoir un locataire, n'en écoutaient pas moins ses histoires et les discutaient entre eux.

Elle était cependant bien simple, la vie de ce locataire · mais précisément cette simplicité frappait ces voisins et faisait travailler leur imagination que la curiosité surexcitait.

Lorsqu'il était à son atelier, il travaillait du matin au soir, sans sortir jamais, sans jamais recevoir personne, et cela était déjà une bizarrerie : le sculpteur qui l'avait précédé dans cette maisonnette recevait des modèles, hommes et femmes, son praticien, ses mouleurs et quelquefois des amis qui faisaient retentir l'atelier des éclats de leurs discussions ou de leurs rires. C'était vivant là-dedans et jeune ; on s'y amusait ; maintenant il semblait que ce fût mort ou qu'on s'y livrât à des besognes inconnues qui exigeaient le silence et le mystère ; le soir et quelquefois même la nuit on voyait des lueurs fantastiques de couleurs bizarres éclairer le châssis vitré et souvent des flammes rouges s'échappaient de la cheminée. Quelle cuisine faisait-on là ?

En tous cas, ce n'était pas celle d'honnêtes gens. En effet, le soir, sa journée finie, il dînait chez un marchand de vin de l'avenue de Saint-Ouen, et on pouvait le voir dans la salle commune, tout seul à une petite table, n'adressant la parole à personne le premier, mais répondant par quelques mots quand on lui parlait, ce qui, d'ailleurs, était rare ; si ces dîners, composés de l'ordinaire du marchand de vin, n'étaient pas des festins, ils étaient cependant suffisants pour qu'il n'eût pas besoin de souper le soir. Quant au déjeuner on savait que Trip le lui portait en rentrant, tantôt une portion prise chez le marchand de vin, tantôt un morceau de jambon venant de chez le charcutier, et que, en travailleur zélé qu'il était, il mangeait dans son atelier sur un coin de table, en compagnie de son chat jaune, buvant tout simplement un verre d'eau. Trip avait assez parlé de ce verre d'eau pour que tout le monde connût ce trait caractéristique, et ce n'était pas celui qui paraissait le moins inexplicable : on boit de l'eau quand on n'a pas de quoi se payer une bonne bouteille, ou plus modestement un canon, et ce n'était pas son cas. En lui, rien n'indiquait qu'il fût gêné, ou gagnât mal sa vie ; à preuve les cinq sous de foie et les trois sous de lait qu'il dépensait tous les jours pour son chat ; avec huit sous on peut se payer un demi-litre à seize.

Si encore il avait été malade, on aurait compris cette abstinence ; quand on n'a pas d'estomac le vin peut être mauvais, mais il n'y avait qu'à le regarder marcher d'un pas ferme et léger dans la rue ; ou bien il n'y avait qu'à le voir aller et venir autour de son atelier, vêtu d'une longue blouse noire, pour être certain que c'était un gaillard solide qui ne connaissait pas la maladie.

Des remarques plus singulières encore que celles-là entretenaient les commentaires des bavards qui s'occupaient de lui : la rue Championnet n'étant point assez habitée pour qu'on y pût vivre perdu dans la foule comme en plein Paris. Ainsi il ne recevait jamais de lettres ; des fournisseurs déposaient pour lui chez Trip des feuilles de métal, des produits chimiques, le charbonnier apportait souvent du coke, le facteur n'apportait jamais rien : n'était-ce pas extraordinaire chez un homme qui travaillait et qui devait par conséquent avoir des clients avec lesquels il entretenait des relations ; et cependant, de même que ces clients ne venaient jamais le voir, de même ils ne lui écrivaient jamais. Alors, pour qui travaillait-il ?

Sa façon de travailler était bien extraordinaire aussi. Quelquefois, durant une semaine, il ne quittait pas son atelier, y vivant, y couchant, et du dehors on pouvait voir ses fenêtres éclairées de ces lueurs qui paraissaient fantastiques, surtout parce qu'on voulait qu'elles fussent telles. Puis il disparaissait et restait absent pendant des périodes tout aussi longues et cela sans avoir prévenu Trip et sans lui avoir dit quand il rentrerait.

Où allait-il ? Travailler en province. C'était la réponse que trouvaient ceux qui lui étaient bienveillants, Trip tout le premier. Mais s'il en était ainsi, comment ne recevait-il pas de lettres avant ces départs?

Ceux qui ne se rangeaient pas parmi les bienveillants avaient une autre explication qui paraissait plus invraisemblable en expliquant tout: les absences, les lueurs qu'on voyait la nuit dans son atelier, les plaques de métal qu'on lui apportait, enfin, les mystères de sa vie. Naïfs ceux qui croyaient à l'émailleur, faux monnayeur tout simplement; c'était de la fausse monnaie qu'il fabriquait lorsque ses vitre flamboyaient la nuit, et c'était pour écouler cette fausse monnaie qu'il voyageait en province et à l'étranger.

Une fois qu'il avait donné en paiement une pièce d'or étrangère, on avait cru le prendre en flagrant délit; et bien que cette pièce portée à un changeur de l'avenue de Clichy eût été reconnue bonne: un Franz-Joseph valant huit florins d'Autriche, la légende du faux monnayeur n'en avait pas moins suivi son cours: à la vérité on ne le dénonçait pas, mais on savait à quoi s'en tenir.

Est-ce que s'il n'avait pas été un faux monnayeur, c'est-à-dire un homme qui gagne ce qu'il veut, il aurait dépensé huit sous par jour pour un chat? Est-ce que, lorsqu'il venait à son atelier il serait arrivé en fiacre, comme il le faisait presque toujours, gaspillant ainsi trente-cinq sous pour ne passer quelquefois qu'une heure au travail?

Cependant comme les légendes, si bêtes qu'elles soient, sont rarement acceptées sans opposition, il y avait d'autres curieux qui, par esprit de contradiction, n'admettaient pas qu'il pût être faux monnayeur. Sorcier, oui, et cela n'était pas difficile à démontrer, mais faux monnayeur, jamais de la vie. Les preuves de sa sorcellerie étaient nombreuses; et sans les ramasser toutes, rien que par les bêtes dont il s'entourait, il était bien sorcier, et ne pouvait être que cela : son chat jaune d'abord, qu'il avait, par des sortilèges, obligé à abandonner son ancien maître en lui donnant la puissance diabolique qui lui avait permis de se guider à travers le cimetière pour venir du boulevard de Clichy à la rue Championnet; puis un bouvreuil qui, un beau jour d'automne, sans qu'on sût d'où il venait, s'était abattu dans l'atelier, où, depuis, il était resté apprivoisé et mêlé à toutes les diableries qui s'accomplissaient là mystérieusement. Des gens, en coupant de l'herbe dans le terrain avaient vu, par la porte ouverte, ses bêtes dans l'atelier et leurs attitudes disaient bien qu'il ne s'agissait pas de bêtes naturelles. Lui allait et venait devant son four à la gueule rouge, il avait les yeux couverts de lunettes en fil de fer, sûrement pour n'être pas empoisonné par ses drogues, et avec une longue pince il faisait cuire sa cuisine infernale. Les animaux l'assistaient : le chat, assis gravement sur le derrière, la queue enroulée autour des pattes ; le bouvreuil perché, le plus souvent sur la corniche de la hotte du four, sifflant là des airs de sorcellerie ; il n'y a pas besoin d'être savant pour reconnaître cette musique-là qui est l'accompagnement obligé des opérations magiques et tous ceux qui l'avaient entendu ne pouvaient pas s'y tromper; et puis il s'appelait Piston, ce qui n'était pas moins significatif.

Quand on parlait à Trip du faux monnayeur et du sorcier, il haussait les épaules et ne répondait que par des plaisanteries; mais quand on le poussait pour qu'il donnât des preuves de l'un ou de l'autre de ces deux métiers, il se fâchait, et avec toute l'éloquence dont il était capable, il répétait que son locataire était émailleur et rien que cela : sur des plaques de cuivre il peignait, avec des couleurs en poudre délayées dans de l'eau, des personnages, des arbres, des prairies, des monuments et ensuite il les passait au four où ces couleurs fondaient. Mais ces dénégations et ces explications restaient sans effet : il était payé pour parler ainsi, le père Trip, et il ne gagnerait pas honnêtement son argent s'il avouait la fausse monnaie ou la sorcellerie ; il avait ordre de dire émailleur, il disait émailleur. Mais qu'est-ce que c'est qu'un métier qui s'exerce sans qu'on voie jamais venir des acheteurs?

Et cependant, il avait raison, le père Trip: émailleur son locataire, réellement peintre émailleur, car il y en a encore, et si nous ne sommes plus au temps où les Pénicaud, les Limousin, les Courteys donnaient ces beaux émaux peints qui comptent parmi les œuvres d'art les plus remarquables du seizième siècle, ni à celui où les Petitot signaient leurs jolis portraits, nous ne sommes plus à l'époque où l'art de l'émail peint était complètement abandonné; des artistes de talent, Popelin, de Courcy, Meyer, de Serre, renonçant à suivre les petits peintres du siècle dernier, ont renoué la tradition des grands émailleurs français ; et il en est parmi eux de nouveaux venus : Grandhomme, Garnier, à qui il ne manque pour recommencer Léonard Limousin que d'être connus du grand public, ou soutenus par un homme d'initiative qui fasse pour l'émail ce que Deck a fait pour la céramique.

C'était de ceux-là que procédait le locataire de Trip, et quand le soir les vitres de son chalet s'éclairaient de lueurs fulgurantes, il ne travaillait ni à la fausse monnaie ni à la sorcellerie, mais il passait simplement au feu ses émaux peints.

III

Depuis trois mois, Geoffroy habitait la maisonnette de la rue Championnet, et la curiosité de ceux qui s'occupaient de lui, n'était pas plus satisfaite qu'aux premiers temps : pendant une certaine période, il venait régulièrement tous les jours ; pendant d'autres il ne paraissait pas pendant des semaines. En octobre, on l'avait vu souvent à son atelier d'où il ne sortait que pour aller dîner. En novembre, au contraire, il avait disparu sans que Trip eût de ses nouvelles, sans qu'une seule lettre vînt pour lui ; et c'était seulement en décembre qu'il avait repris ses anciennes habitudes, arrivant le matin, repartant le soir vers sept heures; rares étaient les jours où on ne le voyait point ; pas de dimanches pour lui ; et le plus drôle, pas même de lundis.

Cette année-là, l'hiver était extrêmement dur, et le froid, qui avait commencé dès décembre, avait, après une courte détente, repris au commencement de janvier pour ne plus s'interrompre : de la neige, de la gelée, du verglas, quand la température s'adoucissait un peu, et tout de suite, sous l'âpreté du vent qui ne quittait pas le nord, une reprise de froid. Si on avait débarrassé le centre de Paris de ses neiges et de ses glaces, il n'en était pas de même dans la banlieue, et particulièrement dans le quartier des Grandes-Carrières, où les rues étaient ce que les faisait le temps, c'est-à-dire, pour un bon nombre, impraticables aux voitures et même aux piétons : là où la neige n'était pas prise en couches raboteuses et dures comme pierre, les enfants avaient fait des glissades, véritables casse-cou pour les passants distraits qui, lorsqu'ils avaient la maladresse de se laisser tomber, étaient bombardés de boules de neige par les gamins triomphants.

Malgré ce mauvais temps qui tenait bien des gens enfermés, Geoffroy manquait rarement de venir à son atelier entre neuf et dix heures du matin, ou bien vers une heure ; ceux qui s'occupaient de lui le voyaient arriver rue Championnet, et sa toilette, depuis le grand froid, était un nouveau sujet de conversation : il gagnait donc bien gros, l'émailleur, qu'il pouvait se payer une toque et un pardessus de fourrures ? Il n'est pas besoin de connaissances spéciales pour savoir que les fourrures ne sont pas à l'usage des ouvriers, et celles de la toque et du pardessus qui étaient à poils épais, doux comme un duvet, ondoyants sous le vent, devaient coûter cher.

Pas plus que la rue, le terrain n'était déblayé de ses neiges, et de la barrière d'entrée, deux chemins rayaient seuls son tapis blanc, l'un étroit se dirigeait vers l'atelier; l'autre plus large avec des ornières creusées par des roues vers la remise du déménageur. Quand Geoffroy arrivait vers neuf heures il ne s'arrêtait jamais devant la loge du concierge, où à ce moment la pauvre vieille paralysée était seule dans son lit, enfermée pour que personne ne pût la déranger, et passant droit, il venait tout de suite à son atelier, dont il ouvrait la porte avec la clé qu'il prenait au clou caché dans le lierre; puis, comme le père Trip n'était pas encore rentré lui-même de sa tournée, il allumait son poêle avec les margotins et le coke qu'il trouvait tout préparés, et autour de lui ses bêtes, heureuses de le revoir s'empressaient, le chat avec un grand ron-ron en se frottant à ses jambes, le bouvreuil avec des appels joyeux, ou bien en sifflant un air de son répertoire : le *Carillon de Dunkerque* qu'il affectionnait, la valse de *Faust* ou le *Miserere* du *Trovatore*. Au contraire, quand il ne venait qu'à une heure ou après, le père Trip sortait vivement de sa cahute en l'apercevant et, respectueusement, la casquette à la main, il le saluait d'une phrase toujours la même :

— Le poêle est chargé.

Et en entrant dans son atelier Geoffroy pouvait se mettre tout de suite au travail.

Un matin qu'il était arrivé un peu avant neuf heures, au lieu d'allumer immédiatement son poêle, ce qui semblait la première chose à faire, car ce jour-là le froid avait encore redoublé, il resta un moment à regarder la pierre placée devant le foyer et sur laquelle se voyaient quelques miettes de pain; puis prenant des précautions pour ne pas toucher à ces miettes, il bourra son poêle, alluma le feu et développa les linges mouillés enveloppant un petit buste qu'il était en train de modeler pour essayer dessus une application d'émail.

Il travaillait depuis une demi-heure lorsqu'on frappa à la porte : c'était Trip qui, aussitôt rentré, accourait pour se mettre à la disposition de son locataire, avant même de s'être occupé de sa vieille femme.

— Je venais pour le poêle...

— Mais il est allumé.

— C'est que la nuit a été dure; un de mes abonnés m'avait chargé de lui apporter un thermomètre et dans ma poche sous mon manteau le thermomètre est descendu à sept au-dessous de zéro; je me demandais si la gelée n'avait pas pénétré dans l'atelier et atteint les linges du buste.

— Non, heureusement.

— Hier soir, prévoyant le grand froid, j'avais fortement chargé le poêle et je l'avais bien couvert.

— Le thermomètre minima s'est arrêté à quatre au-dessus de zéro.

— Allons, tant mieux, ça me soulage; je vais revenir tout à l'heure savoir ce que monsieur veut pour son déjeuner.

— A propos de déjeuner, est-ce que vous avez mangé hier soir en faisant le feu ?

— Mangé ! demanda Trip d'un air stupéfait.

— Oui, mangé une croûte.

— Je ne mange jamais dans l'atelier, pas même le matin, quoique en rentrant de ma course de nuit j'aie une rude faim ; vous pensez, sept lieues dans les jambes, ça creuse l'estomac.

— Donc, hier soir, vous n'avez pas apporté de pain ?

— Jamais de la vie.

— Alors, qu'est-ce que c'est que ça ? demanda Geoffroy en montrant les miettes éparses devant le poêle.

Trip se pencha, regarda attentivement, et ayant ramassé une de ces miettes, il l'écrasa entre ses doigts.

— Ça a l'air de miettes.

— C'est ce que je pense.

— Seulement, ça ne peut pas être des miettes.

— Pourtant...

— Ce n'est pas monsieur qui aurait cassé une croûte dans l'après-midi ?

— Non.

— Je n'y comprends rien, car je suis sûr d'avoir assez bien balayé hier après le déjeuner de monsieur pour qu'il ne soit pas resté de miettes.

Se penchant de nouveau, il les examina :

— Et puis c'est des miettes de gros pain à croûte

noire, et non de pain long comme celui que mange monsieur.

— Est-ce que Diavolo peut avoir rapporté une croûte?

— Lui, ramasser une croûte, il n'y a pas de danger; c'est déjà bien de la bonté de sa part de vouloir manger son foie et boire son lait; il quitterait la maison, si on voulait l'obliger à manger du pain.

— Une souris peut-elle avoir apporté cette croûte?

— Il n'y en a plus de souris, et puis, quand même il en serait entré une par hasard, il ne faut pas croire que Diavolo l'aurait laissée tranquillement grignoter sa croûte devant le poêle.

— Ces miettes ne sont pourtant pas tombées du ciel!

— Bien sûr.

Et Trip regarda son locataire avec une certaine inquiétude.

— Autre chose, continua Geoffroy, vous disiez tout à l'heure que Diavolo nous faisait une grâce en consentant à manger son foie et à boire son lait.

— Ses portions sont trop abondantes, il n'a jamais faim.

— Alors, comment se fait-il que, depuis quelques jours, l'assiette au foie et le bol au lait soient toujours vides?

— C'est, ma foi, vrai; je me disais, il a de l'appétit, Diavolo, et je ne me demandais rien de plus.

— Et maintenant?

— Ah! maintenant...

Trip hésita un moment:

— ... Maintenant, je ne sais pas; non, vraiment, je ne sais pas; je ne comprends pas; il faut bien qu'elles viennent de quelque part, ces miettes.

Geoffroy montra deux taches brunes sur le tapis étalé à une petite distance du poêle :

— Et cela, dit-il, qu'est-ce que c'est?

De nouveau, Trip se pencha et examina attentivement ces deux taches.

— Ce n'est rien, dit-il, c'est de l'eau.

— Je pense aussi que c'est de l'eau, mais pouvez-vous m'expliquer comment cette eau a été apportée là?

— Je n'en ai pas apporté.

— Ni moi non plus.

Trip releva la tête et regarda le châssis qui éclairait l'atelier par en haut; mais ce châssis ne se trouvant pas au-dessus du tapis, il était impossible que la neige fondue tombant des vitres eût formé ces taches humides.

— Certainement cette eau n'est pas venue du plafond, continua Geoffroy, mais elle peut provenir de neige qu'on aurait apportée avec les pieds et qui aurait fondu.

— Ça, c'est possible.

— A condition qu'on l'ait apportée, ce qui n'est pas mon cas. Est-ce le vôtre? Vous souvenez-vous si hier soir quand vous êtes venu faire le feu vos souliers étaient chargés de neige?

— Je ne suis pas entré avec mes souliers. Vous pensez bien que quand on fait des marches longues comme les miennes, on est pressé d'ôter ses souliers en rentrant chez soi: ça repose. C'est toujours la première chose que je fais en arrivant, et je l'ai faite hier comme tous les jours: quand je suis venu allumer le feu j'avais mes sabots que j'ai quittés à la porte, et je suis entré ici avec mes chaussons; je n'ai donc pas pu apporter de la neige du dehors.

— Et cependant ce tapis ne s'est pas mouillé tout seul.

Trip regarda le tapis, regarda son locataire, chercha en haut, en bas, dans tous les coins:

— Vous avez une idée? dit-il enfin.

— Je me demande si quelqu'un n'est pas entré ici.

— Qui serait entré?

— Je n'en sais rien.

— Ce n'est pas possible.

— Alors, comment expliquer ces miettes et ces taches?

Au lieu de répondre Trip jeta un rapide coup d'œil autour de lui:

— Est-ce qu'il manque quelque chose? s'écria-t-il.

— Je ne m'en suis pas aperçu.

— Il n'est donc entré personne, car il n'y a que les voleurs qui auraient pu s'introduire ici.

— Oh! pour ce qu'il y a à voler, répondit Geoffroy en souriant.

Trip fut stupéfait et le geste dont il enveloppa le mobilier de l'atelier disait que, selon lui, les voleurs auraient pu faire là un joli coup. Dans toute sa vie il n'avait vu que deux ateliers: celui du sculpteur qui n'avait pour tout ameublement que sa table à modèle et ses selles; et celui de son nouveau locataire qui à côté de la simplicité du premier lui paraissait luxueux : sans doute les voleurs n'auraient pas pu emporter la grande table en noyer, ni la commode, ni le canapé, ni les fauteuils, ni les chaises, ni le lit, ni le matelas de la chambre, mais est-ce que les tapis n'avaient pas de la valeur? est-ce que le cartel accroché au mur ne méritait pas d'être volé? et les livres, la portière qui séparait l'atelier de de la chambre, les draps, les couvertures ne pouvaient-ils pas se vendre un bon prix? Puisque rien de tout cela n'avait été dérobé, il n'était pas admissible que des voleurs se fussent introduits dans l'atelier. D'ailleurs, par où seraient-ils entrés puisque les fenêtres n'étaient pas forcées?

— Mais par la porte, tout simplement, répondit Geoffroy.

— Comment voulez-vous qu'on sache que la clé est dans le lierre! Et, le sachant, comment voulez-vous qu'on la trouve; il faudrait pour cela qu'on nous vît la pendre au clou ou l'y accrocher.

— Est-ce impossible?

— Avez-vous trouvé la clé sur la porte ou au clou?

— Au clou, comme à l'ordinaire.

— Est-ce que si un voleur était entré en prenant la clé au clou, il se serait donné la peine, en sortant, de la remettre où il l'avait prise?

— Je me suis dit tout cela, mais enfin, il y a un fait contre lequel les raisonnements ne peuvent rien : ces miettes et ces taches, qui n'ont pas pu être déposées sur cette pierre et sur ce tapis par une opération magique. Comment les expliquer? C'est ce qu'il faut chercher. Mais comme je ne veux pas retarder davantage votre déjeuner, rentrez chez vous, nous reprendons cet entretien plus tard.

— Et qu'est-ce que monsieur mange aujourd'hui?

— Ce que vous voudrez.

— Il me semble qu'il y a longtemps que je ne vous ai servi une côtelette de porc frais à la sauce.

— Va pour la côtelette.

Et Geoffroy continua son travail, qu'il n'avait d'ailleurs pas interrompu.

Ce fut pendant le déjeuner qu'il reprit avec Trip l'explication des miettes et des taches.

— J'ai fait le tour du terrain, dit Trip, et il est certain que personne ne s'est introduit par escalade; partout la neige est intacte, nulle part elle ne garde des empreintes de pas; il faudrait donc qu'on fût entré par ma barrière qui est fermée la nuit, ou par celle des déménageurs, qui l'est aussi.

— Qui l'est ou ne l'est pas, selon que celui qui doit la fermer est ou n'est pas soigneux.

— Mais pourquoi serait-on entré dans l'atelier, si ce n'est pour voler?

— C'est ce que je me demande.

— Il n'y a qu'à ne pas laisser la clé au clou, si c'est avec elle qu'on a ouvert la porte comme vous le supposez: d'ailleurs on pourrait, pour l'avenir, en faire faire une seconde; vous en porteriez une sur vous je garderais l'autre dans ma cabane.

Mais l'idée de porter une clé qui pesait près d'une livre ne pouvait pas plaire à Geoffroy, et c'était même ce poids qui, jusqu'à ce jour, lui avait fait accepter de la laisser accrochée au clou dans le lierre, ne pouvant pas la prendre chez la concierge, dont la porte était fermée le matin.

— Cela ne me dirait pas qui vient ici, répondit Geoffroy, et c'est précisément ce que je veux savoir. Ce n'est pas d'aujourd'hui que je remarque des indices qui semblent prouver qu'on s'introduit dans cet atelier ; hier il y en avait d'autres, et avant-hier d'autres encore ; c'est même leur répétition qui m'a enfoncé dans l'esprit ce soupçon que tout d'abord j'écartais comme absurde. Puisqu'on ne vient pas pour voler, pourquoi vient-on ? La question veut être éclaircie et elle le sera cette nuit même : je coucherai ici aujourd'hui, et, s'il le faut, demain, après-demain.

— Mais si c'était un voleur.

— Nous verrons bien.

— Pensez, monsieur, qu'un malfaiteur qui se voit pris se défend.

— Je serai armé.

Trip, qui tenait à son locataire, voulut insister pour empêcher cette imprudence, mais Geoffroy lui ferma la bouche en lui disant que sa résolution était prise et son plan arrêté : à cinq heures, il quitterait l'atelier pour faire une course dans Paris, à sept heures, il rentrerait, et à huit heures Trip viendrait comme à l'ordinaire charger le poêle ; en se retirant il fermerait la porte du dehors et accrocherait la clé au clou ; si, comme il était vraisemblable, celui ou ceux qui avaient déposé ces miettes devant le poêle voulaient encore s'introduire cette nuit-là, ils croiraient l'atelier abandonné en trouvant la clé au clou, entreraient sans défiance et seraient pris.

— Si vous voulez me permettre de rester avec vous, dit Trip risquant une dernière résistance, je ne ferais pas ma tournée cette nuit.

Mais Geoffroy, tout en remerciant de cette proposition, n'accepta point : il voulait être seul, et il fallut bien que le vieux concierge cédât.

— Surtout, dit Geoffroy, ne m'adressez pas la parole ce soir, et agissez comme si vous étiez seul.

IV

Il n'y eut qu'un manquement aux recommandations de Geoffroy : quand à huit heures Trip, une lanterne à la main, entra dans l'atelier pour arranger le feu, il commença par chercher son locataire, et comme il ne le trouvait pas, il voulut écarter la portière pour entrer dans la chambre, elle résista ; alors il devina qui la retenait et se penchant :

— J'ai pensé que monsieur pourrait avoir faim cette nuit, dit-il à voix basse, je lui ai apporté un pain et une tranche de jambon que je vais mettre dans le buffet de la cuisine.

Puis, sans attendre une réponse, il fit ce qu'il avait dit et commença son ménage de tous les soirs : dans une assiette il coupa un morceau de foie cru, dans un bol il versa un grand verre de lait, le souper de

Diavolo ; puis il chargea le poêle autant qu'il put, et quand le feu fut pris, il le couvrit de poussier et ferma à demi la clé pour régler le tirage.

Il avait fini ; cependant il ne partit pas encore et, devant le poêle, la lanterne à la main, il parut réfléchir ; après un temps assez long, il s'approcha de nouveau de la portière :

— Que monsieur y réfléchisse encore une fois, dit-il à voix basse, il me serait bien facile de rester avec lui.

— Et qui fermerait la porte, répondit Geoffroy sur le même ton, qui accrocherait la clé au clou ?

Trip n'avait pas pensé à cela : évidemment la porte ne pouvait être fermée, la clé ne pouvait être accrochée que par quelqu'un qui sortirait et ne rentrerait pas.

Il fallut bien qu'il s'exécutât et partit ; bientôt le craquement de la neige du sentier indiqua qu'il rentrait chez lui.

Geoffroy n'avait plus qu'à attendre : il s'était installé dans un fauteuil derrière la portière avec une couverture, ayant à portée de la main sur une chaise une bougie, des allumettes et un revolver.

Le temps s'écoula : dans l'atelier le poêle ronflait, et quand du foyer un charbon rouge roulait dans le garde-cendres, il jetait une lueur qui éclairait jusqu'aux coins sombres, mais pour s'éteindre tout aussitôt. Piston était immobile au plus haut de son perchoir et Diavolo qui venait de rentrer par son trou, s'était installé sur les genoux de son maître pelotonné, ronronnant, béat ; au dehors la gelée faisait craquer la neige du toit, et à certains moments les voliges et les feuilles de zinc semblaient se fendre ou s'arracher sous l'influence du froid ; avec le tic tac et la sonnerie du cartel, c'étaient les seuls bruits de la nuit silencieuse.

Et dans son fauteuil, les yeux ouverts, l'oreille aux aguets, Geoffroy réfléchissait, tournant et retournant la question de savoir qui avait pu venir les nuits précédentes, en face de qui il allait se trouver ; car il ne doutait pas que quelqu'un fût venu ; et puisque cette visite s'était répétée plusieurs fois, il semblait admissible d'en attendre une encore pour la nuit qui commençait. De qui ? D'un voleur ? Il ne le craignait pas. Quand les voleurs s'introduisent dans une maison habitée, ils font leur affaire la première fois et décampent pour aller opérer ailleurs. Or ce visiteur revenait. Sans savoir tout ce qu'on disait de lui aux environs de la rue Championnet, Geoffroy n'était pas aveugle au point de n'avoir pas remarqué qu'il provoquait la curiosité d'un tas de gens : il voyait les yeux qui le suivaient lorsqu'il passait, et il voyait les lèvres chuchoter des paroles dont il était assurément le sujet. Etait-il invraisemblable de supposer qu'un de ces curieux avait voulu pénétrer un mystère qui l'intriguait, et s'était introduit dans l'atelier ayant par hasard découvert la cachette de la clé ? Qu'il eût voulu voir l'intérieur de cet atelier mystérieux, s'expliquait facilement, beaucoup moins qu'il fût revenu et qu'il dût revenir. Il y avait là quelque chose qui certainement n'était pas clair, et le curieux semblait devoir être écarté aussi bien que le voleur.

Un peu après neuf heures, le châssis du toit s'illumina d'une lueur argentée qui emplit l'atelier et donna aux objets leur forme distincte, ne laissant dans l'ombre que le côté opposé à celui d'où tombait cet éclairage ; c'était la lune qui montait dans un ciel sans nuages et qui reflétée par la neige dont la terre et les toits étaient couverts prenait l'intensité lumineuse d'un foyer électrique. Réveillé par cette nappe éblouissante qui tombait en plein sur son perchoir, Piston s'éveilla et croyant, sans doute, au lever du soleil, il se mit à siffler le *Carillon de Dunkerque*.

Presqu'en même temps Geoffroy crut entendre la neige crier comme si elle était écrasée par des pas ; mais depuis une heure il se produisait de tels craquements au dehors, qu'il se demanda s'il ne se trompait point : sans doute, c'était la gelée.

Cependant, ce bruit augmenta en se précisant : évidemment on marchait dans le sentier sur la neige durcie ; il eut eu des doutes que l'attitude de Diavolo les eût levés : redressé, les oreilles grandes ouvertes, il écoutait tourné à demi vers la porte d'entrée, Piston s'était tu.

Les feuilles de lierre firent entendre un bruissement : on prenait la clé au clou. Presque aussitôt on l'introduisit dans la serrure, et doucement, avec précaution, la porte fut ouverte puis refermée.

Sans quitter son fauteuil, sans faire un mouvement inutile, sans remuer les pieds, Geoffroy s'était penché en avant et comme il avait écarté la portière du mur, il pouvait, sans qu'on l'aperçût, suivre tout ce qui se passait dans la partie de l'atelier qu'éclairait la lune ; mais la porte se trouvant dans l'ombre il ne vit pas celui qui venait d'entrer ; au bruit des pas il put connaître seulement qu'il était seul et qu'il marchait légèrement.

Mais presqu'aussitôt il sortit de l'ombre pour entrer dans le rayon clair, et Geoffroy vit que c'était un jeune garçon, coiffé d'un vieux feutre, vêtu d'un mauvais veston de couleur sombre qui, dans son attitude et toute sa personne n'avait rien d'effrayant : certainement le revolver serait inutile avec lui.

Traversant vivement l'atelier, il s'était dirigé vers le poêle sur lequel il avait appliqué ses deux mains, avec l'empressement d'un malheureux qui est glacé.

A ce moment, Diavolo quitta les genoux de son maître, et vint à lui, la queue haute, le dos rond comme s'il abordait un ami.

— Te voilà, Diavolo, tu veux te chauffer ; eh bien, nous allons nous offrir un air de feu, mais pour sûr tu n'en as pas besoin comme moi.

La voix était douce, d'une douceur extrême pour un garçon de cet âge, d'un timbre clair, mélodieux, avec un accent chantant et un peu traînant qui n'avait rien de parisien.

Au lieu de se relever il s'était assis sur le parquet devant le poêle dont il ouvrit la porte de façon à ce que le feu le frappât en plein visage et en pleine poitrine.

— Brou que c'est bon ! murmura-t-il.

Une sorte de frisson lui secoua les épaules ; ses dents claquèrent comme si devant ce brasier ardent la sensation du froid qui l'avait glacé était plus appréciable pour lui qu'alors qu'il se trouvait dehors.

Il avait déposé son feutre près de lui et, pas plus que la voix, la tête n'était celle d'un voleur de profession : Geoffroy la voyait enveloppée par les lueurs rouges du brasier aussi nettement que si elle eût été placée sous le foyer d'une lampe et il était frappé de la finesse et de la délicatesse de son dessin : c'était vraiment un joli gamin avec sa carnation claire, ses longs yeux bleus aux cils dorés, et ses cheveux blonds coupés court, frisés comme la perruque d'un bébé.

Geoffroy, intéressé par cette physionomie où se lisaient la souffrance et la tristesse, ne quitta pas son fauteuil pour intervenir tout de suite comme il en avait eu l'intention : il fallait voir.

Après s'être réchauffé par devant, le jeune garçon se tourna et exposa son dos à la chaleur ; certainement il fallait qu'il fût gelé pour en pouvoir supporter l'intensité à cette courte distance : Diavolo, qu'il avait voulu prendre sur ses genoux lorsqu'il faisait face au feu, avait bien vite abandonné la place, quoiqu'il fût habitué aux longues rôtisseries qu'un chat seul peut supporter.

— C'est un pauvre diable qui veut tout simplement se chauffer, se dit Geoffroy.

Cela paraissait en effet vraisemblable, car après être resté un moment le dos au feu, il se tourna de nouveau, et s'étant déchaussé il exposa ses pieds à la flamme, les avançant, les reculant selon qu'il se brûlait ou ne se brûlait point : ses deux talons sortaient par les trous de ses bas usés.

Il avait posé ses souliers à côté de lui sur le tapis, et Geoffroy comprit d'où venaient les taches d'eau qu'il avait remarquées, — tout simplement de la neige apportée par les souliers et qui fondait là.

Le moment semblait donc venu de se montrer ; il n'en apprendrait pas davantage en regardant plus longtemps.

Mais il se trompait ; comme il allait écarter la portière, le gamin s'étant réchaussé se leva.

Voulait-il s'en aller?

Au lieu de se diriger vers la porte, il alla dans la cuisine, d'où il rapporta presqu'aussitôt l'assiette dans laquelle Trip avait coupé le foie pour Diavolo, puis il appela le chat en lui montrant l'assiette :

— Diavolo, viens mon beau chat, viens souper.

Mais au lieu d'obéir, Diavolo tourna la tête avec dédain.

— Tu n'as donc pas faim, ce soir : tu as de la chance, je voudrais bien être comme toi.

Devant l'assiette qu'on lui mettait sous le nez, le chat s'était fâché, et du tapis il avait sauté sur la table pour échapper à ces invites ; puis comme l'assiette le suivait, de la table il avait sauté sur une petite armoire haute, où il se léchait les pattes d'un air indifférent, bien certain d'être là en sûreté.

— Alors tu n'en veux pas ?

Le chat ferma les yeux.

— Je ne te prive donc pas si je te prends la moitié de ton souper ?

Est-ce que ce gamin allait manger ce foie cru, comme un carnassier! Il était donc affamé? Tu as de la chance de n'avoir pas faim comme moi, avait-il dit.

— Pauvre diable! pensa Geoffroy.

Et la pitié prit la place de la curiosité ; cependant il n'abandonna pas encore son fauteuil.

De l'atelier le gamin était passé dans la cuisine, où Geoffroy ne pouvait pas le voir, mais au bruit il le suivait à peu près.

Sans être bien outillée en ustensiles, casseroles, plats, poêles, cette cuisine en avait cependant quelques-uns que Trip avait jugés indispensables à son service : une bouillotte pour faire chauffer de l'eau, un plat pour cuire des œufs, un gril ; Geoffroy entendit que le gamin décrochait la bouillotte de son clou, et tout de suite qu'il l'emplissait à la fontaine.

Alors, étant rentré dans l'atelier, il se retrouva sous le rayon lumineux, et Geoffroy le vit mettre dans la bouillotte, en les comptant, une partie des morceaux de foie qui se trouvaient dans l'assiette :

— Un, deux, trois...

Quand il fut arrivé à treize, il s'arrêta :

— Ça fait juste la moitié, dit-il en regardant le chat, et puisque tu n'as pas faim, je pense que ces treize morceaux te suffiront.

Cela dit, il plaça la bouillotte sur le feu, et retournant dans la cuisine, il en rapporta un vase en fer battu d'une capacité assez grande, puis s'asseyant devant le poêle, il prit ce vase entre ses jambes; alors il tira des poches de son veston des morceaux de pain qu'il cassa : quelques-uns, en tombant contre le fer, produisaient un son sec comme s'ils avaient été en pierre, ou s'ils avaient été durcis par la gelée.

Ce n'était pas d'ailleurs la seule chose caractéristique dans ces morceaux de pain, dont pas un ne se ressemblait ; il y en avait qui paraissaient être des débris de pain viennois, à la croûte dorée et à la mie de brioche ; d'autres, au contraire, provenaient manifestement de couronnes et de pain à la livre ; il était donc certain qu'ils n'avaient point été achetés chez le boulanger, et que leur union formait un amas de croûtons récoltés de ci, de là, d'aspect peu ragoûtant.

Mais le gamin n'en jugeait pas ainsi, et c'était avec soin, presque avec respect, qu'il les cassait dans sa bassine.

Pendant ce temps la bouillotte avait commencé à chanter, et comme elle était posée à l'entrée même du foyer, une légère odeur de pot-au-feu se répandait dans l'atelier.

Il ne fallait pas un grand effort d'imagination pour comprendre que c'était en effet une sorte de pot-au-feu qu'il faisait avec les morceaux de foie prélevés sur la part de Diavolo, et que, quand ces morceaux seraient cuits, il verserait le bouillon sur les croûtons qu'il venait de casser.

Et il n'en fallait pas un plus grand pour deviner que le pauvre diable glacé, qui s'était réchauffé quelques instants si violemment, était en même temps un meurt-la-faim qui avait ramassé ces croûtons n'importe où.

A la pensée du partage qu'il avait fait avec Diavolo, comptant les morceaux, Geoffroy fut attendri : le meurt-la-faim n'était assurément pas un mauvais chenapan; d'autres à sa place n'eussent point eu cette idée de partage, et trouvant cette assiette pleine, l'eussent prise tout entière pour eux ; il n'en avait certes pas besoin, ce gros chat gras qui se sauvait et se fâchait quand on lui offrait à manger.

Bien que Geoffroy commençât à être fixé sur cette aventure, il voulut savoir comment elle se terminerait : pourquoi intervenir? Rien ne le pressait. Ce pauvre enfant ne se doutait guère que des yeux l'observaient, et il y avait intérêt à le laisser se livrer en toute liberté : c'était la nature même prise sur le fait.

La bouillotte chantait toujours; de temps en temps il se penchait pour le regarder, et mieux encore semblait-il pour respirer son fumet : il ouvrait les narines toutes grandes et fermait à demi les paupières avec plus d'avidité que de gourmandise, impatient de manger.

De la poche de côté de son veston il tira un objet de forme singulière, que tout d'abord Geoffroy ne distingua pas bien: mais bientôt il vit que c'était une moitié de cuillère en étain, dont il ne restait qu'un bout de manche cassé par le milieu et la palette, mais qui, telle qu'elle était, pouvait cependant suffire pour manger de la soupe, à condition que celui qui s'en servait ne craignît pas de tremper ses doigts dans le bouillon.

Bien que la cuisson de ce pot-au-feu fût commencée depuis peu de temps, le pauvre diable n'eut pas la patience d'attendre qu'elle fût plus avancée ; prenant la bouillotte il en versa le contenu sur ses croûtes, et l'odeur de la soupe se répandant dans l'atelier tira Diavolo de son apathie ; quittant son perchoir il vint à petits pas flairer la bassine, mais aussitôt il s'éloigna d'un air qui disait qu'une pareille cuisine n'était pas pour tenter un seigneur de son importance, et sautant sur son armoire il se contenta d'être spectateur dédaigneux de ce misérable repas.

Avec sa courte cuillère le gamin avait remué la soupe, et, bien qu'elle fût bouillante encore, il commença à manger du bout des dents, se brûlant la bouche, comme en commençant il s'était brûlé au feu du poêle le visage et le dos ; de temps en temps il faisait une pose pour souffler sur son pain, mais elle était courte.

A mesure qu'il mangeait, son visage pâle se colorait, et la chaleur qui peu à peu le pénétrait à l'intérieur rendait à son regard une vivacité qu'il n'avait pas tout d'abord : la vie lui revenait.

Et maintenant que le bouillon était moins brûlant, il mangeait d'un mouvement régulier, sans distraction, sans perdre une seconde : contre le fer de la bassine sa cuillère sonnait à coups également espacés : certainement jamais consommé fait par la plus habile des cuisinières, en suivant les règles de la tradition pour la proportion du bœuf, du poulet et des légumes, ainsi que pour la durée de la cuisson, n'avait été mangé comme ce bouillon clair où nageaient quelques petits morceaux de foie qui avaient eu à peine le temps de cuire.

Les coups de cuillère étaient si rapprochés que bientôt la bassine se trouva vide, alors il la racla consciencieusement de manière à ne pas perdre une goutte de bouillon et à ce qu'aucune miette de pain ne restât attachée à la paroi.

Quand il eut fini il regarda le fond de la bassine d'une façon expressive dont le sens n'était pas douteux : déjà vide!

Maintenant qu'allait-il faire?

Il mit sa cuillère dans sa poche, puis se levant il emporta la bassine et la bouillotte dans la cuisine où il les lava et les raccrocha aux clous où il les avait prises.

Geoffroy croyait qu'il allait partir, et il se préparait à quitter sa cachette pour l'interroger lorsqu'il le vit revenir près du poêle où il resta assez longtemps, non pour se chauffer, il n'avait assurément plus froid, mais songeur et attristé, comme s'il ne savait quel parti prendre, ou comme si sa pensée le reportait à un temps qui lui était douloureux.

Tandis qu'il se tenait la tête levée vers le châssis le visage frappé par la lune, Geoffroy crut voir une larme sur sa joue; en tout cas il fit le geste de l'essuyer en laissant échapper quelques soupirs.

Mais tout à coup il se secoua comme pour chasser cette impression, et vivement il alla prendre Diavolo sur son armoire, le serra contre sa poitrine en le caressant et en l'embrassant :

— Tu es un bon chat, disait-il, un bon chat, et mon ami ; n'est-ce pas que nous sommes amis ?

Rétif quelques instants auparavant, Diavolo se laissait faire maintenant, et s'il avait refusé la nourriture, il acceptait les caresses béatement.

Pendant quelques minutes, le gamin se promena de long en large dans l'atelier, adressant au chat des discours qui n'avaient pas de sens précis ; tendresses de nourrice à son bébé, ou de petite fille à sa poupée ; besoin d'expansion, épanchement de sentiments affectueux comme quelques instants plus tôt son corps glacé avait eu besoin de calorique et son estomac vide de nourriture.

Dans cette promenade qui le berçait, le chat s'était endormi ; alors délicatement il le déposa sans le réveiller sur un fauteuil et, cela fait, il tira un des tapis de façon à le rapprocher du poêle dont il avait refermé la porte, et qui ronflait toujours.

A quoi voulait-il faire servir ce tapis ; allait-il se coucher devant le poêle ?

Il s'agenouilla et ayant fait le signe de la croix, il commença à prier tout bas : son visage, son attitude tout en lui exprimait une ardente ferveur, et ce n'était pas seulement des lèvres qu'il priait c'était de tout cœur : s'il est un lieu commun en peinture c'est la prière ; que de saints, que de saintes, que de donataires, que de pieux personnages, les peintres de toutes les écoles ont représenté à genoux en prière, depuis l'extase jusqu'au désespoir, mais les souvenirs de Geoffroy ne lui rappelaient pas une expression plus éloquente dans sa sincérité, que celle que la réalité mettait, en ce moment, devant ses yeux.

Peu à peu s'abîmant dans son recueillement, se laissant entraîner par son élan de foi ce jeune garçon, qui n'était plus du tout un gamin, avait prononcé distinctement quelques mots de sa prière :

— Mon Dieu épargnez-moi... Mon Dieu, ne me prendrez-vous pas en pitié... Est-il sort plus malheureux que le mien, seul, sans amis, sans soutien, glacé par le froid, mourant de faim? je vous en prie, ô mon Dieu, si vous ne jugez pas dans votre sagesse que je suis digne de votre secours, prenez ma vie. Vous le voyez, je suis à bout; de forces, de volonté, je n'en ai plus dans le cœur; la faiblesse, la misère m'anéantissent.

Les larmes coulaient sur son visage désespéré, et des sanglots l'arrêtaient à chaque phrase : il releva la tête qu'il avait laissé tomber sur sa poitrine, et ses yeux prenant une expression extatique comme s'il regardait et voyait au delà de cet atelier, il dit dans une langue étrangère que Geoffroy ne comprenait pas :

— Oh beminden vader, beschermt my, spreckt voor my en verlaet uwe ongelukkige dogter neet.

Il se tut et resta un moment silencieux, les mains jointes, priant encore de cœur après que ses lèvres s'étaient fermées; puis il se releva et alla prendre le tapis placé devant le canapé qu'il apporta à côté de celui qu'il avait tiré auprès du poêle; alors se couchant sur celui-là il mit l'autre sur lui et repliant son bras sous sa tête pour qu'il lui servit d'oreiller, il resta immobile.

Geoffroy n'avait plus à attendre, il fallait qu'il se montrât avant que ce garçon fût endormi et complétât par quelques questions ce qu'il venait de voir : intéressant, ce petit qui, dans son sans-gêne pour certaines choses, montrait tant de réserve et de discrétion pour certaines autres.

Il frotta une allumette.

A ce bruit, le gamin rejeta le tapis qui le couvrait, et, d'un bond, se trouva sur ses jambes.

Mais Geoffroy, entrant vivement dans l'atelier, ne lui laissa pas le temps de gagner la porte :

— Ne craignez rien, dit-il, il ne vous sera pas fait de mal.

V

La tête basse, les mains tremblantes, le gamin se tenait au milieu de l'atelier, sans oser lever les yeux sur celui qui venait de le surprendre.

— Monsieur, dit-il enfin d'une voix à peine perceptible, je vous assure que je ne suis pas un voleur : tout m'accuse et pourtant je n'en suis pas un.

— De là, dit Geoffroy montrant le rideau, je vous ai vu depuis que vous êtes entré ici.

Mais ces quelques mots, au lieu de calmer sa confusion, la redoublèrent.

— Vous m'avez vu, murmura-t-il.

— Vu et entendu.

— J'étais mort de froid, mort de faim, dit-il en détournant la tête pour cacher la rougeur de la honte qui lui brûlait le visage.

— Comment l'idée d'entrer dans cet atelier vous est-elle venue ?

— Oh ! monsieur, je suis bien coupable, pardonnez-moi.

— Tout à l'heure j'ai entendu votre prière : vous demandiez à Dieu de vous prendre en pitié ; peut-être a-t-il exaucé votre prière...

Il secoua la tête désespérément.

— ... Et veut-il vous accorder le secours que vous imploriez ; si j'étais celui qu'il vous envoie pour vous soutenir?

— Oh ! monsieur, s'écria-t-il en levant les yeux pour la première fois.

De ces yeux qui venaient de rencontrer les siens avait jailli une flamme qui remua Geoffroy.

— Ce que vous allez me dire, continua-t-il, peut décider votre vie. Je suis tout disposé à m'intéresser à vous ; mais avant, faut-il que je sache qui vous êtes. Votre manière de vous introduire la nuit dans cet atelier n'est pas pour disposer en votre faveur, vous devez le comprendre.

— Que trop.

— Mais d'autre part ce que j'ai vu et entendu a modifié ce premier sentiment : il peut y avoir à votre imprudence des raisons qui l'excusent : le froid, la faim.

— C'est, en effet, le froid et la faim qui m'ont

poussé : croyez bien que je ne suis pas... le vagabond que je parais être.

— Qui êtes-vous ? Voilà ce qu'il importe tout d'abord de savoir.

Cette question parut le troubler et l'embarrasser.

— Vous n'êtes pas obligé de répondre, continua Geoffroy, je ne suis ni un juge ni un gendarme pour vous interroger ; à la vérité vous vous êtes introduit chez moi d'une façon insolite, mais je veux bien passer là-dessus. Seulement vous devez comprendre que pour que je m'occupe de vous, il faut que je sache si vous êtes ou n'êtes pas le vagabond que vous vous défendez d'être.

Il garda son attitude contrainte et baissa les yeux sans répondre.

Geoffroy voulut l'encourager :

— Ce que j'ai vu, dit-il, m'a disposé à croire que vous ne l'êtes pas.

— Non, monsieur, je vous le jure.

— Mais puis-je m'en tenir à cela ? Vous sentez que ce n'est point pour satisfaire une vaine curiosité que je vous interroge ?

— Oh ! certainement ; et je vous assure que je suis profondément ému de la façon dont vous me parlez, et... par l'intérêt que vous paraissez me témoigner.

— Cet intérêt est réel ; je n'ai pu voir votre détresse sans en être touché, sans avoir la pensée de la soulager, si cela m'est possible. Comment un garçon de votre âge en est-il réduit à cette détresse ? Vous n'avez pas de travail ?

— Non.

— Pas de métier ?

— Non.

— Ah !

— Je sais que c'est un crime de n'avoir pas de métier.

— Un crime, non.

— Une faute au moins ; on est disposé à voir un paresseux et un vagabond dans celui qui n'a pas de métier ; cependant on peut n'être ni l'un ni l'autre, et cela est ainsi pour moi.

— Vous avez perdu vos parents, je l'ai compris par quelques mots que vous avez prononcés tout haut.

— Vous savez le flamand ! s'écria-t-il, avec un mouvement d'effroi qui était significatif.

— Non, et j'ignorais même que ces mots qui ont terminé votre prière fussent du flamand.

L'effroi fit place à un soupir de soulagement, et avec un empressement qui disait que cette phrase flamande devait cacher un secret, il voulut l'expliquer :

— C'était une invocation à mon père ; je le priais de me protéger, d'intercéder pour moi et de ne pas m abandonner.

Si ce n'était que cela, pourquoi donc la pensée que cette invocation à son père pouvait être comprise l'avait-elle si fort troublé ?

Geoffroy aurait voulu que les explications de ce misérable, pour qui il se sentait une sympathie attendrie, fussent claires et franches, il fut fâché de trouver encore une réticence et un mystère.

— Enfin, reprit-il d'un ton moins encourageant, vous trouverez tout naturel que je vous demande comment l'idée vous est venue de passer vos nuits dans mon atelier.

— Je vois que je vous fâche, monsieur, quand je voudrais tant me montrer digne de vos bontés ; pardonnez mon embarras et ma honte, je vais tout vous dire.

Depuis quelques instants, Geoffroy entendait au dehors un bruit de pas sur la neige dure et glissante ; ils s'arrêtèrent à la porte.

C'était juste le moment où le jeune garçon achevait sa réponse : on frappa à la porte.

— Qui est là ? demanda Geoffroy.

— C'est moi, répondit la voix de Trip ; avant de partir, j'ai voulu voir si vous n'aviez pas besoin de moi ; vous entendant parler, j'ai frappé.

— Je vous remercie, répondit Geoffroy, je n'ai pas besoin de vous ce soir, soyez tranquille ; mais demain matin venez aussitôt que vous serez rentré.

— Je n'y manquerai pas ; bonne nuit, monsieur Geoffroy ; ça pince.

Et du pas lent et lourd des grands marcheurs, Trip s'éloigna.

Depuis que Geoffroy était sorti de derrière son rideau, il s'était tenu devant la porte de l'atelier la barrant ; il se rapprocha du poêle, et tirant un fauteuil il s'assit.

— Prenez une chaise, dit-il, et asseyez-vous auprès du poêle, nous serons mieux pour causer ; encore un coup ne voyez pas en moi un gendarme, dites-vous plutôt que la demande d'intervention que vous adressiez à votre père a été entendue et qu'elle peut être exaucée, si vous le voulez.

Puis prenant un ton plus familier et souriant :

— Vous n'allez pas avoir peur du feu maintenant, j'espère.

— Oh non ! monsieur.

Et il s'assit.

— Je suis de Dunkerque, dit-il enfin d'une voix basse, et c'est ce qui vous explique que je parle flamand : j'ai perdu ma mère il y a cinq ans et mon père a disparu il y a six mois.

— Disparu ?

— Mon père était marin ; après avoir fait la grande pêche pendant bien des années il avait voulu rester à terre quand la pauvre maman avait quitté la maison ; il m'aimait et ne voulait pas me laisser seul pendant des mois et des mois. Rester à terre n'était pas pour lui travailler dans un magasin ou à un des métiers du port, mais faire la petite pêche, sortir à une marée, rentrer à l'autre ou à la suivante. Malgré la maladie de ma mère qui avait duré plus de quinze mois, il y avait encore un peu d'argent ; il l'employa à acheter une barque, pas neuve bien entendu, mais enfin qui était en état de servir plusieurs années, et il prit avec lui deux de ses anciens camarades que les infirmités empêchaient de retourner à Terre-Neuve. Pendant quatre ans et quatre mois les choses allèrent à peu près bien ; on ne gagnait pas beaucoup mais on vivait. Moi pendant ce temps je suivais l'école. Au lieu de m'en retirer après ma première communion, comme la plupart de mes camarades, mon père avait voulu m'y laisser, et comme j'en savais un peu plus que les autres par cette raison que j'y étais depuis plus longtemps, les maîtres m'avaient pris en affection et me poussaient autant qu'ils pouvaient en tout. Voilà comment je n'ai pas de métier ; de grammaire, d'arithmétique, d'histoire, de dessin j'en sais plus qu'on n'en apprend d'habitude dans les écoles, mais un vrai métier je n'en ai pas.

— Quel est votre âge? demanda Geoffroy.

C'était une question bien simple et dont la réponse ne pouvait, semblait-il, avoir rien de compromettant, cependant il eut un mouvement d'hésitation avant de se décider :

— Quinze ans, dit-il enfin, puis tout de suite il ajouta avec volubilité, comme s'il voulait qu'on ne restât pas sous l'impression de cette réponse : après quatre années d'usage la barque était tout à fait vieille, et les agrès étaient usés; il aurait fallu une réparation complète; pour bien des choses une mise à neuf : qu'un cordage casse, qu'une voile se déchire dans un coup de vent, c'est une question de vie ou de mort pour le pêcheur. Malheureusement l'argent manquait; on attendait une bonne chance, une saison plus heureuse que les autres, elle ne venait pas, et on allait toujours : puisqu'on était sorti la veille sans accident, on sortirait bien encore; et l'on sortait par n'importe quel temps, puisqu'on n'avait pour vivre que la pêche de chaque jour : mon père était trop bon marin pour ne pas connaître le danger auquel il s'exposait, mais il fallait le braver ou rester à terre, et ni lui ni ses camarades ne pouvaient rester à terre. Je ne sais si vous vous souvenez que le printemps de l'année qui vient de finir a été très mauvais; à Dunkerque il fut terrible; le vent ne quittait le nord que pour passer à l'ouest en bourrasque; il y eut plusieurs naufrages sur la côte, des grands navires comme des bateaux de pêche. Cependant mon père sortait presque tous les jours et s'il n'y avait qu'une barque qui prenait la mer, c'était la sienne. Une nuit de la fin de mars, celle du mercredi au jeudi, le vent avait soufflé en tempête, et bien que nous demeurions dans une cave de la basse ville, — à Dunkerque c'est l'habitude que les pauvres gens habitent les caves, — nous l'avions entendu faire rage jusqu'au matin. Heureusement mon père était à terre et j'éprouvais comme de la satisfaction, à entendre la bourrasque déchaînée, en pensant que nous étions ensemble. Au moment de la marée montante il se fit une accalmie et le vent passa à l'est; croyant au retour du beau temps mon père voulut sortir quand même. J'essayai de le retenir, mais inutilement : — C'est demain vendredi, me dit-il, le poisson sera cher, si peu que nous en prenions nous le vendrons bien. — Un pressentiment me disait que je ne devais pas le laisser embarquer, mais j'en avais déjà eu tant qui ne s'étaient pas réalisés que je n'osai pas insister. Je voulus au moins le voir sortir et j'allai l'attendre à la tour de Leughenaer. En passant il me fit un signe de main, le dernier.

Il s'arrêta un moment, la voix tremblante, les yeux noyés de larmes contenues; puis il reprit :

— Je voulus l'accompagner tant que je pus, mais la barque poussée par le vent d'est courait dans le chenal plus vite que moi : quand j'arrivai au bout de l'estacade elle n'était déjà plus qu'un point noir sur la mer jaune, seule, perdue dans l'immensité, sans que nulle part on aperçût aucune autre voile. C'était à la marée de nuit qu'ils devaient rentrer. Les heures de l'attente sont longues pour les femmes et les enfants des marins. Celles de cette nuit furent éternelles. Plusieurs fois il y eut des coups de vent, mais pourtant la tempête ne reprit pas, ce qui me rassura un peu. Au jour levant je retournai au Leughenaer. On me dit qu'il n'était entré ni navire, ni barque, pendant la nuit. J'allai jusqu'au bout de l'estacade : rien sur la mer sombre. L'attente recommença. Vous pouvez imaginer ce qu'elle fut; de plus en plus anéantissante à mesure qu'elle se prolongeait. Le troisième jour, un journal de Calais annonça qu'un navire entré dans ce port avait rencontré au large une barque chavirée : la nôtre, surprise sans doute par une saute de vent. Ceux qui nous connaissaient essayèrent de me convaincre que mon père ne pouvait pas être perdu; il était bon nageur : il aurait sûrement trouvé une épave pour se soutenir et dans ces parages, où passent tant de navires, l'un d'eux l'aurait sauvé. J'admettais bien que ses camarades devaient être perdus, lui, je me révoltais à la pensée que ce fût possible, et je croyais ce qu'on me disait. —Pourquoi un navire allant en Russie, ou dans la Méditerranée, ou en Amérique, ne l'aurait-il pas recueilli? Il fallait attendre qu'il pût donner de ses nouvelles. Ces nouvelles, je les ai attendues pendant neuf mois, perdant chaque jour un peu des espérances auxquelles je me cramponnais si obstinément, que même maintenant, en vous parlant, je me demande si depuis six semaines que j'ai quitté Dunkerque, ces nouvelles ne sont pas arrivées sans que je les connaisse. Vous voyez quelle est ma folie.

— Pauvre enfant !

— Oh ! bien malheureux, désespéré, anéanti. C'était malgré les instances d'une tante qui habite Paris que j'étais resté à Dunkerque. Quand je lui avais écrit pour lui annoncer le malheur qui me frappait, elle m'avait répondu de venir près d'elle, mais je ne pouvais pas quitter Dunkerque, voulant être là, chez nous, pour recevoir mon père quand il arriverait. A un certain moment, il me fut impossible de demeurer plus longtemps à Dunkerque; les créanciers de mon père s'étaient abattus sur ce que nous avions et tout avait été vendu. J'écrivis à ma tante qui me dit qu'elle m'attendait, et je la trouvai, en effet, à la gare du Nord quand je descendis de wagon, les yeux encore pleins de larmes que j'avais versées pendant ce long voyage.

Il s'arrêta, et l'embarras qu'il avait déjà montré se manifesta plus vif, au point même qu'il ne se pouvait cacher.

— Vous me voyez dans une cruelle confusion, dit-il enfin, je sens que pour être digne de l'intérêt que vous voulez bien me témoigner, et pour gagner votre confiance, je devrais vous parler franchement sans réticences, sans rien cacher, et cependant c'est impossible. Je ne suis resté que deux jours chez cette tante qui m'avait fait venir à Paris, et je ne puis pas dire pour quelles raisons je me suis sauvé de chez elle : vous comprendrez qu'il fallait qu'elles fussent bien graves, puisque lorsque je l'ai quittée, je n'avais pas tout à fait vingt sous dans ma poche et ne connaissais personne à qui m'adresser pour trouver une place ou du travail.

— Eh bien ! ne parlez pas de ces raisons, répondit Geoffroy, qui croyait deviner quelque infamie chez cette parente.

— Cette tante n'est point la sœur de mon père, elle avait épousé mon oncle.

— Il suffit, dit Geoffroy, que ce reniement de parenté directe confirma dans ses soupçons.

— Sortant de chez elle après minuit, je ne savais où aller et n'osais marcher droit devant moi en attendant le jour. Je pensai à me réfugier dans une gare. C'est aux environs de la rue Lafayette que demeure ma tante, et je savais que la rue Lafayette conduit à la gare du Nord par où j'étais arrivé à Paris. Je n'eus pas de peine à me diriger; d'ailleurs des gens montaient comme moi et quand je me trouvai en face de la gare je la vis éclairée. Je serais là en sûreté; et je m'installai sur un banc dans un coin, assez tranquille : que m'importait de ne pas dormir une nuit. Mais bientôt la grande salle si pleine de tapage et de mouvement quand j'étais entré se vida; le silence se fit; les guichets furent fermés; les lumières s'éteignirent. Je compris que le dernier train venait de partir et que sans doute on allait me mettre dehors ou me demander ce que je faisais là. Je sortis. Puisque je ne pouvais pas rester dans la salle du départ, l'idée me vint d'aller dans celle de l'arrivée, m'imaginant qu'il devait y avoir un mouvement de trains pendant toute la nuit. J'étudiai cependant une affiche collée contre un mur qu'éclairait un bec de gaz, et je vis que les premiers trains arrivaient vers quatre heures du matin. Je dus donc renoncer à mon espérance, et je me trouvai avec trois heures à passer, seul sur la place de la gare, sombre maintenant, déserte et silencieuse. Ce fut alors seulement que j'eus dans toute son horreur la sensation de mon abandon et de ma solitude : plus de voitures, plus de passants, les maisons closes, les rues se prolongeant indéfiniment sans que rien coupât leur vide, la mort. J'eus un moment d'anéantissement : perdu; j'étais un vagabond dans ce Paris immense; personne chez qui me réfugier, personne pour m'aider; quelques sous dans ma poche. N'allait-on pas m'arrêter? Cette pensée me rendit des jambes; on n'arrête pas ceux qui marchent pour se rendre quelque part. Je devais marcher. Comme j'hésitais pour savoir si j'irais à droite ou à gauche, ce qui était bien inutile puisque je n'avais pas plus de raison de choisir un côté que l'autre; j'entendis un roulement lent de voitures et, au bout d'une rue, je vis passer la lueur vacillante de deux petites lanternes; c'était la vie, le mouvement, je me dirigeai de ce côté, et arrivé à cette rue je vis d'autres voitures venir vers moi; des petites charrettes de paysans, recouvertes de bâches, allant au petit trot ou au pas ; à côté de sacs empilés ou d'amas de choux et de carottes on voyait leurs conducteurs perdus dans des limousines, un mouchoir de couleur noué par-dessus leur casquette : je les suivis pensant bien qu'elles me conduiraient à un marché. En effet, après avoir descendu une rue étroite et tortueuse.....

— Vous êtes arrivé aux Halles.

— Précisément. Puisque vous connaissez les Halles la nuit, je n'ai pas à vous dire comme, au milieu du va-et-vient des gens et des charrettes, je me sentis rassuré : ma seule crainte fût qu'en me voyant circuler, moi qui ne faisais rien, parmi ces gens affairés, on me demandât ce que je cherchais; heureusement on ne me demanda rien, et en ayant soin de changer de rues et de pavillons pour qu'on ne me remarquât pas toujours à la même place, je pus rester là jusqu'au matin. Vaguement je m'imaginais que le jour levant dissiperait mes angoisses comme les ténèbres de la nuit. Mais le matin arrivé, je me trouvai aussi embarrassé, et même plus encore, puisque je devais prendre un parti. Lequel? En errant dans les rues des environs des Halles, j'avais vu des bureaux de placement; je décidai d'entrer dans un, que je choisis bien modeste, pour demander une place quelconque, celle qu'on voudrait, avec les gages qu'on trouverait que je pouvais gagner; mais c'est à moi qu'on commença par demander si j'avais des papiers et cinq francs pour droit d'inscription. N'ayant pas plus de papiers que d'argent, je sortis et restai dans la rue aussi perplexe que je l'avais été la nuit au milieu de la place de la gare. Peut-être pour ceux qui connaissent Paris, qui ont des parents, des amis, des relations, y a-t-il moyen de se procurer en cherchant bien une place ou de l'ouvrage. Moi, je ne connaissais pas Paris, je n'avais ni amis, ni relations, et je cherchais mal certainement, puisque je me fis renvoyer durement de partout. Allant à l'aventure droit devant moi, sans savoir où mes pas me conduisaient, et quels quartiers je traversais, j'étais arrivé dans des rues presque désertes où les maisons étaient plus rares et les terrains vagues se succédaient les uns aux autres : la nuit commençait à tomber d'un ciel noir chargé de neige, et le froid, supportable dans la matinée et la journée, reprenait plus vif; les ruisseaux à demi-fondus un moment étaient déjà durcis ; abattu par la fatigue et plus encore par le découragement, je ne pouvais certainement pas marcher toute cette nuit comme la précédente ; je ne m'étais pas assis depuis seize heures et je n'avais mangé qu'un morceau de pain d'une demi-livre. Cependant, je comprenais que je ne pouvais être dans les rues qu'à condition de paraître aller quelque part : combien de temps mes jambes pourraient-elles encore me porter ? Comme je passais devant une maison en construction d'où venaient de sortir des ouvriers que je pris pour des menuisiers, l'un d'eux qui se tenait à la porte de la palissade fermant le terrain, cria : « Tout le monde est parti ? » Personne ne lui ayant répondu de l'intérieur de la maison, il ferma la porte au cadenas, et rejoignis à grands pas ses camarades. Je venais derrière eux : en longeant cette palissade, je remarquai qu'une des planches dont elle était formée laissait un vide entre elle et sa voisine par lequel je pourrais peut-être me glisser. Je continuai mon chemin, puis, quand l'ombre se fut épaissie je revins, et attendant un moment où la rue se trouvait déserte, je parvins en effet à me faufiler entre ces planches. Je n'aurais pas été plus heureux dans un bon lit, que je ne le fus quand je m'allongeai sur un tas de copeaux ; un toit au-dessus de ma tête, des murs autour de moi, il me semblait que j'étais sauvé. J'étais si las que je ne tardai pas à m'endormir ; mais le froid me réveilla ; et pour ne pas me laisser geler, je dus marcher encore quand j'avais si bien espéré pouvoir me reposer. Au moins n'avais-je pas à m'inquiéter des passants ou des sergents de ville, et après avoir repris un peu de chaleur par le mouvement, je pouvais me rendormir sur mes copeaux jusqu'à ce que le froid me réveillât. La nuit fut longue; quand des bruits de pas dans la rue m'annoncèrent l'approche du matin, je quittai mes copeaux et me remis en marche. Ma journée ne fut pas plus heureuse que celle de la veille; de partout on me renvoya. J'avais eu soin de ne pas oublier le nom de ma rue et aussi de tourner autour de son quartier pour avoir chance de la retrouver; le soir, je me glissai à travers la palissade et m'étendis sur mon lit, me demandant si je me réveillerais et si je ne m'endormirais pas pour toujours dans le froid. Ce fut ainsi quatre jours et quatre nuits. Ces marches interminables dans la neige fondue et dans la boue, ces couchers sur la planche et dans le plâtre avaient mis mes vêtements noirs dans un tel état que quand je me risquais à frapper à une porte on me la jetait au nez comme à un chien errant.

A ce mot « mes vêtements noirs », Geoffroy le regarda surpris; alors il se reprit vivement avec embarras !

— Ce n'était pas ceux que vous voyez maintenant.

Cette explication était toute simple et naturelle, pourquoi donc se troublait-il en la donnant? et comment dans ce récit, où la sincérité éclatait à chaque mot, se trouvait-il de temps en temps des points où l'on sentait cette sincérité faiblir et faire place à l'arrangement? Au moment où le cœur se laissait toucher par ces souffrances et cette détresse, une réticence coupait net l'émotion et la sympathie.

— Je ne marchais pas toujours, continua-t-il; toutes les fois que j'en trouvais l'occasion je m'arrêtais, car c'est un repos de rester debout sur ses jambes sans avoir à mettre un pied devant l'autre; ils sont si lourds quand, pendant une journée, ils ont fatigué un étalage, un rassemblement me retenaient aussi longtemps que j'osais. Une après-midi, un peu avant la nuit, je remontais une avenue, et j'étais arrivé à l'endroit où la pente commence plus rapide : de chaque côté il y avait des gens qui regardaient en riant un vieil homme attelé à une petite voiture qu'il traînait au milieu de la chaussée et qui ne pouvait avancer : cette voiture était chargée de chaises en paille dépenaillées qui ne devaient pas faire un poids bien lourd; mais, à la suite du dégel, le froid du soir avait pris la chaussée en une nappe glacée sur laquelle il patinait Et pourtant une bricole sur l'épaule, les brancards dans les mains, il tirait à plein collier, tout courbé en avant; quand il se relevait, dans les efforts qu'il faisait on voyait la sueur, malgré le froid, couler de son cou sur sa poitrine. A un certain moment il s'abattit sur les genoux, et alors quelques gamins saluèrent cette chute de rires et de cris : — il montera; il ne montera pas. — C'était un pauvre vieux bonhomme à cheveux blancs, que l'âge et la fatigue aussi, sans doute, avaient décharné; sans une plainte, sans un regard à ceux qui se moquaient de lui, il se redressa et par un vigoureux effort, il enleva sa voiture. Puisqu'il montait, il n'y avait plus d'intérêt à le regarder, les gens continuèrent leur chemin, lui le sien. J'allais dans le même sens que lui; bientôt la montée reprit glissante et raide, alors il n'avança plus et recommença à tirer en patinant. Voyant cela, je descendis sur la chaussée et poussai derrière. — C'est cela, dit-il sans se retourner, un bon coup de main ne sera pas de trop; hardi, hein! — Lui tirant, moi poussant, la côte fut assez facilement montée; alors il s'arrêta. J'allais continuer mon chemin, il m'appela : — Nous ne nous quitterons pas que je vous aie dit un mot de merci. Et dans ce mot, qu'il allongea en soufflant, j'appris que c'était depuis qu'il avait perdu son garçon, mort à l'hôpital, qu'il traînait sa charrette tout seul; il était rempailleur de chaises, ou plus exactement, il parcourait les rues pour ramasser les chaises qu'il donnait à un patron; quand elles étaient remises en état, il les reportait chez ceux qui les lui avaient confiées. Son garçon lui manquait non seulement pour pousser ou tirer, mais encore pour crier : « V'là le pailleur de chaises ! » parce que, lui, il avait la voix cassée, tandis qu'une voix jeune et claire s'entendait mieux. Une inspiration me vint : — Si je vous remplaçais ce fils ? Il commença par être surpris ; mais après explication, quand je lui eus dit à peu près quelle était ma situation, il voulut bien me prendre pour ce que demandais : un lit et la nourriture.

— Et vous n'êtes pas resté avec lui ?

— Bientôt après il est entré à l'hôpital ayant gagné une fluxion de poitrine, et je me suis trouvé de nouveau dans la rue, aussi misérable qu'avant de l'avoir rencontré, car il était dû de l'argent à notre logeur, qui m'a mis à la porte sans vouloir me laisser rien emporter; et vous imaginez bien que je n'avais pas d'économie dans mes poches. C'est alors que, suivant des voitures de déménagement qui venaient remiser ici, afin de tâcher de coucher dedans, je me suis introduit dans ce terrain, non par la rue, mais par le passage lorsque les conducteurs furent partis et me suis blotti au fond d'une de ces voitures sous des morceaux de vieux tapis avec lesquels les déménageurs enveloppent les meubles qu'ils veulent garantir. Je croyais ce terrain désert et m'imaginais n'avoir rien à craindre jusqu'au lendemain matin. Le froid était si dur que je ne pus pas m'endormir, et je pensai bien que si je passais là toute la nuit, on me trouverait le lendemain gélé sous les tapis; mais j'étais dans un tel état d'accablement que cela n'était pas pour m'attrister : ne valait-il pas mieux en finir? ce ne serait pas ma faute; je n'avais pas cherché la mort, elle m'aurait pris; qu'avais-je à regretter? pas la vie à coup sûr; ma jeunesse? à quoi me servait-elle?

— Et alors?

— Je vous dis cela, monsieur, pour que vous compreniez que j'en étais arrivé à ce désespoir qui rend les malheureux capables de tout, de lâcheté aussi bien que de folie. Je pensais donc que j'allais m'engourdir pour ne me réveiller jamais, quand j'entendis un bruit de pas sur la neige. Je sortis la tête de dessous mes tapis et regardai: un homme, votre concierge, se dirigeait vers cet atelier; il frappa à la porte et entra. Quand la porte se rouvrit il n'était pas seul, vous l'accompagniez : comme la lune vous frappait en face je vous vis bien tous les deux. Vous lui dites: — Etes-vous sûr que le feu ne mourra pas? Il vous répondit : — Soyez tranquille, monsieur, il durera toute la nuit, et si vous arrivez demain matin avant moi, vous trouverez l'atelier chaud encore. — Puis il ferma la porte à clé, et je vis qu'il accrochait cette clé dans le lierre; j'entendis le bruit qu'elle fit en sonnant contre un clou. Paralysé par le froid et la faim, car j'étais resté sans manger toute la journée, je n'avais pas les idées nettes, ni la tête sourde, cependant je compris que dans cet atelier que je voyais devant moi il y avait un bon feu qui brûlerait toute la nuit; que personne ne rentrerait là avant le matin; que la clé était à portée de tout le monde; et qu'il n'y avait qu'à la prendre pour ne pas mourir de froid. Ah! monsieur, il faut savoir ce que c'est que le froid, le froid qui depuis longtemps vous a glacé jusqu'aux os, qui vous fait claquer des dents, vous secoue comme si vous aviez des convulsions, ou vous paralyse, pour comprendre tout ce qu'il y a dans cette pensée qu'un bon feu brûle inutilement à quelques pas et qu'on peut s'y réchauffer.

— Je le comprends.

— Comment ne suis-je pas mort de froid, je n'en sais rien. Sans doute parce que j'y étais habitué; on faisait rarement du feu chez nous, les marins ne sont pas frileux, et en ces derniers temps j'avais passé tant d'heures sur l'estacade, de jour comme de nuit exposé au vent de mer, attendant mon pauvre père, que j'étais aguerri. Mais le froid que j'avais supporté alors, comme celui auquel j'avais été exposé dans la maison en construction, ou en errant par les rues, ne ressemblait en rien à celui que j'endurais dans cette voiture sous mes tapis; le jour je me réchauffais en marchant; dans la maison en construction je pouvais marcher aussi, m'agiter, me secouer violemment quand je me sentais glacé; dans cette voiture je devais rester immobile et l'engourdissement me gagnait peu à peu, la mort sans doute. Quelques instants auparavant je me disais qu'elle serait une délivrance; que si elle me prenait j'en aurais fini avec toutes mes souffrances; mais entrevoyant un moyen de lui échapper je ne pensais plus de même ; et puis l'idée du feu m'appelait, je le voyais, je l'entendais brûler. D'un autre côté je me disais bien que si l'on me surprenait dans cet atelier on m'arrêterait comme voleur, et cela me retenait. Mais à la fin la tentation fut trop forte: quoiqu'il pût advenir, au moins je me serais chauffé. Peut-être n'avais-je plus ma raison; enfin, monsieur, mettez-vous à la place d'un halluciné par le froid et la faim, et sans doute ma faute vous paraîtra moins grave.

— Elle n'est pas bien grave; surtout pour qui a vu, comme moi, la façon dont vous vous êtes comporté dans cet atelier.

— Après avoir longtemps écouté, n'entendant aucun bruit je quittai la voiture, et ayant soin de suivre le sentier frayé qui de la remise conduit à la loge du concierge pour ne reprendre celui de votre atelier qu'à l'endroit où ils se croisent, car il importait de ne pas laisser les empreintes de mes pas sur la neige, je risquai mon aventure. Si la lune me permettait de me diriger facilement, elle m'exposait aussi à être vu, et en traversant ce vaste terrain je tremblais comme si j'allais commettre un crime: je n'entendis aucun bruit et j'arrivai à votre porte que j'ouvris doucement avec la clé prise au clou dans le lierre; du dehors j'entendais le poêle ronfler. J'avais refermé la porte soigneusement et j'allais courir au poêle quand je m'arrêtai stupéfait: à quelques pas de moi, dans l'atelier certainement, on sifflait un air que je connaissais pour l'avoir entendu mille fois: « le Carillon de Dunkerque ! » Je restai anéanti autant par la frayeur que par l'émotion. Il y avait donc quelqu'un dans cet atelier que je croyais abandonné? Et ma première pensée fut que j'étais perdu. Mais alors pourquoi, au lieu de m'empoigner, me sifflait-on l'air de mon pays, celui que notre beffroi joue tous les jours et qu'il a rendu populaire? Qui me faisait cette surprise! Qu'une pareille idée me vint à l'esprit, c'était de la folie, n'est-ce pas.

— Mais non.

— Je regardai autour de moi et ne vis personne: l'atelier que la lune illuminait était aussi clair que tout à l'heure, il n'y avait qu'une partie dans l'ombre; c'était de là que venait cet air qui continuait et je ne découvrais rien. Machinalement, sans savoir ce que je faisais, je dis à mi-voix: « Puisque nous sommes du même pays, ne me repoussez pas ». Aussitôt il se fit un bruit d'ailes, un envolement, et un oiseau traversant le rayon lumineux se percha sur la plus haute traverse du châssis: là il inclina la tête plusieurs fois en avant comme pour saluer et il reprit son air.

— Il saluait en effet.

— Je me trouvai rassuré et ne pensai plus qu'à me réchauffer assis devant le poêle. Avec la chaleur qui ne tarda pas à me pénétrer, le sentiment de la faim et de la soif me revint. Précisément à ce moment même j'entendis dans la pièce voisine un bruit ressemblant au lapement d'un chien ou d'un chat, et je pensai que je trouverai à boire. J'entrai et je vis Diavolo attablé devant un bol de lait. Il vint me flairer et, sans plus faire attention à moi que si je n'étais pas là, il alla se coucher sur le canapé. J'avoue que je n'eus pas la force de résister à la tentation; je pris le bol et bus ce qu'il avait laissé; j'avais si terriblement faim, et lui paraissait si bien rassasié qu'il ne touchait pas à une assiette pleine de viande crue. Revenu devant le poêle, je m'allongeai sur un tapis et dormis là jusqu'à cinq heures et demie. Un peu avant six heures je sortis, et comme la lune était couchée, je n'eus pas d'autres précautions à prendre en traversant le terrain pour gagner le passage, que de ne pas marcher lourdement.

— Quel jour cela se passait-il ?

— Il y a quatre jours. Le froid qui me saisit dans la rue après cette bonne nuit auprès du feu, me rappela que je n'avais bu que le bol de lait de Diavolo, et qu'avant tout je devais chercher un morceau de pain Mon patron, qui dans sa longue vie misérable, s'était plus d'une fois trouvé sans un sou pour manger, m'avait appris que celui qui veut en prendre la peine ne meurt pas de faim : je savais qu'il y a des restaurants qui donnent le matin des soupes aux malheureux, il m'avait parlé d'une maison aux environs de Paris où tous ceux qui se présentent reçoivent deux sous et une livre de pain; je pouvais donc aller à la porte de ces restaurants et aussi à celle de plusieurs casernes, comme je pouvais aller demander les deux sous et la livre de pain; mais cela c'était mendier. Dans nos conversations, qui roulaient souvent sur ce sujet, il m'avait dit aussi qu'on jette souvent à la rue, dans les restaurants, toutes sortes de bonnes choses; des petits pains entiers, des morceaux de viande, des fruits ; pour les ramas, ser il n'y a qu'à arriver de bonne heure. C'est de là que vient le pain avec lequel vous m'avez vu tremper ma soupe ce soir; si peu ragoûtant qu'il soit, je l'ai préféré à celui que j'aurais mendié. Ces quatre jours je les ai employés inutilement à chercher une place ou de l'ouvrage: chez le chaisier où nous portions nos chaises, on m'avait fait espérer de me donner un autre patron, mais celui qui a pris notre tournée ayant un âne pour tirer sa charrette n'avait pas besoin de moi. Quand j'étais trop fatigué de marcher ou que j'avais trop froid, j'entrais dans une gare, dans une église d'où je sortais aussitôt qu'on me regardait de près, et le soir je revenais ici. Voilà, monsieur, comment j'ai été amené à m'introduire chez vous, — par une affreuse détresse.

— Qui va cesser; le travail que vous n'avez pas pu trouver, je vous le procurerai... j'espère. En attendant vous serez à l'abri du froid; et vous ne souffrirez plus de la faim, je vous le promets. Pour commencer, vous allez passer la nuit sur ce canapé, et demain nous aviserons; votre prière a été exaucée.

— Oh! Monsieur...

— C'est un devoir de vous venir en aide, et quelque chose me dit que ce sera un plaisir.

Des larmes emplirent les yeux du jeune garçon, et les quelques paroles qu'il voulut prononcer s'arrêtèrent dans sa gorge contractée.

— J'ai... le cœur... trop serré, dit-il enfin.

— Ce n'est pas le cœur seulement que vous avez trop serré, dit Geoffroy en affectant de sourire, c'est aussi l'estomac.

Allant dans la cuisine il en rapporta le pain et le jambon que Trip lui avait achetés comme en-cas :

— Votre soupe n'a pu que vous mettre en appétit, dit-il, mangez cela.

— Mais c'est votre souper certainement.

— Quand j'ai bien dîné je ne soupe pas ; vous ne me privez de rien.

Pendant que le pain et le jambon disparaissaient rapidement, Geoffroy retourna dans la cuisine d'où il revint avec une bouteille de vin et une carafe d'eau, et il le servit.

Une couverture de voyage était posée sur un meuble, roulée dans sa courroie, il la prit et la déplia :

— Vous vous envelopperez dans cette couverture, dit-il.

— J'ai été si bien sur le tapis.

— Vous serez mieux sur le divan ; la réserve qui vous faisait vous contenter du tapis n'est plus de mise maintenant.

Le pain et le jambon avaient été dévorés.

— Maintenant nous pouvons dormir, dit Geoffroy ; je vous laisse.

Il se dirigea vers sa chambre, mais prêt à écarter la portière il se retourna :

— Comment vous nommez-vous ? demanda-t-il.

La réponse se fit attendre un moment et l'embarras qui s'était déjà montré reparut :

— Lotieu, dit-il enfin.

— Bonne nuit, Lotieu.

— Bonne nuit, monsieur.

VI

Obéissant à la recommandation qui lui avait été adressée la veille, Trip vint le lendemain matin frapper à la porte de l'atelier aussitôt qu'il fut rentré de sa tournée.

Depuis une grande heure déjà Geoffroy travaillait à sa terre, et, assis dans un coin de l'atelier, où il se tenait silencieux en se faisant petit, Lotieu regardait curieusement. Ce n'était plus le garçon de la nuit, dépenaillé et malpropre : il s'était levé avec le jour et dans la cuisine, où il avait trouvé de l'eau, du savon, des torchons et des brosses, il avait pu faire sa toilette : son visage noirci s'était éclairé, et malgré le hâle la peau se montrait fine et rose ; rouge était la main, mais d'un joli dessin, avec des doigts allongés à fossettes, avec des ongles transparents, coupés carrément ; il avait boutonné son veston, soigneusement brossé, et en remontant sa cravate il avait caché la misère de son linge

En l'apercevant, Trip s'arrêta pour le dévisager.

— Voilà celui qui, la nuit, déposait des miettes devant le poêle et de la neige sur le tapis, dit Geoffroy.

— Je vas le conduire chez le commissaire, répondit Trip, et plus vite que ça.

— Vous allez le conduire dans un magasin, où

vous lui achèterez des chemises, des bas et des mouchoirs.

— Pas possible !

— C'est un brave enfant, qui serait mort de froid si notre poêle n'avait pas été allumé : quand il aura raconté son histoire, vous verrez que son crime n'est pas bien grand.

Trip était renversé ; cependant il ne résista pas :

— Dame, si monsieur pense comme ça, moi je veux bien.

— Quoiqu'il soit courageux, intelligent, débrouillard, il n'a ni place ni travail ; il faut que nous lui trouvions l'une ou l'autre.

— Qu'est-ce qu'il sait faire ?

— Rien et tout.

— Alors, pas de métier aux mains ?

— Non, mais du cœur au ventre.

— On pourrait peut-être le faire entrer comme surnuméraire à mon journal ; mais on ne travaille pas toutes les nuits tant qu'on n'est pas en pied ; et puis c'est dur, il faut marcher de minuit à neuf heures du matin.

— Je marcherai, dit Lotieu.

— Il faut connaître Paris, et il ne le connaît pas, dit Geoffroy.

— Enfin, on verra ; quand j'aurai levé ma pauvre femme et mangé le café, je viendrai chercher le jeune homme.

Quand Trip revint, Geoffroy lui mit deux louis dans la main, mais le vieux concierge lui en rendit un :

— C'est trop, dit-il, un suffira et au delà : deux chemises à trois francs cinquante, sept francs ; deux paires de bas à trente sous, trois francs ; six mouchoirs à dix sous, trois francs ; total : treize francs.

Et il cligna de l'œil d'un air entendu, disant qu'il ne fallait pas faire des folies pour un garçon qu'on ne connaissait pas : il avait déjà une belle chance, le jeune homme qui s'introduisait la nuit dans les maisons habitées, qu'on le conduisît chez un marchand de chemises, au lieu de le conduire tout simplement chez le commissaire comme il le méritait.

Mais lorsqu'ils rentrèrent, Lotieu portant son paquet sous son bras, les dispositions de Trip parurent changées, et, d'hostiles qu'elles étaient au départ, tournées à la bienveillance.

— Le jeune homme m'a conté son affaire, dit-il, c'est vraiment un bon garçon et il en a vu de rudes. Il en a eu plus que son compte ; je suis d'avis que c'est assez pour le moment. Aussi je ne pense pas qu'il soit bon de le faire entrer à mon journal.

— Vous avez une autre idée, demanda Geoffroy.

— La voilà, mon idée : quoique ma pauvre vieille soit bien infirme, elle travaille tout de même dans son lit. Elle met des couvertures à des cahiers de papiers à cigarettes. Le métier n'est ni dur ni difficile, puisqu'elle peut le faire, et certainement le jeune homme l'apprendrait tout de suite : il y a un nœud à faire au caoutchouc, à percer un trou, à couper l'aiguille et à coller l'image avec un pinceau.

C'était à Lotieu que ces explications s'adressaient, mais il se tourna vers Geoffroy :

— Et de jolies images qui vous plairaient à vous, monsieur, qui êtes un artiste : le *Serment du Jeu de Paume*, *Marie-Antoinette à l'échafaud*, *les Dernières cartouches*. Il n'y a pas d'autres frais que d'acheter la dextrine qui coûte un franc la livre, et une livre dure longtemps. Bien entendu, ce n'est pas de l'ouvrage où l'on gagne de grosses journées ; c'est payé un franc le mille, et ma vieille n'en peut pas faire plus de sept à huit cents par jour; mais elle est vieille, elle est paralysée, elle est dans son lit ; quelqu'un qui est jeune et alerte, qui ne flâne pas, peut arriver à trois mille en treize ou quatorze heures; et trois mille, c'est trois francs, sans compter qu'on n'use pas ses souliers : pas de froid à craindre, pas de neige, c'est propre et sain. Si le cœur en dit au jeune homme, il peut commencer tout de suite.

— Eh bien? demanda Geoffroy.

— Oh! monsieur, c'est des paroles de remerciement que je cherche.

— Il n'y a pas à remercier, continua Trip, ça va être un plaisir pour la vieille d'avoir quelqu'un à qui parler ; si les jambes ne vont pas, la langue marche.

— Et un logement? dit Geoffroy.

— Il y a la cabane en face ; le propriétaire la laisserait bien pour huit francs par mois ; avec un lit qu'on louerait et quelques autres objets ça ne coûtera pas plus de douze à quinze francs par mois ; quant au manger, si le jeune homme est débrouillard, il pourra le faire avec le nôtre ; ça sera moins cher qu'à la gargote.

VII

Quand vers trois heures Geoffroy, en quittant son atelier, passa devant la loge du concierge, il s'arrêta et frappa à la porte :

— Eh bien ? demanda-t-il.

Ce fut Trip qui vint ouvrir :

— Le jeune homme s'y est mis tout de suite, il a déjà son mille de fait ; ça ira.

Et le jeune homme sortant de la chambre du fond, où il travaillait sous la direction de la vieille femme paralysée, vint confirmer ces paroles :

— C'est très facile, dit-il.

— Il a des doigts de fée, ajouta Trip en appuyant, l'ouvrage lui fond dans les mains.

Le lendemain, pendant que Geoffroy qui venait d'arriver se mettait au travail, Trip, achevant son ménage dans l'atelier, reprit ses appréciations sur le jeune homme :

— C'est bien décidément un bon garçon, dit-il, il n'en faut pas d'autre preuve que la façon dont il parle de vous : il comprend ce qu'il vous doit et le reconnaît ; il sait que vous lui avez sauvé la vie.

— C'était bien naturel.

— Ce qui était naturel en le voyant entrer c'était de lui sauter au collet, et de le remettre aux sergents de ville Heureusement vous êtes plus calme que ça, et vous avez pu le juger pour ce qu'il est réellement. Savez-vous la surprise qu'il m'a faite ce matin? Quand je suis rentré de ma course j'ai trouvé la chambre de ma pauvre vieille rangée, propre comme elle ne l'a jamais été, le feu était allumé et le café chaud. Pensez si ça m'a paru bon, moi qui après mes neuf heures de marche devait commencer par faire notre ménage: je n'ai eu qu'à m'asseoir et à manger comme un bourgeois qui rentre dans sa maison bien tenue : une femme n'aurait pas eu plus d'attentions que ce gamin.

Geoffroy entendit presque chaque jour l'éloge « du gamin ».

— Rangé comme une fille, disait Trip, une honnête fille, s'entend; il rend tant de services à ma pauvre vieille, il est si bon pour elle, qu'elle s'est mise à l'aimer comme si c'était notre enfant. Avec le peu de temps que j'ai à moi et les heures que je suis obligé de donner au sommeil dans la journée, sous peine de tomber de fatigue, j'étais obligé de négliger bien des choses; maintenant tout est rangé et astiqué dans notre bicoque, comme si nous avions des domestiques. Et cela sans qu'il paraisse perdre une minute : je croyais qu'on ne pouvait pas faire plus de trois mille cahiers dans sa journée; lui, il en abat trois mille cinq cents.

Geoffroy l'apercevait rarement; un salut quelquefois, de temps en temps, et c'était tout; jamais il ne le trouvait sur son chemin; et si Lotieu ne se cachait pas, il ne cherchait pas davantage à se montrer;

mais un matin, il le vit entrer dans l'atelier d'un air assez gêné.

— Je ne vous dérange pas, monsieur? demanda Lotieu timidement.

— Pas du tout, et même je suis bien aise de vous voir; souvent Trip me parle de vous et me dit combien il est touché des prévenances et des soins que vous avez pour sa pauvre femme...

— Je fais ce que je peux; ils ont été, ils sont si bons pour moi.

—... Vous, comment acceptez-vous cette vie nouvelle?

— Je serais ingrat ou fou de n'en être pas heureux: j'ai la tranquillité, la sécurité, le bien-être, je gagne plus qu'il ne m'est nécessaire; après l'enfer que j'ai traversé, c'est le paradis.

Puis tout de suite, comme s'il avait hâte de dire ce qui l'embarrassait:

— C'est justement le gain que j'ai eu la chance de faire depuis un mois qui m'amène.

Vivement il déposa sur la table un petit paquet enveloppé de papier qui rendit un son argentin.

— Qu'est-ce que c'est que çà? demanda Geoffroy.

— L'argent que vous aviez bien voulu m'avancer pour m'acheter du linge.

— Vous tenez à me rendre cet argent?

— Oui, monsieur, si vous le permettez.

— J'aurais eu plaisir à vous offrir ces quelques objets.

— Croyez bien, monsieur, que je ne vous rends pas cet argent pour me dire que je ne vous dois plus rien ; je ne me regarderai jamais comme quitte de ce que vous avez fait pour moi, mais je voudrais que l'argent ne se mêlât pas à ma reconnaissance.

— Qu'il soit fait comme vous voulez, mais à une condition qui est que, si jamais vous vous trouviez embarrassé, vous viendrez à moi franchement. On n'est jamais sûr du lendemain ; s'il devenait mauvais, rappelez-vous que vous avez un ami sur qui vous pouvez compter.

En parlant de l'incertitude du lendemain, Geoffroy s'était fait prophète de malheur ; à quelques jours de là, Trip lui annonça que sa fabrique de papier à cigarettes, qui travaillait pour l'exportation, se trouvait forcée, par suite de changements dans les traités de commerce, d'arrêter sa fabrication.

— Qu'allez-vous faire ?

— Ma vieille va se remettre au jais ; mais c'est le garçon qui me tourmente ; le jais, ce n'est pas un travail d'homme ; je vais tâcher de le faire entrer comme intérimaire à mon journal ; seulement ça ne sera pas drôle pour lui : la marche la nuit, c'est bon pour une vieille carcasse comme la mienne, faite à la fatigue, mais à son âge c'est rude ; je sais bien qu'il est solide, puisqu'il a résisté au froid et à la faim, mais tout de même j'aimerais mieux autre chose pour lui.

— Quoi ?

— Je ne sais pas.

— Cherchez de votre côté, je chercherai du mien !

— Et en attendant ?

Geoffroy réfléchit un moment.

— Quand le travail vous manquera-t-il?

— Il ne manquera pas, il a manqué.

— Eh bien, envoyez-moi Lotieu; en attendant que nous lui ayons trouvé quelque chose, je pourrai, je l'espère, l'employer et lui faire gagner sa vie.

Lotieu ne fut pas long à paraître; moins de trois minutes après la sortie de Trip, il entrait dans l'atelier.

— J'ai besoin d'un modèle, dit Geoffroy, voulez-vous m'en servir? J'allais justement en chercher un quand Trip m'a annoncé ce qui arrive; en attendant que nous vous ayons trouvé quelque chose, c'est une quinzaine assurée.

Lotieu s'était troublé: il avait rougi, puis pâli, et il se tenait les yeux baissés sans répondre.

Geoffroy le regardait surpris: en quoi une demande aussi simple pouvait-elle l'embarrasser?

— Est-ce que cela vous ennuie de poser? dit-il.

— Non, monsieur. Ce qui m'inquiète, c'est de savoir si je pourrai poser assez bien pour vous être utile.

— Ne prenez pas ce souci; c'est mon affaire.

— Sans avoir jamais servi de modèle à personne, je sais qu'il faut garder la pose, et j'ai peur de ne pas y parvenir.

— Si ce n'est que cela, quittez cette inquiétude.

— A notre classe de dessin, nous avons eu quelquefois le modèle vivant, et c'étaient des fâcheries qui ne finissaient pas.

— Je ne me fâche jamais; d'ailleurs, je permets qu'on ne garde pas la pose.

Lotieu jeta autour de lui des regards anxieux, comme s'il cherchait un indice qui lui révélât la pose qu'il devait prendre.

— C'est une simple étude de tête, dont j'ai besoin pour une aquarelle, continua Geoffroy, plus tard, nous essaierons un buste.

Lotieu parut se rassurer:

— Quand désirez-vous commencer? dit-il.

— Tout de suite. Nous avons encore deux ou trois heures de bon jour.

Pendant que Geoffroy s'installait pour travailler, Lotieu caressait Diavolo qui était venu contre lui, le dos recourbé, la queue raide et dressée : depuis un mois ils avaient fait amitié, et si le chat ne désertait pas complètement l'atelier, il passait maintenant la plus grande partie de son temps dans la baraque de Trip pour aller jouer avec son nouveau camarade ou dormir sur ses genoux.

— Quand vous voudrez, dit Geoffroy.

— Comment dois-je poser?

— Comme vous voudrez, prenez la pose qui vous sera la plus naturelle et la plus facile à garder : debout, assis, cela m'est égal.

Il était à côté d'une selle à modeler, il s'accouda dessus et tourna la tête vers Geoffroy, les yeux fixés sur Piston qui, perché au haut de l'atelier, faisait toutes sortes de coquetteries pour qu'on s'occupât de lui.

— Voulez-vous ainsi ?

— Très bien.

Et Geoffroy commença à travailler sérieusement

ses yeux ne quittant son papier que pour envelopper Lotieu.

En réalité, c'était la première fois qu'il le regardait : il était habitué à un jeune garçon aux yeux bleus, blond et rose comme ne le sont pas ordinairement les Parisiens; jamais il n'avait fait attention à lui autrement : blond, rose, les yeux bleus, cela répondait précisément au type qu'il avait en ce moment dans l'esprit, et c'était pour cela qu'il avait eu l'idée d'en faire une étude qui lui servirait pour un émail.

Mais voilà qu'en l'examinant avec l'œil du peintre qui va au fond de ce qu'il voit pour le bien comprendre et le recomposer, il était frappé par certains traits caractéristiques qui l'étonnaient.

Depuis un mois que Lotieu travaillait dans une pièce close les morsures du hâle et du froid qui lui avaient durci le visage pendant son temps de misère s'étaient effacées et sa carnation de blond avait pris une blancheur et une délicatesse dont une femme eût été fière. Le regard effaré et désespéré s'était adouci, et ce qu'on lisait maintenant dans le bleu de l'œil d'une transparence profonde c'était la placidité et la candeur qui rappelaient d'une façon saisissante l'expression de certaines têtes de Memling; il en fut si vivement frappé qu'il en fit la remarque.

— Connaissez-vous Memling? demanda-t-il.

— Le peintre de Bruges ?

— Oui ; je vois que vous savez son nom au moins.

— J'ai lu que, misérable et malade, il vint par une nuit de neige frapper à la porte d'un couvent où on le reçut, et que ce fût pour payer la dette qu'il peignit les tableaux qu'on admire maintenant dans ce couvent.

Geoffroy le regarda étonné :

— Vous ne m'avez pas trompé, dit-il en souriant, quand vous m'avez raconté qu'en histoire vous en saviez plus qu'on n'en apprend habituellement dans les écoles ; moi, j'ignorais ce fait de la vie de Memling. En vous parlant du peintre de Bruges je voulais faire remarquer que je trouvais entre vous et les personnages de ses tableaux de l'hôpital Saint-Jean comme un air de parenté.

Lotieu rougit.

— Bruges n'est pas éloigné de Dunkerque, dit-il, et cet air de parenté est peut-être, tout simplement, le caractère flamand.

— Mais c'est un type flamand rare aujourd'hui qu'a peint Memling : j'ai parcouru toutes les Flandres sans rencontrer le blond soyeux de la chevelure, la fraîcheur de la carnation rose et blanche, avec la candeur du regard qui se trouvent dans les personnages de Memling comme ils se trouvent en vous.

Cette fois la rougeur de Lotieu fut remplacée par une pâleur qui le décolora comme l'eût fait une violente émotion.

— Quelle étrange nature, se dit Geoffroy qui garda le silence, et s'adressa à lui-même les autres remarques qu'il fit en examinant son modèle.

La séance de pose coupée de quelques repos continua jusqu'au soir.

— Nous reprendrons demain matin, dit Geoffroy

mais comme je ne sais pas quand je pourrai venir, je vous prie d'être ici de bonne heure ; si je n'arrive pas comme je le désire, vous lirez en m'attendant, vous passerez le temps comme vous voudrez ; Diavolo et Piston ne se plaindront pas si je suis en retard.

Quand le lendemain, vers dix heures, il entra dans son atelier, il trouva Lotieu qui dessinait au fusain Diavolo couché sur la table, dans une attitude noble, en chat qui sent l'importance de son personnage.

Tout à son travail, Lotieu n'avait pas entendu Geoffroy venir ; quand il le vit entrer, il voulut cacher son dessin, mais il était trop tard.

— Vous dessinez? dit Geoffroy.

— Je m'amusais sur une vieille feuille de papier.

— Montrez-moi cela.

— Oh! monsieur, dit Lotieu avec confusion.

— Est-ce que je vous fais peur?

Ce mot le décida ; il tendit la feuille de papier.

— Mais c'est bien, très bien, dit Geoffroy surpris ; pour le dessin, vous ne m'aviez pas plus trompé que pour l'histoire.

Il s'assit sur la chaise qu'occupait Lotieu devant Diavolo, qui n'avait pas bougé, et compara le dessin au modèle.

— C'est bien vu, dit-il, fidèlement et largement rendu ; combien avez-vous mis de temps à faire cela?

— Une heure, à peu près.

— Est-ce que vous avez beaucoup dessiné d'après nature?

— Oui, beaucoup, à la maison plus qu'à l'école ; je dessinais tout ce que je voyais, cela m'amusait.

— Et que disait votre maître quand vous lui montriez ces dessins ?

— Qu'on pourrait faire quelque chose de moi.

— Quoi ?

— Cela n'a jamais été précisé : travaillez, me disait-il, et je travaillais sans en demander davantage.

— Vous aviez bien une idée ?

— C'est vrai ; j'en avais même plusieurs, c'est-à-dire des espérances vagues, des sortes de rêves ; mais comme leur réalisation ne me semblait pas possible à Dunkerque, je les écartais, jamais je n'aurais quitté mon pauvre papa, et lui n'aurait jamais renoncé à la mer.

— Voulez-vous reprendre la pose ? dit Geoffroy sans insister.

Tout en travaillant, il parut suivre une pensée qui n'était point en accord avec ce qu'il faisait ; il ne prononça pas un mot.

Quand le moment du repos fut arrivé, il dit à Lotieu que s'il voulait continuer son fusain pendant un bon quart d'heure, il le pouvait ; mais ce fut vainement qu'on se mit à la recherche de Diavolo, car il était dans le caractère de ce chat indépendant de ne faire que ce qui lui plaisait, et de ne jamais venir quand on l'appelait, de fermer les yeux quand on le regardait.

— Puisque Diavolo vous manque, dit Geoffroy, prenez Piston, il ne demandera pas mieux que de poser.

En effet, pendant que Diavolo affectait de ne pas voir et de ne pas savoir qu'on s'occupait de lui, Piston n'était heureux que lorsqu'on le regardait, qu'on lui parlait ou qu'on l'applaudissait. Au lieu de jouer à l'indifférence ou à la dignité, comme Diavolo, il se faisait obséquieux pour qu'on le remarquât, pour qu'on lui adressât un signe de main, et aussitôt que son maître ou Trip entrait, il venait se pencher devant eux, se dressait sur ses pattes, se pendait la tête en bas et ne restait tranquille que quand on lui avait rendu ses saluts.

Au premier appel de Lotieu, il fit entendre un petit cri de joie, et s'étant perché le corps droit, les pieds étendus, il commença un air de son répertoire avec une joie triomphante: il avait gonflé ses plumes et il paraissait beaucoup plus gros qu'il ne l'était en réalité, la blancheur de son croupion donnant une intensité lumineuse au rouge de son ventre et de sa poitrine.

Pour le maintenir en place, Lotieu n'avait qu'à lui adresser un mot de temps en temps, et aussitôt il faisait le beau en recommençant une chanson nouvelle.

— Jamais Piston n'a été à pareille fête, dit Geoffroy.

Lotieu aussi était à la fête: un carton sur les genoux, il dessinait sans perdre une seconde, le visage éclairé d'un gai sourire qui disait le plaisir que lui donnait ce travail.

Geoffroy, qui l'observait, ne se trompa pas sur l'expression de ce sourire:

— Continuez, dit-il, quand le temps de repos fut

écoulé, j'ai une plaque à passer au feu, je vais allumer un four; nous reprendrons la pose plus tard; cela vous permettra d'avancer votre croquis.

Mais ce matin-là le tirage de la cheminée ne voulut pas s'établir, et le coke dont le four était chargé resta longtemps sans s'allumer: Lotieu poussa son croquis assez loin; et pour Piston, Geoffroy répéta ce qu'il avait dit pour Diavolo:

— C'est très bien, c'est très bien.

Puis brusquement changeant de sujet:

— Est-ce que vous êtes décidé à porter des journaux, si Trip réussit à vous faire accepter? demanda-t-il.

— Comment ne le serais-je pas? Je suis décidé à tout pour ne pas retomber dans la misère.

— Vous aimeriez mieux dessiner, n'est-ce pas?

— La question n'est pas pour moi de savoir ce que j'aime ou n'aime pas.

— Enfin, si on trouvait à vous faire gagner votre vie, avec le dessin, vous seriez satisfait?

— Ce serait plus que je ne peux espérer.

— Je ne dis pas que nous réussirons, mais je vous promets de chercher: heureusement nous avons du temps devant nous, puisque j'ai encore besoin de vous. A la pose, je vous prie.

Ce fut seulement quand il jugea le four à point, que Geoffroy interrompit son aquarelle, mais Lotieu ne retourna pas à son croquis.

Ce n'était pas tout à coup que le désir de savoir ce qu'est l'émaillerie l'avait pris; la nuit même où il était entré dans cet atelier et où, à la clarté de la lune, il avait vu les fours avec leur hotte, il s'était demandé chez qui il se trouvait. Depuis les bavardages de Trip avec sa femme sur les travaux de leur locataire avaient excité sa curiosité, sans qu'il eût jamais l'occasion de la satisfaire : il voulait profiter de celle qui se présentait.

— Me permettez-vous de regarder? demanda-t-il en faisant violence à sa timidité.

— Volontiers. Vous savez ce que c'est que l'émail?

— Je crois.

— Dites.

— Est-ce que ce n'est pas une matière fusible avec laquelle on peint sur un métal et qui, passée au feu où elle fond, devient inaltérable.

— Précisément. Qu'est-ce que vous savez de l'émaillerie ?

— Rien, si ce n'est qu'il y a eu des émailleurs célèbres à Limoges.

— C'est déjà quelque chose, ça ; et je connais bien des gens du monde, c'est-à-dire qu'il y a bien des gens ayant reçu ce qu'on appelle une instruction distinguée, qui n'en savent pas autant et seraient morts à la peine avant de trouver une définition valant la vôtre. C'est justement un émail dans le genre des premiers maîtres de Limoges que je vais passer au feu ; un essai, car ce ne sont pas ceux-là que je peins d'ordinaire.

Il ouvrit un tiroir et en tira une plaque de cuivre du format d'une feuille de papier écolier sur laquelle se voyait, en grisaille, un dessin représentant une scène biblique.

— Sur cette plaque de cuivre, dit-il en la présentant à Lotieu, j'ai commencé par appliquer une couche d'émail noir que j'ai fixée en la passant au feu. Sur ce fond, j'ai étendu un émail blanc qui est devenu gris par la transparence; alors, j'ai dessiné la scène que je voulais représenter, — grattant les parties qui devaient être foncées et faisant ainsi reparaître le premier émail noir. Plusieurs fois la plaque a été mise au four; maintenant elle doit y passer une dernière fois pour incorporer aux couches précédentes ces rehauts d'or que vous voyez et qui ne sont fixés que par de la gomme adragante.

Il ouvrit le four dont l'intérieur parut chauffé à blanc, une lueur rouge emplit les coins sombres de l'atelier, et Lotieu qui s'était approché de la bouche pour mieux voir recula, la figure brûlée.

Des lunettes garnies d'un treillis de fil de fer très fin étaient suspendues à un clou, Geoffroy les décrocha et les mit sur son nez; puis, prenant avec une longue pince la plaque d'émail, il la plaça au milieu du four de façon qu'elle reçût également la chaleur du foyer inférieur et celle du foyer supérieur.

Lotieu, qui se tenait à une prudente distance, vit la plaque changer de couleur, et passer successivement par plusieurs nuances; à un certain moment, Geoffroy la retira.

— Laissons refroidir; nous verrons tout à l'heure si c'est réussi.

Au sourire qui éclaira son visage quand quelques instants après il l'examina, Lotieu comprit que « c'était vraiment réussi ».

— Savez-vous à quoi je pensais, dit Geoffroy, quand tout à l'heure je vous regardais me suivre avec tant de curiosité. C'est qu'il y a peut-être pour vous dans l'émail le gagne-pain que nous cherchons, et même mieux que cela.

— Vous pensez,..

— Non, je ne pense pas à l'émail artistique, c'est-à-dire en camaïeu comme celui-ci, ou diversement coloré comme ceux que je peins ; pour arriver à des résultats à peu près satisfaisants il faut des études que vous n'avez pas le temps d'entreprendre... en ce moment du moins : et puis, autre considération qui pour vous est décisive, l'émaillerie artistique ne fait pas vivre ceux qui la pratiquent. Si on trouve des amateurs pour payer vingt, cinquante, cent mille francs un émail ancien ou prétendu tel, il en est peu qui consentent à payer quelques centaines de francs une œuvre moderne, si remarquable qu'elle soit, et il en sera ainsi tant que la critique, au lieu d'éclairer le public, se traînera à la suite de la mode en se contentant d'enregistrer ses caprices. Mais à côté de l'émail artistique, il y a l'émail industriel, celui qui s'applique à la bijouterie de cuivre : aux bracelets, aux broches, aux boutons, aux agrafes, à ces mille objets de l'article de Paris, et avec celui-là qui n'exige pas les mêmes études, on peut gagner son pain. Qu'en dites-vous ?

— Je dis que je ne sais comment vous exprimer ma reconnaissance.

— Le plus simple pour vous, si vous étiez dans une condition ordinaire, serait d'entrer en appren tissage chez un émailleur; mais justement comme vous n'êtes pas dans une condition qui vous permette de donner votre temps sans rien gagner, cette façon de procéder n'est pas à votre usage, et cet apprentissage, il faut que vous le fassiez ici, d'après mes conseils et avec ces fours qui sont à votre disposition. Pendant les heures où je ne vous emploierai pas comme modèle vous travaillerez, et dessinant beaucoup mieux que la plupart de ceux qui font de l'industrie, vous irez très vite, j'en suis certain. Quand j'apprenais mon métier, j'ai été en relations avec un certain nombre d'émailleurs pour étudier leurs procédés; je les verrai et ils m'indiqueront les meilleurs moyens à prendre pour que vous gagniez rapidement la vie de chaque jour : quand vous en serez là, si vous avez de plus hautes ambitions, vous verrez s'il vous est possible de les réaliser, en tout cas, vous aurez un métier dans la main, ce qui est le point capital.

— Et je vous promets de me rappeler à qui je le devrai.

Au repos suivant, Lotieu reçut sa première leçon, et ce fut d'une main émue qu'il trempa dans l'essence de lavande, — qui est la térébenthine des émailleurs, — la fine brosse avec laquelle il devait commencer son dessin sur une petite plaque de cuivre recouverte d'une préparation d'émail. Quelle importance lorsqu'il chaussa son nez des lunettes à mailles de fer ! Quelle angoisse quand il vit la plaque au milieu du four ! Qu'allait-elle devenir ? La première fois elle se gondola. La seconde, l'émail se boursoufla. Mais c'étaient là des accrocs inévitables, lui dit Geoffroy, que le temps lui apprendrait à éviter.

Le lendemain, Geoffroy n'étant pas venu à l'atelier, Lotieu eut la journée entière pour faire des essais et répéter tout seul plus hardiment que devant le maître, la première leçon qu'il avait reçue.

Du matin au soir, il ne prit pas une seconde de repos, quelques minutes à peine pour manger debout en courant. Quand à minuit Trip se leva pour aller à son journal, il aperçut dans la nuit sombre l'atelier illuminé par les lueurs rouges que projetait la gueule ouverte du four. Que se passait-il? Le jeune homme avait-il mis le feu à l'atelier? Il vint voir et eut la surprise de trouver Lotieu en plein travail, le visage rouge. — Il faut vous coucher, dit-il paternellement. — Tout à l'heure, je n'en ai plus que pour quelques minutes. — Ces quelques minutes se prolongèrent jusqu'à trois heures. Alors seulement il pensa à se coucher, mais, au lieu de rentrer chez lui, il s'étendit sur le divan; et encore par acquit de conscience plus que par lassitude. Las, il ne sentait pas qu'il le fût. Jamais au contraire il n'avait été aussi dispos, aussi plein de confiance et de force. Enfiévré par le travail, brûlé par le four qui lui avait rôti le visage et les mains, il lui fut impossible de s'endormir. A chaque instant les paroles de Geoffroy lui revenaient: « Si vous avez de plus hautes ambitions que le pain quotidien, vous verrez s'il est possible de les réaliser »; et il ne pouvait en détacher sa pensée. Il y avait longtemps que ces ambitions s'étaient éveillées : le jour même où son maître de Dunkerque avait dit qu'on ferait quelque chose de lui ; et si dès cette époque il les avait repoussées, c'était parce qu'il ne pouvait en poursuivre la réalisation qu'en commençant par se séparer de son père, pour venir à Paris. Il y était, à Paris ; et jamais plus sans doute il ne retournerait à Dunkerque ; alors pourquoi pas ? pourquoi ce nouveau maître ne continuerait-il pas le premier ? Pourquoi ?...

Ce ne fut que longtemps après s'être étendu sur le divan que le sommeil le prit, et alors il rêva que comme Memling qui avait payé avec ses tableaux sa dette de reconnaissance à l'hôpital de Bruges, il couvrait les murs de cet atelier de grands émaux décoratifs qu'on venait, de tous les pays, admirer rue Championnet.

VIII

Les leçons continuèrent alternant avec des séances de pose qui donnaient à Lotieu ce qu'il lui fallait pour vivre.

— Prenez patience, disait Geoffroy, je m'occupe de vous ; mais ce que je voudrais est difficile à rencontrer ; en tous cas cette attente a cela de bon qu'elle vous permet de travailler et de vous faire la main.

— Je vous assure que je ne m'impatiente pas ; je

m'inquiète seulement en voyant la peine que vous prenez pour moi.

— Cela m'amuse d'avoir un élève.

Le mot, pour être sincère, n'était pas entièrement juste : c'était plus que de l'amusement qu'il prenait à s'occuper de Lotiou ; la pitié que lui avait tout d'abord inspiré ce misérable était vite devenue de la sympathie, et quand, il l'avait vu si plein de bonne volonté et d'ardeur pour le travail, si passionné pour apprendre; quand, à la place d'un pauvre garçon sans métier aux mains, comme sans culture intellectuelle que devait être ce misérable, il avait, au contraire, trouvé un esprit avisé, sur certains points ouvert par l'étude, avec cela une bonne nature simple et droite, un caractère fait de volonté et de courage, la sympathie s'était changée en un sentiment d'intérêt amical.

D'un autre côté, la curiosité des premières séances de pose ne s'était pas éteinte, et plus il l'examinait, plus il se disait que c'était vraiment un drôle de garçon — ce qui l'obligeait à penser à lui.

Ce qu'il y avait de drôle dans ce garçon, c'était tout : sa façon de courir, s'il jouait avec Piston ; sa manière de se mettre à genoux, s'il caressait Diavolo étendu sur le tapis ; la délicate fraîcheur de sa voix, et aussi la douceur de ses yeux bleus qui ne s'accordait pas, semblait-il, avec la résolution dont il avait fait preuve dans sa détresse.

Mais cette drôlerie et ces contradictions n'empêchaient pas Geoffroy de s'attacher chaque jour un peu plus à ce drôle de garçon et, conséquemment, d'être pour lui plus exigeant qu'il ne l'avait été tout d'abord. Quand le travail du papier à cigarettes s'était arrêté, il avait admis que Lotieu fût porteur de journaux : c'était une manière comme une autre de gagner sa vie. Lorsqu'il l'avait examiné dans l'atelier, il s'était dit que le métier serait vraiment dur pour ce gamin, peut-être un peu faible, et l'idée d'en faire un ouvrier émailleur lui était venue. Mais quand, après les croquis de Diavolo et de Piston, et surtout après les premiers essais en émail, il avait vu de quelle adresse de main et de quelle rapidité d'assimilation le gamin (devenu par cela seul un jeune homme) était doué, il avait voulu mieux pour lui. Qu'il commençât par être ouvrier, c'était indispensable, et même il ne trouvait que des avantages à cela, mais il fallait que l'ouvrier exerçât son métier dans des conditions qui ne fussent pas un étouffement pour l'artiste, si vraiment il y avait un artiste en lui.

De telles exigences avaient rendu ses recherches difficiles et comme elles se compliquaient encore d'obstacles, de mauvais vouloir, de routine, d'impossibilités, de refus, qu'il rencontrait auprès des patrons pour lesquels Lotieu pouvait travailler, le temps s'était écoulé.

Enfin un matin il entra d'un air satisfait dans l'atelier, où depuis longtemps déjà Lotieu était au travail :

— Cette fois, dit-il, j'ai votre affaire et je crois qu'elle réunit tout ce que nous pouvions désirer : elle vous fera gagner de bonnes journées, et cependant elle vous laissera assez de temps pour que vous ne soyez pas enfermé étroitement, du commencement à la fin de l'année, dans une besogne toujours la même qui, à la longue, fait de l'ouvrier une machine.

— C'est? demanda Lotieu que la curiosité entraîna.

— Des croix de la Légion d'honneur et des croix étrangères. Ces croix pour la plupart se composent de deux plaques d'argent estampées qui sont rapportées et contremaillées : le travail de l'émailleur consiste à remplir les croisillons, c'est-à-dire les creux, et à passer à un feu très vif pour que l'oxyde d'argent ne jaunisse pas le blanc. En quatre jours, avec votre souplesse de main vous serez maître de votre métier, et vous pourrez facilement faire une vingtaine de croix par jour; de très bons ouvriers vont jusqu'à trente. La décoration avec la couronne étant payée soixante-quinze centimes, vous arriverez donc à des journées de quinze francs.

— Quinze francs ! s'écria Lotieu ébloui.

— Et même plus quand vous aurez des croix étrangères qui sont mieux payées. Mais quinze francs par jour ne veulent pas dire quinze francs tous les jours. C'est avant le 14 juillet, avant le 1er janvier que les marchands de décorations font leurs commandes ; après il y a de longs mois de chômage. Il faudra donc sur les quinze francs gagnés, faire des économies pour vivre quand vous n'aurez plus que de temps en temps et par hasard quelques croix étrangères. Mais ces jours de chômage auront cela de bon qu'ils vous permettront de travailler pour vous... ce que je cherchais.

Comme Lotieu voulait le remercier, il l'interrompit :

— Maintenant, à la pose, dit-il, c'est dans quatre jours que vous aurez vos premières croix, il ne me reste d'ici là que juste le temps nécessaire pour l'étude dont l'idée m'est venue.

Déjà Lotieu avait été se placer auprès de la selle à modeler :

— Comment ? demanda-t-il.

— Debout, le corps de face, la tête de trois quarts ; défaites votre veston et votre gilet.

Lotieu surpris laissa paraître un trouble que remarqua Geoffroy :

— Si vous craignez d'avoir froid, dit-il, chargez le poêle.

Lotieu fit ce qui lui était commandé avec une lenteur extraordinaire ; toujours vif et empressé, il semblait vouloir gagner du temps.

— Y sommes-nous ? demanda Geoffroy.

— Oui, monsieur.

Il défit son veston et son gilet, puis gauchement il vint s'accouder à la selle, les yeux baissés, l'air confus.

— Levez les yeux, dit Geoffroy, tenez-les droit devant vous, et tournez la poitrine vers moi ; redressez-vous.

Tout cela fut fait de si mauvaise grâce que Geoffroy se demanda ce qu'il avait : il ne devait cependant pas être mécontent de ce qu'il venait d'apprendre.

— Défaites votre cravate.

Lotieu ne se décida qu'après un court instant d'hésitation.

— Déboutonnez votre chemise et écartez le col.

Après une nouvelle hésitation, il déboutonna bien sa chemise, mais il n'écarta pas du tout le col de la façon qu'on le lui demandait : au contraire il l'arrangea comme s'il voulait l'empêcher de s'ouvrir.

— J'ai besoin de voir la naissance du cou, dit Geoffroy.

Et comme Lotieu ne bougeait pas, impatienté Geoffroy se leva et vint à lui.

— Comme cela, dit-il en lui prenant la tête à deux mains pour lui donner la pose qu'il voulait.

Alors il remarqua que Lotieu tremblait, et le regardant, il le vit décoloré, les lèvres blêmes.

S'imaginant qu'il l'avait effrayé par la brusquerie de son mouvement, il voulut le rassurer, et doucement, délicatement, du bout des doigts, il écarta la chemise en la rejetant de chaque côté sur les épaules.

Mais brusquement il recula en même temps que Lotieu poussait un cri étouffé et se cachait le visage entre ses deux mains.

— Comment me pardonnerez-vous jamais ? murmura-t-il.

Il y eut un moment de silence ; puis Geoffroy quittant l'atelier, passa dans la cuisine, et avant de disparaître, il dit :

— Remettez vos vêtements.

Quand il revint, Lotieu habillé prenait le bouton de la porte.

— Où allez-vous ? demanda Geoffroy.

— Ne dois-je pas sortir d'ici, répondit Lotieu sans se retourner, la tête basse.

— Pourquoi sortir d'ici ?

— Je vous ai trompé.

— Il y a des raisons à cette tromperie.

— Si vous saviez...

— Voyez si je ne dois pas savoir.

Lotieu était resté la main sur la serrure, tourné vers la porte.

Geoffroy eut pitié de sa confusion qui n'avait pas pour seule cause évidemment la découverte de cette tromperie :

— Venez vous asseoir ici, dit-il, s'il est quelqu'un à qui vous pouvez parler en toute confiance, ne sentez-vous pas que c'est à moi ?

— Il y a longtemps que je vous aurais avoué la vérité, si j'avais osé espérer que l'intérêt que vous inspirait un garçon malheureux, vous pouviez le continuer à... une jeune fille.

— Et pourquoi non, si elle mérite cet intérêt, cette jeune fille ?

Comme Lotieu se taisait sans oser avancer, sans oser lever les yeux, Geoffroy voulut lui venir en aide, et, par des questions l'amener à s'expliquer.

— Ce n'est pas avec un costume d'homme que vous êtes venue à Paris, je suppose.

— Non, monsieur, et quand j'ai quitté ma tante je portais ma robe de deuil.

— Ce que vous m'avez dit de cette tante est donc vrai ?

— Oui.

Geoffroy, qui se rappelait la confusion qu'elle avait montrée en parlant de cette tante, s'expliqua ce que ses soupçons n'avaient pas précisé, alors que dans Lotieu il voyait un jeune garçon :

— Passons, dit-il, pour lui éviter un nouvel embarras.

— C'est avec ma robe noire, mon petit manteau de drap et un chapeau de feutre que j'ai erré dans les rues pendant cette terrible nuit. Vous qui avez compâti aux angoisses d'un gamin, vous sentez ce que devaient être celles d'une fille qui n'avait jamais quitté sa ville de province et se trouvait perdue dans cet effrayant Paris... dont elle avait entendu dire tant de choses. Ce ne fut pas un garçon qu'on refusa et chassa quand je demandai qu'on m'employât, ce fut la jeune fille qui se présentait toute seule. Sortant des maisons où l'on me jetait la porte au nez, je me disais en traînant ma pauvre petite robe par les trottoirs qu'il n'en serait pas ainsi si j'étais un homme. Et combien d'autres choses ne fussent pas arrivées, combien de paroles horribles ne m'eussent pas été dites si j'avais eu un costume d'homme ; une honnête fille ne court pas les rues ; le sentiment que j'avais du mépris que je devais inspirer, me rendait encore plus honteuse et plus embarrassée. Vous comprenez, n'est-ce pas, avec quelle timidité je demandai au pauvre vieux dont j'avais poussé la petite voiture, de remplacer le fils qui lui manquait. — Une fille, dit-il, pour qu'on se fiche de moi ; non, il n'en faut pas. — Je lui répondis qu'une fille pouvait avoir des bras et des jambes

comme un garçon. — Et sa robe ? — Cette robe décente le premier jour que je m'étais trouvée dans la rue, était devenue après mes marches dans la boue et dans la neige, mes nuits passées dans les copeaux et le plâtre un objet de dégoût et une accusation ; je sentais qu'il suffisait qu'on vît cette robe déguenillée pour qu'on repoussât de partout, sans vouloir écouter un mot, celle qui la portait. — Si je l'échangeais contre un costume de garçon ? dis-je avec la persévérance obstinée du désespoir. — Et ça ? répondit-il. — Ça, c'étaient mes cheveux. — On peut les couper. — Je n'avais pas dit ce mot que je m'arrêtai. J'avais beaucoup de cheveux, très longs, très épais, et... pardonnez-moi, c'était ma fierté, je les trouvais beaux.

— Et vous y teniez.

— Mais il n'y avait pas à revenir en arrière; d'ailleurs en réfléchissant je sentais que le raisonnement me ferait répéter ce que j'avais dit à la légère. — C'est vrai, on peut les couper, dit-il, et en les vendant, trouver de quoi se faire quelques sous pour acheter les hardes d'un garçon. — Je n'avais ni à discuter, ni à refuser. Ce n'était pas à mes cheveux que je devais penser, mais à la honte, à la faim, à la mort, et je me disais que si cette idée de vendre mes cheveux m'était venue plus tôt je me serais épargné bien des misères. Je me trompais, car si j'avais cherché à les vendre moi-même je n'en aurais tiré que peu de choses. Je le vis chez le coiffeur, où on me conduisit. — Pas marchande, cette crinière-là, dit le coiffeur, il n'y en a pas à Paris de cette nuance. — Un vrai marché se débattit, il n'y avait pas que la nuance qui ne fût pas marchande, la grosseur du cheveu, sa longueur ne l'étaient pas davantage ; ça ne valait pas cinq sous l'once. Après de longs marchandages on se mit d'accord à trois francs l'once ; et quand je sentis les ciseaux froids mordre sur ma tête, je n'eus pas la force de retenir mes larmes.

— Ils repousseront, me dit le coiffeur.

— C'était le passé que je pleurais, non l'avenir, puisqu'il n'y avait plus d'avenir pour moi. Voilà comment je fus amenée à prendre ces vêtements d'homme.

— Pourquoi ne l'avoir pas dit ?

— Auriez-vous eu pour une fille la pitié qui spontanément s'est éveillée en vous pour un gamin ?

— Mais depuis ?

— Le gamin pouvait devenir porteur de journaux, la fille ne le pouvait pas : et puis la honte de l'aveu me fermait aussi la bouche. Cependant je me disais bien des choses, surtout en ces derniers temps où il me semblait que vous me regardiez comme si vous aviez des soupçons.

— Des soupçons, non pas positivement ; mais je trouvais parfois que vous étiez un drôle de garçon.

— D'ailleurs en vous donnant mon vrai nom, je vous avais fait un demi-aveu, et je pensais que d'un moment à l'autre il pouvait amener la découverte de la vérité.

— Votre nom ?

— Lotieu, qui, en flamand, est la traduction d'Isabelle : Lotjé.

Elle se tut sans oser regarder Geoffroy.

Il y eut un moment de silence, et pour elle l'attente fut poignante : sa vie se décidait en ce moment même.

— Il est certain, dit-il enfin, qu'il y avait des raisons à votre silence ; vous voyez donc que j'ai bien fait en vous obligeant à me les donner.

Elle respira.

— Peut-être disiez-vous vrai, reprit-il, en supposant que je n'aurais pas eu pour une fille inconnue, la pitié que j'ai ressentie pour un gamin. Mais aujourd'hui je sais ce qu'est cette jeune fille, et les suppositions qui eussent pu me tenir en défiance sont impossibles. Ne craignez donc pas que mes dispositions pour vous soient changées. Sans doute, la situation est bizarre, mais je ne suis pas de ceux qui laissent les hasards d'une situation changer leurs sentiments ou diriger leur conduite. Donc l'intérêt que vous m'inspiriez il y a une heure est resté ce qu'il était ; et ce que je voulais pour vous il y a une heure je le veux encore. Pour ceux qui vous donneront du travail soyez aussi sans inquiétude ; peu leur importe que ce travail soit exécuté par un jeune homme ou par une jeune fille.

IX

Lotieu qui ne sortait jamais du terrain, était peu connue dans le quartier ; cependant quelques commères lui avaient parlé dans la cabane de Trip quand elle travaillait aux cahiers de papier à cigarettes, et le serrurier ainsi que ses ouvriers l'avaient quelquefois aperçue de loin, quand elle allait de chez elle à l'atelier de Geoffroy, ou quand elle venait chez Trip.

Quelle surprise quand au lieu du gamin à qui personne ne faisait attention on vit une jeune fille en robe noire : il y avait entre les deux une telle ressemblance que tout d'abord on crut qu'elle était la sœur du gamin ; mais quand on constata qu'on n'apercevait plus jamais celui-ci la curiosité s'éveilla et Trip fut questionné.

Comme il avait préparé une réponse qui, selon lui, devait supprimer net les interrogatoires et les bavardages, il ne resta pas embarrassé :

— Le jeune homme est retourné au pays, dit-il, et c'est la sœur jumelle qui le remplace ; lui n'avait aucune disposition pour l'émail tandis qu'elle est une bonne ouvrière que mon locataire emploie.

Généralement acceptée, cette explication fut cependant contestée par quelques-uns qui déclarèrent que le père Trip était une vieille bête, que son locataire mettait dedans :

— Ça une fille ! Jamais de la vie. Un garçon que l'émailleur s'amuse à habiller en fille.

— Et pourquoi pas une fille qu'il habille en garçon, répondit Trip qui ne voulait pas discuter.

— C'est bien possible ; ces artistes sont capables de tout.

A vrai dire, ceux qui s'obstinaient à parler du garçon habillé en fille étaient rares ; il suffisait de la voir une minute pour sentir toute l'absurdité d'une pareille idée. Depuis qu'elle portait une robe, son caractère féminin s'affirmait si bien dans toute sa personne, que lorsque Geoffroy la regardait, il se trouvait ridicule de s'être si longtemps obstiné à répéter : « Drôle de garçon. »

Garçon ! Mais elle n'avait jamais rien eu du garçon, et il fallait vraiment s'être vissé sur le nez des lunettes à verres noirs pour n'avoir rien vu. Si féminin qu'on voulût le croire, jamais un garçon n'aurait eu cette démarche ondoyante, ce moelleux dans tous ses mouvements, ce regard et ce parler doux. Et ce n'était même pas une de ces filles-garçon sèches à seize ans, barbues à vingt-cinq, qui ne sont d'aucun sexe parce qu'elles tiennent des deux, car si elle n'avait pas une exubérance de hanches et un développement de poitrine qui eussent crié son mensonge, cependant la finesse de la taille, la molle rondeur des épaules et des bras, le velouté rose de l'épiderme transparent, rendaient toute hésitation impossible à qui n'était pas aveugle de parti pris. Ce qui fâchait le plus Geoffroy contre sa propre obstination, c'était de se rappeler ses étonnements quand, travaillant d'après elle, il se demandait comment ce jeune garçon pouvait rappeler de si près les belles filles flamandes, blondes et franches, à l'air honnête et discret, que Memling a peintes dans la châsse de sainte Ursule, et dont il avait gardé un souvenir enthousiaste.

Au temps où Lotieu était un garçon et pouvait, par conséquent, se permettre des distractions et des travaux d'homme, elle avait eu l'idée, dans ses courts instants de récréation, d'entourer sa cabane d'un petit jardin, ce qui était facile, puisqu'il n'y avait qu'à prendre à même le terrain, que personne ne cultivait. Avec une bêche et un rateau appartenant à Trip elle avait façonné deux plates-bandes devant sa cabane, et à mesure que Trip, qui dans sa tournée matinale se trouvait en relations avec les jardiniers des maisons où il portait son journal, lui avait rapporté ce qu'on lui donnait, elle les avait ensemencées et plantées. Tout cela, mis en terre au bonheur du jour, avait produit les résultats les plus bizarres : à côté de radis, de salades, de fraisiers, de deux artichauts et des légumes les plus ordinaires, poussaient des plantes rares qu'on ne trouve que dans les jardins les plus riches : des lis qui coûtaient dix francs l'oignon, des amaryllis qui en coûtaient vingt-cinq.

Quoiqu'il en fût de ce désordre qui n'eût inspiré que la pitié à un vrai jardinier, ces plates-bandes cultivées au milieu des herbes folles, des orties et des chardons de ce terrain vague présentaient au printemps un aspect gai. La vigne vierge qui, pendant plusieurs années d'abandon, avait complètement recouvert la cabane, maintenant taillée et attachée lui faisait un frais revêtement sous lequel se cachaient ses vilaines planches goudronnées, et de chaque côté de l'allée conduisant à la porte, le jardinet montrait ses plantes fleuries : ravenelles, pensées, pâquerettes, myosotis ; aux deux fenêtres encadrées de feuillage, Lotieu avait accroché des rideaux d'Andrinople et de loin cette pauvre hutte enguirlandée de verdure apparaissait comme un joli joujou, que les passants étaient étonnés de trouver au fond du banal enclos.

A l'intérieur, la hutte aussi s'était métamorphosée, et au lit de fer, à la chaise de paille qui d'abord formaient tout son mobilier, étaient venus, à mesure qu'elle gagnait quelque argent, se joindre d'autres meubles. Deux pièces composaient tout le logement ; une chambre toute petite ! et une entrée plus grande qui servait en même temps de salle à manger et de cuisine. La chambre, elle l'avait laissée telle quelle. Mais la cuisine elle l'avait meublée d'une table, de trois chaises et de quelques ustensiles de cuisine qui, lorsqu'elle les aurait complétés, devaient lui permettre de manger chez elle, quand l'envie lui en prendrait. Tout cela, acheté avec le concours de Trip, qui avait la prétention de ne pas se laisser rouler par les marchands, était bien modeste, bien chétif, mais elle avait tant frotté, tant lavé, tant jeté de l'eau, comme on dit à Dunkerque, que sa cabane avait pris un air de propreté flamande qui éclairait ses murs noirs.

Ces soins donnés à son ménage et à son jardin, n'empêchaient pas le travail de l'émail ; en peu de temps, ainsi que Geoffroy le prévoyait, elle avait appris la fabrication des décorations ; comme les meilleurs ouvriers elle arrivait à faire vingt-cinq, quelquefois même trente croix dans sa journée : et ce n'était que quand la trop violente chaleur du four lui brûlait le visage et les mains qu'elle allait biner son jardin ou frotter ses meubles, ou bien quand le manque de commandes qui plus d'une fois s'était réalisé lui laissait des loisirs.

A la fin d'avril un arrêt complet s'était produit, non seulement dans la fabrication des croix, mais encore dans les commandes de petits ouvrages d'ors posés sur des bonbonnières, des flacons, des étuis que lui donnait un bijoutier, et comme le voulait Geoffroy, en ces temps de chômage elle avait pu travailler pour elle, dessiner, faire des essais d'émaux peints, et aussi revenir aux séances de pose, plus intéressantes maintenant que c'était une vraie jeune fille qui posait, et non un faux garçon difficile à caractériser. On pouvait leur donner, à ces têtes de jeune fille, la physionomie innocente et naïve, la limpidité et la douceur du regard, la simplicité, la placidité de l'expression qui étaient ses traits distinctifs et déjà Geoffroy avait fait d'après elle plusieurs émaux dont, contrairement à ses exigences ordinaires, il était satisfait. Aussi se montrait-il plus assidu que jamais à son atelier, et rares étaient les journées où il ne venait point, sinon dès le matin, au moins une heure ou deux dans l'après-midi.

Un jour de mai il arriva de bonne heure, et contrairement à la règle, il ne trouva point Lotieu au travail; mais de dedans sa cabane, elle l'avait entendu ouvrir la porte et elle accourut.

— Pas de travail pressé? demanda-t-il.

— Pas du tout de travail.

— Eh bien, nous allons en profiter pour nous offrir une bonne séance de pose.

A sa grande surprise, au lieu du bon vouloir et de l'entrain qu'elle montrait d'ordinaire, elle laissa paraître de l'embarras et de l'ennui.

Depuis qu'elle avait repris ses vêtements de femme, c'était la première fois que cet embarras naguère si fréquent chez elle se manifestait.

— Cela vous dérange? demanda-t-il, en l'examinant d'un coup d'œil où il y avait de la contrariété.

— Voulez-vous me permettre de vous répondre franchement?

— Je le demande.

— Eh bien aujourd'hui c'est fête ici.

— Ah! vraiment! Alors votre temps est pris par cette fête?

Elle vit qu'il était mécontent; cependant elle ne se déconcerta pas:

— Vous savez que la mère Trip va mieux, dit-elle; depuis huit jours elle a pu quitter son lit et marcher dans sa chambre. Quelle joie pour la pauvre vieille, qui croyait bien rester paralysée jusqu'à la fin de sa vie! Ses essais de marche, elle les a toujours faits le matin avant que Trip fût rentré, et quand elle arrivait à mettre un pied devant l'autre, elle disait: « Comme mon pauvre bonhomme serait content, s'il me voyait! » Alors cela nous a donné une idée, à elle et à moi, qui était de faire cette surprise à son bonhomme, comme elle dit, en l'entourant d'une petite fête.

Le visage de Geoffroy tout d'abord assombri, s'était peu à peu détendu.

— Vous savez comme ils ont été bons pour moi, l'un et l'autre, continua Lotieu, et depuis longtemps j'avais à cœur de leur témoigner que ce n'était point à une ingrate qu'ils avaient rendu service. J'ai vu là l'occasion que je cherchais sans la trouver, et nous avons arrangé qu'ils déjeuneraient chez moi aujourd'hui.

— Chez vous! interrompit Geoffroy, qui n'était jamais entré dans la cabane de Lotieu et n'imaginait pas qu'on y pût déjeuner.

— Petit à petit j'ai augmenté mon mobilier; maintenant j'ai une table, trois chaises, quelques ustensiles de cuisine, six assiettes et trois verres. Si c'est une fête que je veux leur faire, c'en est une que je me donne aussi: c'est ma pendaison de crémaillère; et quand je remonte aux nuits terribles où je traversais comme un voleur ce terrain blanc de neige, quand je compare ce que je suis maintenant à la misérable créature que j'étais alors, ma pensée ne peut pas ne pas être émue d'un sentiment de reconnaissance pour la main qui m'a soutenue dans le chemin parcouru.

— Ne parlons pas de cela; dites-moi plutôt ce que va être ce déjeuner.

— Ne riez pas, si j'en suis fière, car cette fierté, naïve sans doute, vient du souvenir des croûtes ramassées que vous m'avez vu dévorer. D'abord des radis de mon jardin; des œufs frais que Trip a rapportés hier de la campagne, sans se douter qu'il en mangerait sa part aujourd'hui; un morceau de veau cuit dans la casserole à la mode de chez nous; et puis pour finir des laitues de mon jardin, un peu vertes peut-être, mais elles sont de mon jardin. Pour Trip, pour sa vieille, pour moi, c'est un festin. Mais ce qui vaut mieux que le festin, c'est la surprise. Aujourd'hui, c'est jour de quittance et Trip rentre plus tard que de coutume; une heure avant son arrivée, je vais aider la pauvre vieille à se lever, je l'habille, je lui ai arrangé un bonnet à rubans pour la cérémonie; elle s'appuie sur moi, et je l'amène à ma cabane où je l'installe devant la table mise. Trip arrive, entre chez lui, va dans la chambre, trouve le lit vide. — Où est-elle? — Pour lui ménager l'émotion, nous l'avons habitué à l'idée que bientôt peut-être elle se lèverait; je l'appelle. Il accourt aussi vite que le permettent ses pauvres jambes fatiguées, il ouvre la porte, et devant la table il voit sa vieille, son bonnet à rubans sur la tête, qui lui sourit. Croyez-vous qu'ils seront heureux tous les deux, et qu'il n'y aura pas pour moi du contentement?

— Quelle brave petite fille vous êtes! dit il en la regardant

Elle détourna un peu la tête:

— Alors vous pensez que ce n'est pas trop mal combiné? dit-elle.

— Je pense qu'il est bon d'être de vos amis.

Puis, tout de suite, comme s'il ne voulait pas rester sur ce mot:

— Je pense aussi qu'aujourd'hui je ferais bien de manger chez le marchand de vin, car certainement Trip en rentrant n'aura pas le temps d'aller me chercher mon déjeuner.

— Mais moi je puis y aller...

Elle hésita un moment:

— Ou plutôt si j'osais...

Elle s'arrêta.

— Eh bien que n'osez-vous? demanda-t-il.

— Dire l'idée, folle sans doute, qui m'est venue.

— Est-ce avec moi que vous ne devez pas oser? Puisque cette idée vous est venue et qu'elle me touche, ne devez-vous pas me la dire?

— C'est vrai: ce qui m'est venu, sans réflexion, spontanément, c'est de vous demander... de partager ce déjeuner?

— Vous voulez!

— Vous voyez.

— Je ne vois qu'une chose, l'envie que vous avez que je réponde oui.

— Oh! si heureuse...

— Alors pourquoi, imaginez-vous que je puisse refuser un camarade.

— Oh! camarade!

— Ne le sommes-nous point?

— Je n'avais jamais eu cette idée.

— Que suis-je donc pour vous?

Elle le regarda en face, franchement, et d'une voix profonde:

— Le bon Dieu.

— Vraiment! dit-il avec un sourire.

— Quand dans ma détresse j'ai invoqué Dieu, c'est vous qui êtes venu à mon secours, qui m'avez entendu, exaucé. Et depuis...

— J'ai pu être un camarade pour vous, interrompit Geoffroy, un bon camarade si vous voulez, et j'en suis très heureux.

— Jamais je ne pourrai vous regarder comme un camarade, et c'est pour cela que je n'osais vous demander de déjeuner avec nous.

— Quelle idée vous faites-vous donc de moi? dit-il en insistant.

— Voilà qui est difficile à vous expliquer, et même de m'expliquer.

— En vous priant.

— Vous n'avez jamais besoin de prier avec moi; je voudrais aller au-devant de ce que vous désirez

— Eh bien alors?

Elle hésita un moment:

— Je ne sais pas, dit-elle enfin.

— Comment vous ne savez pas ce que je suis pour vous?

— Non, parce que je ne pense pas aujourd'hui ce que je pensais hier, maintenant ce que je pensais il y a cinq minutes. Quand vous me répondez comme au moment où je vous ai demandé de partager notre déjeuner « Vous voulez »...

Elle reproduisit le mouvement de surprise qu'il avait eu et son accent hautain :

—... Il me semble que vous êtes un monsieur d'un monde autre que celui que je connais ; et ces attitudes, ces regards, cet accent vous l'avez bien souvent à propos de riens comme de choses importantes ; alors je vois entre nous une distance que je ne dois pas franchir.

— Quel enfantillage !

— Au contraire, quand vous me parlez comme tout à l'heure sur ce ton affable et ouvert, il me semble que vous êtes un artiste pas fier du tout malgré son talent, ou bien à cause de son talent, avec qui on peut se permettre beaucoup, parce qu'il est au-dessus des préjugés, et ne se blesse de rien parce qu'il sait lire au fond du cœur. C'est à cet artiste que j'adressais ma demande, et si je n'osais le faire franchement, c'est que derrière lui je voyais le monsieur.

— C'est l'artiste qui l'a entendue et c'est lui qui vous répond : — Oui, avec plaisir.

— Vous voulez bien...

— Et pourquoi n'accepterais-je pas de déjeuner avec une camarade et avec de braves gens comme Trip et sa femme ? Ne vous faites pas une trop haute idée de cet artiste... qui par bien des côtés n'est qu'un ouvrier. Allez donc préparer votre déjeuner

— C'est maintenant que je vais avoir peur de rater mon veau.

Comme elle allait sortir il la rappela :

— Mais j'y pense, dit-il, vous m'avez parlé de trois

chaises et de trois verres; comment mettrez-vous votre couvert maintenant que nous voilà quatre convives.

— C'est vrai.

— Prenez ici ce qu'il vous faut, verres, assiettes, fourchettes, et le reste; je vous porterai une chaise.

Ce ne fut pas une chaise qu'il porta, ce fut un des fauteuils de l'atelier:

— C'est pour la pauvre vieille, dit-il en entrant; après être restée si longtemps au lit, elle ne serait guère bien sur une chaise; vous mettrez le fauteuil à sa place, elle présidera.

Après avoir déposé le fauteuil il regarda autour de lui.

Déjà la table était dressée; sur son bois blanc bien astiqué au savon et au sable, les quatre couverts marquaient les places: des assiettes de faïence à fleurs roses, des couteaux brillants, des serviettes.

— Mais c'est très gentil, dit-il, quelle propreté! comme vous avez bien tiré parti de cette pauvre cabane.

Sur le petit fourneau en faïence fleurie une casserole chantait, et quand son couvercle en fer battu se soulevait un peu, il s'échappait un petit jet de vapeur blanche qui emplissait la pièce d'une odeur de cuisine: assis gravement sur une chaise, Diavolo clignait des yeux en regardant cette casserole.

— Je vois que la cuisson de notre déjeuner intéresse Diavolo, dit Geoffroy. Vous voudrez bien me prévenir au moment de nous mettre à table, n'est-ce pas? je vais travailler.

Cependant, avant de rentrer à son atelier, il sortit dans la rue et ne revint qu'un quart d'heure après.

Lotieu n'eût pas besoin de le prévenir comme il l'avait demandé : à un certain moment il entendit des exclamations, des éclats de voix, des rires, et comprit que c'était Trip qui les poussait dans le trouble de joie de sa surprise.

Il traversa le terrain, et à son entrée le silence s'établit instantanément; jamais, jusqu'alors, il n'avait vu la mère Trip; il aperçut une vieille femme au teint couleur de cire, aussi blanche que les brides de son bonnet de linge; elle voulut se lever du fauteuil où elle était installée, mais il lui demanda de rester assise, et elle ne se fit pas trop prier pour obéir.

— Mon locataire, murmurait Trip avec une confusion drôlatique, mon locataire.

— Si l'on se mettait à table, dit Geoffroy, pour couper court au premier moment de gêne, je meurs de faim.

— Et moi donc, s'écria Trip.

On se jeta avec tant d'empressement sur les radis, que Lotieu, au moment où ils allaient manquer, alla en arracher une nouvelle provision dans le jardin.

— Je n'en ai jamais mangé d'aussi bons, dit Geoffroy.

— C'est que vous n'avez jamais eu de jardin, répondit Trip sentencieusement, il n'y a de bons légumes que ceux qu'on arrache soi-même.

Les œufs aussi étaient les meilleurs que Geoffroy

eût jamais mangés, et le veau à la mode de Dunkerque fut déclaré excellent par tous.

— Je voudrais savoir si on en fait d'aussi bon dans les grands restaurants de la place Clichy, dit Trip.

— Je ne crois pas, répondit Geoffroy.

— Vous n'y avez jamais mangé ? demanda Trip.

— Jamais.

— Moi non plus.

Peu à peu la réserve du déjeuner s'était dissipée; chacun disait son mot librement ; et Trip qui tout d'abord se tenait à une distance respectueuse de la table, s'était rapproché et mangeait maintenant les deux mains au-dessus de son assiette. On avait fait à Geoffroy l'honneur de lui demander de découper le morceau de veau, et il s'en était chargé ainsi que d'assaisonner la salade, tandis que Lotieu, discrètement, sans qu'on l'aperçût, circulait autour de la table pour servir et changer les assiettes.

Quand Geoffroy eut retourné la salade, il sortit un moment, et bientôt on le vit rentrer portant à la main une bouteille enveloppée de papier.

— C'est ma surprise, dit-il.

— Je parie que c'est une bouteille de cacheté, dit Trip.

En effet, elle était coiffée d'un cachet, mais en métal argenté, non en cire. Avec son couteau Geoffroy l'enleva, puis après avoir coupé des ficelles et abattu un fil de fer, il poussa le bouchon qui partit au plafond.

— Du champagne ! s'écria Trip qui avait suivi

cette cérémonie avec l'intérêt d'une curiosité gourmande ; la mère, c'est du champagne ! N'est-ce pas monsieur Geoffroy, que c'est du champagne?

— Vous n'en avez jamais bu?

— En garnison au Havre j'ai bu du poiré qui partait et moussait comme ça ; mais ce n'était pas du champagne.

Quand on quitta la table, Trip eut un mot qui disait toute sa satisfaction :

— Voilà un fameux déjeuner que vous nous avez donné, mademoiselle Lotieu ; je m'abonnerais bien à un pareil pour une fois par an.

FIN DE LA PREMIÈRE PARTIE.

DEUXIÈME PARTIE

I

Geoffroy quitta son atelier vers trois heures et, en arrivant à l'avenue de Saint-Ouen, il héla une voiture qui passait vide :

— Boulevard Haussmann, dit-il au cocher.

Et comme en ce moment des gens du quartier stationnaient sur le trottoir, il ne donna pas de numéro. Sans savoir ce qu'on racontait sur son compte, il n'était pas assez naïf pour ne pas sentir qu'on s'occupait de lui, que la curiosité des badauds le poursuivait, qu'on chuchotait sur son passage en le dévisageant, et il trouvait inutile d'alimenter les bavardages par des renseignements précis :

— Montez le boulevard, dit-il, je vous arrêterai.

Ce fut après l'avenue de Messine qu'il fit arrêter, devant un hôtel luxueux.

Si ce n'était pas une des plus belles habitations de Paris, c'en était certainement une des plus vastes et des plus monumentales ; évidemment on avait avant tout cherché à faire riche, et l'on avait fait riche à surprendre le passant, et on le surprenait. Sur un terrain très profond s'élevait cet hôtel plutôt construit en château moderne qu'en habitation de ville. La pierre blanche de la large façade taillée, grattée, fouillée, vermiculée, sculptée présentait un ensemble d'une lourdeur écrasante. Impossible pour l'œil, dans ce fouillis désordonné, de saisir une ligne d'une belle venue, ayant du style ou de la grâce; étonné, désorienté, il se perdait dans une profusion d'ornements et de détails; la rotonde centrale mangeait l'hôtel et étouffait tout; le perron était d'une ampleur disproportionnée; les balustres auraient pu se coller à une maison de géants. Avec cela la cour qui donnait sur le boulevard était étroite ; et elle eût paru tout à fait mesquine si, par les deux portes qui flanquaient la grille à bahut, on n'avait pas aperçu l'enfilée majestueuse du passage conduisant aux écuries. Par exemple ceci rachetait cela : la cour intérieure, les communs, les dépendances, le jardin, les serres, tout montrait l'organisation de la la grande richesse, avec un luxe de construction et d'aménagement qui avait vraiment du poids. Si ce n'était pas beau, ni joli, ni élégant, on devinait au moins la masse d'argent enfouie dans ces pierres entassées et travaillées jusqu'à l'absurde, comme on la devinait aussi en jetant un regard à travers les glaces des fenêtres qui laissaient entrevoir un ameublement d'une opulence déréglée. Tout cela représentait un tas de millions et cette manifestation de richesse en pleine rue était évidemment pour plaire aux gens qui l'étalaient.

Quand Geoffroy passa devant la loge du concierge il ne s'arrêta point : un coup de timbre empressé annonça son arrivée et instantanément la porte du vestibule lui fut ouverte par un valet en grande livrée bleu paon galonnée d'argent.

Il était de proportions grandioses, ce vestibule et, comme la façade, construit en vue d'étonner : très haut de plafond, très large et très profond avec une profusion de doubles colonnes en marbres multicolores entre lesquelles se dressaient des statues dont les socles disparaissaient dans un enveloppement de fleurs, de palmiers et d'arbustes au feuillage décoratif que des jardiniers étaient occupés à grouper.

— Madame la comtesse est-elle dans son appartement? demanda Geoffroy.

— Non, monsieur le comte; madame la comtesse est à la séance de l'Académie, elle rentrera pour le five o'clock.

— Je suis chez moi, quand l'architecte arrivera vous me préviendrez.

Geoffroy, traversant le vestibule en regardant les jardiniers, monta au premier étage par un escalier monumental dont les larges marches étaient en partie recouvertes d'un tapis rouge qui donnait toute sa valeur à la blancheur du marbre.

Aménagé pour l'habitation particulière, ce premier étage, moins majestueux que le rez-de-chaussée, réservé aux appartements de réception, n'était pas moins luxueusement décoré de marbres, de boiseries, de peintures, de tentures qui criaient la richesse, sans que rien murmurât le plus petit mot d'art vrai, ou portât la marque intime d'une personnalité.

D'un petit salon dans lequel il était entré, Geoffroy passa dans un cabinet de toilette où il quitta son veston de grosse laine anglaise, sa chemise de couleur et ses souliers lacés pour les remplacer par un costume moins négligé.

Comme il achevait de s'habiller, un valet lui présenta une carte : « Eugène Silva, du *Candide* » ; au-dessous était écrit au crayon : « Prie instamment M. le comte de Canoël de le recevoir pour une affaire urgente et importante. »

— Ce monsieur voulait voir madame la comtesse, dit le valet de chambre répondant à la muette interrogation de Geoffroy ; c'est quand on lui a expliqué que madame la comtesse était à l'Académie qu'il a insisté pour être reçu par monsieur le comte.

Geoffroy ne connaissait pas ce nom d'Eugène Silva, et tout ce qu'il savait du *Candide* c'était que ce journal boulevardier et mondain, ou plutôt demi-mondain, se trouvait souvent mêlé à de vilaines affaires. Ce monsieur eut simplement demandé à être admis près de lui qu'il ne l'aurait pas reçu, n'ayant rien à démêler avec le *Candide*, pas plus qu'avec aucun autre journal d'ailleurs. Mais par cela seul qu'il voulait voir la comtesse, il n'en était plus de même, et le plus sage était de savoir ce qui se cachait sous cette affaire urgente et importante.

— Faites monter, dit-il.

Ce fut un homme extrêmement chauve, mais

jeune encore qui entra; les quelques cheveux qui lui restaient en couronne de capucin, d'un blond jaune, frisaient au point de paraître crépus; le visage était rose, le nez busqué; au col de sa chemise étincelait un diamant servant de bouton; décoré d'une branche de muguet qui se détachait sur le parement de soie noire de sa redingote, il portait sur lui, dans son linge, dans son mouchoir, tous les parfums chics de l'industrie parisienne.

— J'ose espérer, dit-il avec un sourire obséquieux, que mon nom ne vous est pas tout à fait inconnu.

— Pardonnez-moi.

— Eugène Silva.

— Je l'ai lu sur votre carte.

— J'ai eu l'honneur d'obtenir la confiance de Monsieur votre père, pour ses paris de course, dans les dernières années de sa vie.

— Je ne me suis jamais occupé d'affaires de sport.

Cela fut dit avec une hauteur dédaigneuse qui ne ressemblait en rien au ton simple et bon enfant qui était celui de Geoffroy, rue Championnet.

— Enfin cela est de peu d'importance, continua Silva, sans perdre son sourire, je ne rappelais ce souvenir que comme une sorte de présentation. Ce n'est point le passé qui m'amène, c'est le présent, c'est-à-dire la fête que Mme la comtesse de Canoël donne après-demain.

— Pour qui cet ancien bookmaker veut-il une invitation? se demanda Geoffroy dont la physionomie déjà peu encourageante se fit encore plus froide.

— Il est certain, poursuivit Silva, que cette fête est un événement parisien qui intéresse et intéressera tout Paris, la France entière, et ceux qui, en Europe comme en Amérique, ont l'oreille ouverte aux échos lointains arrivant jusque dans leur exil.

— Mais pas du tout, cette fête n'a d'intérêt que pour nous et nos invités.

— N'est-ce pas extraordinaire, s'écria Silvà, qu'on ne se rende jamais compte de la place qu'on occupe dans le monde, et cela du plus haut au plus bas ; tous les jours je vois des artistes, dont la notoriété ne dépasse pas le seuil du café où ils se réunissent, qui, de bonne fois, se demandent si à Saint-Pétersbourg et à New-York on les classe au rang qu'ils se sont attribué ; et j'en vois d'autres (plus rares, il est vrai) dont la valeur et l'autorité sont partout admises sans conteste qui s'imaginent n'être pas plus connus qu'à leurs débuts. Ainsi de vous, monsieur le comte. Comment ! voilà un hôtel qui est une de nos belles demeures, des plus somptueuses à coup sûr, avec un cachet de modernité tout à fait dans le train ; son maître porte un des grands noms de la noblesse française...

— Passons, je vous prie, interrompit Geoffroy avec impatience.

— Permettez que je ne vous obéisse pas, monsieur le comte : je suis dans le cœur même de mon sujet et ne dis rien d'inutile, vous en aurez la preuve tout à l'heure. Tous ceux qui s'intéressent à l'histoire de notre pays connaissent le nom de Canoël inscrit au plafond des Croisades à Versailles avec son blason d'or à la tour d'azur et sa fière devise : « Qu'a Noël? Vaillance. » Le vulgaire qui ne va pas si loin, et ne remonte pas si haut, l'a cent fois acclamé, quand il s'est associé aux glorieuses victoires remportées par monsieur votre père sur le turf. Enfin, par l'éclat de la beauté, par la puissance de sa fortune, la maîtresse de cette maison est une des reines de Paris mondain, et vous ne voulez pas que la soirée que vous allez donner soit un événement parisien, alors que cet hôtel ouvre ses portes pour la première fois et inaugure une galerie des fêtes dont depuis six mois on dit merveille?

— En un mot, monsieur, où voulez-vous en venir?

— A vous proposer de syndiquer le compte rendu de cette soirée.

Geoffroy le regarda avec étonnement.

— Je ne vous comprends pas.

— Je vais m'expliquer.

Et Silva se carra dans le fauteuil où jusqu'à ce moment il avait gardé l'attitude embarrassée d'un homme qui ne sait pas si on le laissera aller jusqu'au bout de ce qu'il veut dire : maintenant il avait emporté la place et ne la rendrait pas.

— Il est incontestable, continua-t-il, que samedi, dimanche, lundi, pendant toute la semaine, les journaux vont parler de votre fête. De quelle façon et dans quels termes.

— Que m'importe !

— Ne dites pas cela, monsieur le comte : pour l'honneur de votre maison, pour la gloire de madame de Canoël, pour la satisfaction de vos invités, il importe beaucoup, au contraire, qu'on ne parle de votre fête que comme il convient.

— Il n'y a qu'une chose qui convienne, c'est qu'on n'en parle pas.

— Sans aucun doute, seulement comme cela n'est pas possible, il est sage de prendre ses précautions. Il s'est établi dans la presse, depuis un certain temps déjà, de fâcheuses habitudes ; des gens qui ne connaissent pas la valeur des adjectifs qu'ils emploient se sont improvisés journalistes, et ils écrivent comme les corneilles abattent des noix ; ce sont eux qui qualifient Victor Hugo de « sympathique », et les postiers inévitablement de « vigoureux ». Voulez-vous laisser à ces assassins, ou bien à la paresse d'un reporter fatigué de sa besogne, le soin de rendre compte de votre fête ? Si l'adjectif dont ils la qualifient n'est pas le mot propre, l'effet de cette fête se trouve manqué. J'admets que cela soit pour vous sans importance ; mais êtes-vous certain que tous vos invités auront cette fière indifférence. Combien de gens, et des plus hauts, ne se montrent dans une maison, ne vont à un mariage, à un enterrement que pour voir leur nom dans les journaux. Encore faut-il que ce nom n'ait pas à souffrir de la façon dont on le cite, car alors ce n'est pas au journaliste maladroit qu'ils s'en prennent, mais bien à ceux qui leur ont valu la blessure dont ils se fâchent.

Geoffroy se leva, mais Silva ne quitta pas son fauteuil.

— Il est certain, dit-il, que de simples échos ne sont pas suffisants pour une fête comme la vôtre ; il lui faut une chronique de tête dans les quatre ou cinq journaux qui comptent; dans ceux qui viennent après, un article à cheval sur la première et la deuxième page; enfin, dans les autres quelques lignes plus simples, mais cependant caractéristiques.

— Mais c'est une affaire de publicité que vous me proposez.

— Parfaitement, et je puis affirmer que personne ne peut vous offrir les mêmes avantages...

Geoffroy lui coupa la parole :

— Je ne fais pas d'affaires.

Silva resta un moment désarçonné; et cependant il n'était pas facile à émouvoir, l'ancien bookmaker, à qui ses courtages de tout ce qui se vend ou s'achète avaient donné un solide aplomb. Mais il se remit vite, et dans son sourire obséquieux passa un éclair d'insolence.

— Si je me suis permis de vous adresser des propositions relativement à cette publicité, c'est que l'homme de métier a été indigné en moi de voir comme était comprise celle qui a été faite jusqu'à présent.

Geoffroy, qui avait marché vers la porte, s'arrêta :

— Est-ce que les notes qui ont annoncé votre mariage; est-ce que les comptes rendus de ce mariage n'ont pas été pitoyables? je vous le demande. A ce moment même j'avais syndiqué le mariage du prince Renaud avec mademoiselle Durand. Voyez la différence. Nous avions à craindre cependant l'hostilité ou la malveillance de bien des côtés, et j'ai manœuvré de telle sorte qu'il n'y a pas eu une fausse note; là où je n'ai pas pu faire passer un article, j'ai obtenu le silence; quand on célébrait partout la fortune de la fiancée, personne n'a fait allusion à la façon dont cette fortune avait été acquise, ni aux bas-fonds dans lesquels elle a été gagnée.

— Quels rapports voyez-vous entre ce mariage et le mien?

— Aucun ; si ce n'est que le mariage véreux a eu une bonne presse, et l'honorable — le vôtre — en a eu une détestable. C'est que voyez-vous, monsieur le comte, on ne joue pas plus de la publicité que du piano ou du cornet à piston sans avoir appris; à regarder les exécutants de talent, on s'imagine qu'il est facile de faire comme eux; l'embarras commence, orsqu'on met la main sur l'instrument. C'est ce qui est arrivé pour le commis de M. Leparquois, qui envoie aux journaux les notes sur madame de Canoël...

— Où avez-vous pris qu'un commis de mon beau-père envoyait des notes aux journaux sur madame de Canoël? Quelles notes? A propos de quoi?

Silva qui depuis quelques instants pressentait qu'il avait fait une maladresse en s'adressant au mari, au lieu de la femme, fut convaincu de sa sottise par ces questions aussi bien que par le ton sur lequel elles lui étaient posées; mais puisqu'il se trouvait trop engagé pour reculer, mieux valait aller jusqu au bout bravement.

— Mais à propos de tout, dit-il, des réunions où elle paraît et où elle fait sensation; ainsi, à propos du comptoir qu'elle a tenu dans la dernière vente de charité, pour citer un fait précis ; c'est moi qui ai publié cette note dans le *Candide* ; j'en ai moi-même touché le prix à la caisse de M. Leparquois, et pour l'avoir fait suivre de quelques lignes qui la complétaient, car le commis qui rédige ces notes, excellent peut-être pour diriger la publicité des affaires financières de M. Leparquois est d'une maladresse insigne des choses du monde, j'ai reçu une carte de madame de Canoël qui à mes yeux était un remerciement pour la façon dont j'avais parlé de sa toilette extra-capiteuse. C'est même cette carte qui m'a donné l'idée de me présenter ici.

— Eh bien, monsieur, vous vous êtes mépris sur les raisons qui ont déterminé l'envoi de cette carte J'ignore à quelle considération ma femme a obéi, mais je vous affirme qu'elle n'admet point, pas plus que je ne l'admets moi-même, que sa personne ou les fêtes qu'elle donne, soient matière à publicité.

Se défendant pied à pied, Silva était venu jusqu'à la porte, il ne sortit pas encore :

— Je puis être assez sot pour faire une sottise, dit-il, mais je ne le suis pas assez au moins pour ne pas m'en apercevoir. Laissez-moi dire un mot, un dernier, pour m'en expliquer, m'en excuser. Cette publicité que vous dédaignez, des femmes du plus grand monde la recherchent par tous les moyens, et la paient quelquefois fort cher. Si je vous disais ce qu'une personnalité très en vue dépense pour qu'on parle de son équipage de chasse, vous en seriez étonné ; et vous ne le seriez pas moins si je vous donnais le chiffre qu'elle paie à l'agence qui lui communique les journaux où son nom est imprimé. Cet exemple, et bien d'autres que je pourrais ajouter, sera je l'espère une circonstance atténuante pour ma démarche.

II

Lorsque Silva fut parti, Geoffroy fit quelques tours dans le salon à pas saccadés, puis d'une main impatiente il sonna.

— Madame la comtesse est-elle rentrée? demanda-t-il au valet qui ouvrit la porte.

— Non, monsieur le comte.

— Aussitôt qu'elle arrivera, vous me préviendrez.

Il se jeta dans un fauteuil où il resta le front appuyé sur la main, les yeux fixés dans le vide, le visage contracté, suivant évidemment de pénibles réflexions : qui l'eût vu dans son atelier le matin et l'eût retrouvé maintenant dans ce salon, ne l'aurait assurément pas reconnu.

Le temps s'écoula sans qu'il quittât son fauteuil et que son regard s'éclaircît : ce fut seulement quand on lui annonça l'arrivée de l'architecte qu'il imposa à son visage une expression voulue de calme et d'indifférence.

Bien que cet hôtel fût une des belles demeures de Paris, comme disait Silva, il manquait d'une salle de bal lorsque M. Leparquois, père de la comtesse, l'avait acquis. L'emplacement où, suivant le plan primitif, elle devait s'élever, avait été réservé dans le jardin, mais comme après avoir englouti cinq ou six millions dans l'hôtel, le premier propriétaire avait trouvé que cette somme dépensée suffisait à sa gloire de financier, elle était restée à l'état de projet : plus tard, on verrait. Plus tard, c'était M. Leparquois qui, après trois baisses de mises à prix, achetait l'hôtel sur une enchère de cinquante francs pour un prix de onze cent mille francs, et qui, par conséquent, n'avait pas les mêmes raisons pour faire des économies. D'un autre côté, comme il ne savait rien refuser à sa fille, qui voulait une salle de bal digne du rang qu'elle comptait prendre dans le monde parisien, il en avait ordonné la construction. Commencée depuis près d'un an, c'est-à-dire au lendemain même du mariage de mademoiselle Leparquois avec le comte de Canoël, cette galerie qui devait être terminée en janvier et qui, de mois en mois, de semaine en semaine, de jour en jour, avait traîné jusqu'en mai, venait enfin d'être achevée, et cette visite que Geoffroy voulait faire avec l'architecte était la dernière.

S'il n'en avait pas fait le plan même, au moins en avait-il donné l'idée qui était la reproduction fidèle de celle des Carrache au palais Farnèse, et il en avait sévèrement surveillé l'exécution de façon qu'on n'y introduisît pas des embellissements dus à l'originalité de l'architecte. Sous sa direction qu'il avait eu la patience et la force de maintenir jusqu'au bout, il s'était produit ce résultat qu'alors que dans tout l'hôtel le mauvais goût de la richesse poussé à l'excès éclatait à chaque pas, on ne trouvait pas une fausse note dans cette galerie, pas plus pour son ornementation que sa décoration confiées à des artistes de talent, qu'il avait eu aussi la force de faire accepter et de soutenir.

Lorsqu'il entra dans la salle par une porte latérale, il eut la surprise d'apercevoir Silva qui, un crayon à la main, prenait des notes en s'entretenant avec l'architecte. Vivement il se dirigea vers eux, mais Silva lui épargna la moitié du chemin.

— J'espère que vous ne trouverez pas mauvais, monsieur le comte, dit-il avec son éternel sourire, que j'aie profité de l'occasion qui s'offrait à moi pour jeter un coup d'œil sur cette galerie. Une vraie merveille. Pour nous, une primeur de haut prix, car sûrement nous arriverons bons premiers.

— Mais, monsieur...

— Si vous ne voulez pas qu'on parle des maîtres de la maison, vous ne défendrez point, n'est-ce pas, qu'on rende justice à vos collaborateurs.

Il salua Geoffroy avec respect, fit à l'architecte un signe de main protecteur, et tranquillement sortit par la porte du vestibule.

— Ce n'est pas vous, n'est-ce pas, demanda Geofroy à l'architecte, qui avez amené ce singulier personnage?

— Pas du tout ; je l'ai trouvé ici se promenant ; il s'est jeté sur moi, et sans votre arrivée je ne m'en serais jamais débarrassé.

Que cette galerie méritât le mot de Silva, il n'y avait là rien d'étonnant, puisqu'on avait voulu qu'elle fût pour l'architecture une reproduction; mais pour la décoration du plafond, il ne pouvait plus être question de copie; les peintres et les artistes qui l'avaient exécutée avaient fait œuvre originale et maintenant que, pour la première fois, les échafaudages enlevés, il était possible de la voir dans son ensemble, l'effet produit rendrait-il l'effet cherché?

Comme il arrive souvent chez ceux qui ont reçu une inspiration et suivi une direction, l'architecte avait complètement oublié la part prise par Geoffroy dans leur collaboration et, pour lui, cette œuvre était son œuvre, bien à lui, exclusivement à lui, sans qu'il dût rien à personne, pas plus à San Gallo qu'au comte de Canoël.

— Vous voyez, dit-il en amenant Geoffroy à l'une des extrémités de la galerie pour en bien embrasser l'ensemble, que ce monsieur a trouvé le mot juste. Avouez que vous n'étiez pas sans inquiétude sur l'accord entre les nuances passées des tapisseries des panneaux, et les tons frais des peintures de la voûte et de la frise.

Geoffroy pouvait faire cet aveu d'autant plus volontiers que, depuis un an, cet accord avait été le sujet constant de sa préoccupation, et que, pour l'obtenir, il n'avait ménagé ni ses instances auprès des peintres chargés de ces peintures, ni sa surveillance auprès des artistes qui décoraient les boiseries.

— Vous voyez, continua l'architecte, que grâce au ton mat, clair et doux, léger et aérien que j'ai exigé, comme les allégories du plafond et les abstractions mythologiques de la frise se fondent harmonieusement avec les personnages des tapisseries.

— Il faudra juger cela à la lumière ; j'ai peur des ors.

— Je vous promets que demain on pourra allumer les lustres.

En effet, les ouvriers électriciens finissaient de poser leurs lampes et de raccorder leurs fils, tandis que les raboteurs, nus jusqu'à la ceinture, inondés de sueur, n'avaient plus qu'un coin du parquet à râcler.

A ce moment, un domestique s'approchant de Geoffroy, lui annonça que la comtesse venait de rentrer et était dans le salon orange.

— Seule?

— M. le comte et madame la comtesse de Ligny sont avec madame la comtesse, madame de Baudemont vient aussi d'arriver.

Il hésita un moment, car ce qu'il avait à dire à sa femme exigeait le tête-à-tête, cependant, laissant l'architecte continuer sa visite, il traversa la longue enfilade des salons livrés aux jardiniers, pour gagner celui où madame de Canoël recevait ses amies.

— Voilà une aimable surprise, dit la comtesse en le voyant entrer.

— Et voilà un aimable reproche, dit M. de Ligny.

Geoffroy serra les mains qui s'étaient tendues vers les siennes, et rien ne trahit sur son visage et dans ses manières la contrariété.

Cependant, elle était vive, car, de toutes les personnes que le hasard pouvait lui faire rencontrer à cette heure, il n'y en avait pas qui lui fussent plus désagréables que celles-là, par l'influence qu'elles exerçaient sur sa femme.

C'était au couvent que madame de Ligny et madame de Canoël avaient fait connaissance et depuis leur camaraderie enfantine avait pris un caractère d'ardente et solide amitié.

A cette époque, celle qui devait plus tard épouser le comte de Ligny était, bien que princesse authentique, une pauvre petite Napolitaine sans le sou, que des parents français faisaient, par charité, élever dans ce couvent où personne ne venait la voir et d'où elle ne sortait qu'aux grandes vacances pour aller s'enterrer dans un château du Poitou. Assez jolie, avec une tête brune aux lignes droites qui lui donnaient de l'énergie, intelligente, volontaire, déjà ambitieuse autant qu'orgueilleuse, elle exigeait qu'on lui rendît ce qu'elle croyait dû à son rang. Généralement, ces prétentions étaient assez mal accueillies, car ses compagnes, appartenant presque toutes à la noblesse française, se trouvaient très supérieures, fussent-elles simples baronnes, à cette princesse napolitaine; mais Gabrielle Leparquois, fille d'un parvenu, les avait subies sans résistance, très fière même de parler dans son monde bourgeois de sa grande amie « la princesse Théodolinda. » Ainsi commencées, les relations s'étaient continuées sans que rien les troublât, ou les interrompît. En sortant du couvent, Théodolinda, plus âgée de trois ans que son amie, n'avait point fait la folie d'attendre que le hasard ou la justice des choses lui amenassent le mari fortuné auquel sa naissance et sa beauté lui donnaient droit. Depuis longtemps, par-dessus les murs du couvent, elle avait jeté un clair regard sur la vie, et elle savait quelle dangereuse illusion c'est de compter sur le hasard et la justice des choses, quand on n'est pas en situation de les aider. Aussi, avait-elle posé une main si ferme sur le premier qui s'était présenté, qu'elle ne l'avait pas laissé échapper. Assurément, il s'en fallait qu'il réalisât ce qu'elle voulait et rêvait; mais enfin, faute de mieux, la prudence conseillait de le prendre tel quel. C'était un artiste, un statuaire, non comme il y en a tant, c'est-à-dire de braves garçons qui, soutenus par l'espoir d'un succès à cinquante ans, acceptent une vie de travail et de misère ; lui avait voulu le succès à vingt-cinq, sans le travail, surtout sans la misère ; et il avait manœuvré assez adroitement pour obtenir, ce qui à ses yeux en était l'équivalent, — l'argent. Né d'une famille noble, disait-il, ce qui lui permettait de porter le titre de comte, il était venu à Paris à seize ans, et aidé par d'heureuses dispositions naturelles, il avait rapidement acquis une facilité d'exécution qui, par un travail sérieux, eût pu devenir du talent. Mais le travail, pas plus que le sérieux, n'étaient son fait. Au lieu de piocher et de peiner comme ses camarades, pour obtenir un prix de Rome, il s'était rendu à Rome directement, envoyé par lui-même, et il y avait ouvert un atelier devenu promptement une fabrique de bustes pour Anglaises ou Américaines en voyage. Beau garçon, s'habillant bien, élégant de manières, diseur de riens agréables, paré d'un titre de noblesse, laissant les longues besognes à ses praticiens, il avait pu se donner au monde, se montrer tous les soirs à la *Caccia*, y perdre galamment quelques louis, être assidu aux fêtes des ambassades, visiter les personnages importants de passage à Rome, et le monde, qui n est pas un ingrat, s'était donné à lui. La mode voulait qu'on ne quittât pas Rome sans emporter un buste du comte de Ligny, si finement travaillé, si bien gratté, râpé, poli par d'habiles praticiens italiens, passés maîtres dans l'art du joli, qu'on recouvrait ces marbres éblouissants d'une cloche de verre. Ce commerce lui avait rapporté de fructueux bénéfices, et la réputation avait suivi le gain, sinon une réputation artistique au moins mondaine. Tandis que les membres du jury se disaient : « Nous ne pouvons pourtant pas donner une troisième médaille à ce pauvre de Ligny » ; les gens du monde qui faisaient foule autour de ses envois se demandaient pourquoi, depuis longtemps déjà, on ne lui avait pas donné la médaille d'honneur. Sans abandonner Rome il avait ouvert un atelier à Paris, puis bientôt après un autre à Vienne, partageant son temps entre ces trois villes, allant au-devant de ceux qui ne se seraient pas dérangés pour venir jusqu'à lui : Américain par sa mère, Français d'origine, Romain par son éducation, Autrichien par goût, il était le compatriote de tous ceux qui cédaient au désir de se voir en marbre blanc.

C'était ce cosmopolitisme qui avait déterminé Théodolinda à faire son choix : si modeste que fût pour son ambition la situation de ce mari qui travaillait de ses mains, si médiocre que fût pour ses appétits de fille pauvre le budget qu'il pouvait lui offrir, la perspective d'avoir pour théâtre Paris, Rome et Vienne, l'avaient décidée. Le mariage n'est-il pas une association? elle la rendrait supportable, cette situation, si elle ne faisait pas mieux. Après quatre ans de mariage, elle était la femme la plus en vue de celles qui se mettent en avant : il n'y avait pas de première importante sans qu'on ne la vit dans une avant-scène; on parlait de ses diamants, de ses chevaux, de son hôtel du boulevard Malesherbes; à Rome, les journaux annonçaient son arrivée; à Vienne, on l'attendait. Comment ce que gagnait Ligny pouvait-il suffire à cette existence? C'était le mystère. Les envieux disaient qu'à Vienne elle était au mieux avec un archiduc; qu'à Rome, un prince romain se ruinait pour elle; à Paris, enfin, elle avait une cour de riches Américains qui n'étaient pas ses fidèles simplement pour le plaisir de serrer la main de leur compatriote Ligny. Mais pour possibles que fussent ces histoires et même vraisemblables, elles ne s'appuyaient sur aucun éclat, sur aucun scandale permettant à Geoffroy de rompre une liaison qui le blessait. Tout le monde savait que madame de Ligny dépensait dix fois ce que son mari gagnait, personne ne pouvait dire avec preuves à l'appui d'où lui venait cet argent.

Moins graves, ses griefs contre madame de Baudemont étaient cependant suffisants pour lui faire considérer la présence de cette amie de sa femme comme gênante en ce moment. Sans être veuve, madame de Baudemont était une toute jeune femme sans mari, et les conditions dans lesquelles s'était produit ce veuvage volontaire rendaient sa situation délicate dans la vie. Après avoir été pendant plus de six années, de seize à vingt-deux ans, une des reines des bals blancs où sa beauté blonde faisait sensation par son étrangeté, elle se décidait enfin à accepter un mari aimable, intelligent, de bonne naissance, et un mois après, ils se séparaient d'un commun accord, sans que personne connût les raisons vraies de cette rupture, qui, malgré le silence dont on avait voulu l'envelopper, avait fait un joli tapage dans Paris. Tandis que le mari disparaissait, la femme, sans prendre souci des difficultés de sa position, continuait à se montrer partout, accompagnée le jour de son père, le soir de sa mère, qui, après l'espoir trompé d'un repos cependant bien mérité, se relayaient fourbus de ces dures corvées que madame de Ligny et madame de Canoël allégeaient un peu par leur intimité.

— Vous avez perdu à ne pas venir avec nous à l'Académie, dit Théodolinda, s'adressant à Geoffroy.

— Les discours étaient intéressants?

— Je n'en ai pas entendu un mot.

— Vous savez, interrompit madame de Baudemont, pas drôles, les discours académiques.

— Ça dépend des jours.

— En réalité, dit Ligny, c'est une affaire de *qui;*

combien en mettra-t-on dans une phrase sans qu'ils s'embrouillent? Il paraît que plus il y en a, plus c'est beau.

— Eh bien alors? demanda Geoffroy.

— Ce qui nous a amusés, dit madame de Ligny, c'est une idée de Gabrielle.

— Cela vous étonne? demanda madame de Canoël, répondant à un regard de son mari.

— C'est la curiosité que provoque ce que dit madame de Ligny, répondit Geoffroy, sans paraître blessé du ton peu gracieux qui accompagnait cette question, ce n'est pas de l'étonnement.

— Si vous lisez quelquefois les journaux, continua madame de Ligny, vous avez dû remarquer, comme Gabrielle, que, dans leurs comptes rendus des séances de l'Académie, ils parlent toujours des chapeaux qu'arborent pour ces cérémonies les femmes des candidats académiciens. Pourquoi les chapeaux jouissent-ils de cette faveur? Je n'en sais rien. Enfin, c'est ainsi. Comme nous commencions à nous ennuyer...

— Et terriblement, interrompit madame de Baudemont.

— Voilà que Gabrielle a l'idée de reconnaître les femmes des candidats à leurs chapeaux.

— Une devinette, dit Ligny.

— Et nous nous mettons à passer notre revue, au grand étonnement...

— Dites scandale.

— ... De nos voisines et de nos voisins, qui ne comprenaient rien à notre tenue irrespectueuse. Quelle collection...

— De voisins?

— De chapeaux; et des nobles, et des modestes, et des insinuants, et des provocants, et des pleureurs, et des sémillants : le chapeau disait le talent ou les prétentions du mari. A la fin, nous nous sommes arrêtées à sept candidates avérées; les timides et les honteuses ne comptent pas.

— A quoi se reconnaît une candidate avérée? demanda Geoffroy.

— A son chapeau, précisément.

— Et la preuve que le chapeau n'est pas trompeur...

— Précisément, continua Gabrielle, la preuve a été faite par M. de Ligny; il avait pour voisin un journaliste qu'il connaissait, et celui-ci, interrogé, a dit que sur nos sept désignations, nous en avions cinq de bonnes. Il va conter l'histoire dans son journal.

— Ce sera très drôle, dit Ligny.

— Surtout, continua Geoffroy, s'il dit que ces habiles physionomistes sont mesdames de Ligny, de Baudemont et de Canoël.

— Vous voilà bien avec votre peur des journaux, expliqua Gabrielle.

— C'est donc une maladie, dit madame de Ligny, il faudra soigner ça.

Geoffroy se demandait s'il n'allait pas profiter de cette ouverture, mais la réflexion le retint : une observation, si prudente et mesurée qu'elle fût, ne pouvait être que dangereuse en présence de ces femmes, dont l'influence était si souvent en opposition avec la sienne.

Et, d'ailleurs, elle n'eut guère été à sa place au milieu de la conversation engagée qui, maintenant, roulait sur les toilettes des femmes remarquées à l'Académie : sur la robe « vert Nil » de celle-ci; la toilette « bleu Sèvres, brodée de perles irisées » de celle-là. Décidément, allait-on aux chapeaux hauts, ou aux chapeaux bas? Ligny avait des raisons esthétiques pour soutenir l'une et l'autre solution, et il les donnait gravement, en artiste qui a conscience de son autorité.

Pendant ce temps un maître d'hôtel, superbe de gravité et de prestance décorative, faisait servir le thé sur une table placée à l'extrémité du salon; sans prononcer un mot, d'un signe de main il commandait ses subalternes qui, dans un silence absolu, disposaient chaque chose : le samovar en argent niellé d'un beau travail d'orfèvrerie russe, les assiettes de sandwiches, de gâteaux, et à l'anglaise, les seaux à glace où les bouteilles de champagne se frappaient à demi couchées, le goulot libre.

Et d'autres visiteurs arrivaient, les hommes baisaient la main de madame de Canoël, prenaient une chaise ou un fauteuil, et la conversation se traînait sur les riens du jour. Le mariage annoncé, la liaison rompue, celle qui s'ébauchait, le roman dont on parlait, le nouveau venu répétant souvent, dans les mêmes termes, ce que le dernier arrivé avait déjà raconté.

Geoffroy se mêlait peu à cette conversation, et seulement tout juste autant que la politesse le voulait. Dans les dispositions qui étaient siennes au moment de son entrée dans ce salon, ces bavardages l'agaçaient, ne finiraient-ils donc jamais?

Cependant, à regarder sa femme, le mécontentement que les propositions de Silva avaient soulevé en lui s'affaiblissait peu à peu. Quelle part n'avait pas l'influence de ces amies dans ce besoin de faire parler de soi; maîtresse de ses inspirations et de la direction de sa vie elle n'en eût, certes, jamais eu l'idée; les coupables c'étaient ses amies, elles seules.

Assise au milieu du cadre d'une des fenêtres où la lumière du soleil tamisée par le store l'enveloppait d'une teinte rose, elle lui apparaissait plus jolie qu'il ne l'avait jamais vue : grande, très ronde, très en chair malgré sa taille élevée, le buste aux épaules larges, les seins développés, la ceinture étroite; avec cela un visage de la plus belle harmonie; le nez aquilin très fin descendant d'un front bas envahi par une chevelure crépelée blond châtain d'une étonnante épaisseur; la lèvre courte découvrant dans un sourire presque constant des dents parfaites enchâssées dans des gencives humides du vermeil le plus vif. Les joues étaient pleines et pâles, les yeux marron clair tirant sur le jaune se dessinaient en longueur, accentués de sourcils beaucoup plus foncés que les cheveux; la peau du visage un peu épaisse, d'un mat cireux, était d'un effet extraordinaire et tel que personne ne pouvait trouver étonnant qu'on la mît des premières parmi les plus jolies femmes de Paris.

N'était-ce pas exaspérant vraiment que cette femme charmante, la sienne, qu'il avait épousée pour sa beauté, non pour sa fortune, fût si peu à lui, et si entièrement aux autres, au monde, à ses amies, au premier venu, à l'inconnu.

Un mot le tira de ses réflexions.

— Faites-en votre deuil, disait une voix, madame de Préfailles est perdue pour un an au moins, et peut-être pour toujours; qui peut prévoir les ravages de la maternité dans sa beauté.

— Mais c'est une abomination, s'écria madame de Baudemont.

— Qu'est-ce qui est une abomination? demanda Geoffroy.

— Qu'une femme comme madame de Préfailles ait des enfants, répondit Théodolinda.

— Alors pourquoi s'est-elle mariée?

— Oh! mon cher, ne dites donc pas de pareilles choses! s'écria Gabrielle.

— Le fait est, continua Ligny, que pour une femme vraiment belle la maternité est une calamité...

— Evidemment, interrompit madame de Baudemont.

— Et même une monstruosité, continua Ligny. Bien entendu au point de vue esthétique. Belle, réellement belle, la femme doit être insexée.

— Ça, c'est une idée, interrompit Geoffroy avec un sourire un peu railleur.

— Mais parfaitement. Comment voulez-vous que cette femme ait des enfants? La voyez-vous quand sa perfection immaculée a subi les ravages de la maternite. D'ailleurs je vais plus loin, je soutiens que la beauté n'est pas faite pour provoquer l'amour...

— Inspirer est une chose, partager en est une autre, dit Gabrielle.

— La drôlerie, la grâce, le piquant, l'imprévu, l'original provoquent, non le correct; c'est le nez retroussé qui traîne les cœurs, non le droit. Esthétiquement parlant, — il aimait à bourrer ses discours d'esthétique, ce statuaire qui en mettait si peu dans ses ouvrages, — esthétiquement parlant, la Parisienne est-elle belle? Non, n'est-ce pas, au moins en général; est-elle aimée? je ne vous le demande pas. Donc, je conclus que quand une femme a reçu le don céleste de la beauté, elle doit se réserver religieusement et se donner non aux plaisirs des sens mais aux joies de l'esprit.

Geoffroy avait quitté sa place et il s'approchait de Ligny pour lui répondre quand sa femme le prévint :

— Très bien, dit-elle, voilà qui est parlé.

Il s'arrêta un court instant, puis se remettant en marche, il se dirigea vers la porte :

— Vous nous quittez? demanda Théodolinda.

— Je vais rejoindre l'architecte et passer une dernière visite avec lui.

— Surtout surveillez de près le dressoir pour les accessoires du cotillon.

— Il est prêt; il n'y a plus qu'à le mettre en place.

— Est-ce vrai ce qu'on raconte de ces accessoires? demanda une voix; on parle de choses étonnantes.

Geoffroy allait répondre, sa femme l'arrêta :

— Ne touchons pas aux surprises, dit-elle.

— Alors, il y aura des surprises?

III

Geoffroy n'ayant pas rencontré l'architecte, parti depuis assez longtemps déjà, ne voulut pas revenir dans le salon, d'où un mouvement de contrariété l'avait fait sortir; évidemment il ne trouverait pas avant le dîner une minute de tête-à-tête pour s'entretenir avec sa femme; dans ces conditons, le mieux était donc de préparer cet entretien de façon à être soutenu par un allié, et cet allié il ne pouvait le trouver que dans son beau-père: puisque c'était la caisse de M. Leparquois qui payait la publicité du *Candide* et des autres journaux, il était tout naturel qu'il s'expliquât avec son beau-père sur les offres de Silva et fît connaître ses intentions à ce sujet.

C'est rue Rossini que M. Leparquois avait ses bureaux; au premier étage, sur des écussons en cuivre encastrés dans les deux vantaux de la porte, on lisait, d'un côté: » LEPARQUOIS. *Métaux. Mines de Montana* (*Etats-Unis*), *d'Atacama* (*Chili*); *de Guadalajara* (*Espagne*) ; *d'Iyo* (*Japon*); — de l'autre: *Usines à Aubervilliers* (*Seine*)*;* *Graville* (*Seine-Inférieure*); *Thibouville* (*Eure*); *Méans* (*Loire-Inférieure*); *Le Boucau* (*Basses-Pyrénées*); *Brax* (*Lot-et-Garonne*); *l'Estaque* (*Bouches-du-Rhône*). Si Geoffroy ne venait pas souvent dans ces bureaux, il était connu cependant, et quand on le vit entrer, tous les yeux le suivirent.

Comme il se dirigeait vers le cabinet de son beau-père, le commis principal, sortant de derrière un grillage, vint au-devant de lui :

— Vous voulez voir M. Leparquois? il n'est pas ici.

— Viendra-t-il ici ce soir?

— Je ne pense pas. Il est rue Sainte-Marguerite pour une visite de la commission des logements insalubres; il n'en partira que pour rentrer à l'hôtel, et encore assez tard, sans doute.

— Alors, j'aurais chance de le trouver rue Sainte-Marguerite?

Le commis, tirant sa montre, regarda l'heure:

— Oh! bien sûr, pendant encore une heure et demie au moins. Vous savez, quand M. Leparquois est rue Sainte-Marguerite, il y reste volontiers: si haut que soit la situation à laquelle il est parvenu, il se souvient que c'est de là qu'il est parti, et il aime cette vieille maison paternelle; à sa place d'aucuns en rougiraient, lui en est fier, et si bien que le nom de Leparquois s'étant effacé à la longue au-dessus de la vieille boutique, il l'a fait repeindre l'année dernière.

Geoffroy avait assez souvent entendu son beau-père parler de son origine, pour connaître cette vieille boutique de ferrailleur; cependant il n'avait jamais été rue Sainte-Marguerite; mais le nom repeint sur l'enseigne la lui ferait facilement trouver sans avoir besoin d'un renseignement plus précis, qu'il lui déplaisait de demander au commis.

Il fit arrêter son coupé dans le faubourg Saint-

Antoine, et à pied il suivit la rue Sainte-Marguerite qu'il fut surpris de trouver bien pavée et bordée de trottoirs, car ce qu'il savait d'elle, c'est qu'elle comptait parmi les plus insalubres de Paris, et il s'attendait à des trous et à des cloaques comme il y en a encore tant dans certains quartiers. Mais en avançant et en examinant les maisons, en jetant par les allées un regard dans d'étroites courettes qui se prolongent tortueusement, il comprit qu'elle n'avait pas volé sa mauvaise réputation, tant ce qu'on apercevait vaguement dans l'ombre était misérable et puait la saleté : c'était à se demander si cet îlot de maisons plus usées et encrassées que vraiment vieilles, n'était pas un lieu d'expérience pour la culture de la pourriture humaine et l'évolution de ses germes. Quand sous les coups de la Mort, fauchant là plus que partout ailleurs, la ville a voulu assainir ses maisons, elle les a rendues plus meurtrières encore, car, frappées d'alignement, elles ne doivent plus être réparées, et comme par le fait du relèvement de la chaussée, elles se trouvent enterrées en contre-bas, les eaux de toutes sortes, celles de pluie comme les ménagères, ne peuvent plus s'écouler et restent dans les cours mêlées à des détritus formant des tas de fumier, en attendant qu'elles filtrent tant bien que mal à travers le pavage dont les joints sont faits d'ordures battues.

Des allées sortaient des bouffées d'air méphitique qui saisirent Geoffroy à la gorge. Quels métiers infects, quelles industries malsaines s'exerçaient donc dans ces maisons? Les unes étaient occupées par des magasins de chiffonniers, d'autres par des ateliers de démolitions de vieilles chaussures; mais la plupart l'étaient par des boutiques de marchands de vin, de crémiers, de gargotiers, et surtout par des hôtels à la nuit, dont les noms semblaient des ironies en ce quartier sordide : *Hôtel de la Vierge*, *Hôtel de la belle Italie*, *Hôtel du Petit-Château*. Qui donc rappelait la belle Italie dans cette maison noire ? Quels appartements pouvaient offrir à ses hôtes ce petit château ? Lui, comme les autres, des chambrées de quinze à vingt lits éclairées par des jours de souffrance, dont quelques-unes, il n'y a pas longtemps encore, servaient de cages aux animaux féroces des montreurs de bêtes de passage à Paris, et n'ont subi aucune appropriation pour abriter des hommes, gardant même à leurs ouvertures basses les barreaux de fer qui les grillaient.

Geoffroy était arrivé devant une boutique de ferrailleur occupant le rez-de-chaussée d'une des maisons les plus délabrées de la rue, et dans laquelle on n'entrait qu'en se courbant sous une porte cintrée. Au-dessus, en lettres jaunes, se lisait le nom qu'il cherchait : LEPARQUOIS. Depuis qu'il suivait cette rue, Geoffroy ne s'attendait pas à trouver la boutique, d'où était parti son beau-père, installée dans des conditions luxueuses, cependant la réalité dépassait singulièrement ce qu'il avait vaguement imaginé. Le remblai de la chaussée ayant diminué la hauteur du rez-de-chaussée a diminué d'autant nécessairement celle de la porte et des fenêtres ; il faut descendre des marches pour arriver dans cette boutique devenue une cave où ne pénètre qu'un jour douteux et où tout est noir : le sol, les murs, le plafond, les chaudrons, les casseroles, les machines, les outils ; noire aussi était une vieille femme qu'il aperçut assise sur un escabeau, dans un coin, droite et raide comme une figure de pierre, coiffée d'un bonnet de soie noire, et portant, par dessus sa robe d'indienne noire, un petit châle de laine noire aussi, serré à la ceinture. Il ne vit nulle part son beau-père.

Se courbant pour ne pas se casser la tête au linteau, tâtant du pied les marches glissantes pour ne pas tomber, il descendit dans la boutique et demanda M. Leparquois.

— Il est dans la maison avec la commission, il ne tardera pas à descendre, répondit la vieille femme noire, vous pouvez l'attendre si vous avez besoin de lui parler.

Et ce fut tout ; elle ne lui offrit point une chaise par cette bonne raison, sans doute, qu'il n'y en avait point dans la boutique.

Il n'eut pas longtemps à attendre ; des bruits de pas et de voix se rapprochèrent, une porte s'ouvrit et des messieurs portant des papiers et des serviettes de cuir sous le bras entrèrent dans la boutique, suivis d'un homme de grande taille, âgé d'une cinquantaine d'années, un peu voûté mais alerte et vigoureux, décoré de la rosette de la Légion d'honneur, M. Leparquois. Sans s'interrompre, la discussion engagée continua, et Geoffroy, que personne n'avait remarqué, resta dans son coin sombre, à demi caché par des pièces de grosse ferraille accrochées aux poutres du plafond.

— Pour nous résumer, dit l'un des messieurs, nous vous avertissons que nous allons demander une sévère exécution de l'ordonnance de 1883 qui certainement fera fermer vos garnis par la préfecture de police. N'oubliez pas que sur les quarante-sept cas de choléra de la dernière épidémie, il y a eu six morts dans cet immeuble ; et comment en serait-il autrement avec des chambrées comme celles du fond de la courette où couchent douze et quinze misérables ; ce qui ne donne pas huit mètres cubes d'air par habitant.

— Et que voulez-vous que j'y fasse, répondit Leparquois, croyez-vous que ceux qui acceptent de loger dans ces chambrées peuvent se payer une chambre au Grand-Hôtel ?

— Pourquoi ne démolissez-vous pas ce vieil immeuble qui s'effondre ?

— Demandez-en l'expropriation ; l'article 13 de la loi du 13 avril 1850 vous le permet.

— C'est le vœu que nous proposerons.

— Alors je vous promets d'acheter les terrains voisins, et d'y faire construire des ateliers ; j'ai une idée.

— Vous seriez le bienfaiteur du quartier.

— Je ne demande que ça.

Les membres de la commission des logements insalubres sortirent, en se baissant sous la porte cintrée, et quand Leparquois redescendit les marches, à la dernière il trouva son gendre devant lui.

— Vous ! Que se passe-t-il ? Gabrielle...

— Gabrielle va bien ; rassurez-vous.

— Vous m'avez fait une belle peur.

— J'ai voulu vous entretenir avant le dîner, et ne vous ayant pas trouvé rue Rossini, je suis venu vous chercher ici.

— Vous voyez où je suis né, mon cher Geoffroy, et d'où je suis parti.

Ce fut en regardant le sol encroûté de la boutique qu'il dit les premiers mots de cette réponse, humblement, et en les levant vers le ciel superbement, qu'il prononça les derniers.

Puis tout de suite, appelant la vieille femme d'un ton affectueux :

— Rosalie.

Elle se leva, et gravement, à pas comptés, dans une attitude hiératique de sybille, elle vint à eux.

— Cousine, dit Leparquois, il y a longtemps que tu veux connaître le mari de Gabrielle : le voici.

Elle fit une révérence et avec un fort accent bas-normand :

— Je suis bien *continte*, dit-elle.

Cousine ! C'était une cousine cette vieille femme ! En la regardant Geoffroy comprit pourquoi il ne l'avait jamais vue : quelle contenance eût tenue la comtesse de Canoël en ayant cette sybille assise à sa table.

— Puisque vous avez à me parler, dit Leparquois brusquant le départ, partons.

— J'ai laissé mon coupé dans le faubourg Saint-Antoine, dit Geoffroy.

— Ah ! vous êtes venu en voiture, tant mieux ; moi je ne viens jamais ici qu'en omnibus et sur l'impériale encore ; ça me rajeunit.

Tant qu'ils furent dans la rue Sainte-Marguerite, ils ne parlèrent que de choses insignifiantes, Geoffroy parce qu'il trouvait que ce n'était point le lieu d'engager l'entretien ; Leparquois parce que c'était son habitude de laisser venir, tout en affectant la franchise.

— C'est de Gabrielle que je veux vous parler, dit Geoffroy lorsqu'ils furent montés en voiture.

— Je m'en doute bien un peu, répondit Leparquois avec un sourire de contentement.

— Ah !

— J'espère que vous n'allez pas vous plaindre d'elle ; ni vous plaindre.

— Au contraire, c'est pour me plaindre d'elle, c'est pour me plaindre moi-même que je vous impose l'ennui de cet entretien.

— Vrai, je ne m'attendais pas à cela.

— Croyez que je ne m'y suis décidé qu'à grand'-peine, et parce que j'ai besoin de vous pour couper court à une situation intolérable.

Leparquois aurait voulu ne pas s'engager sur un sujet qui menaçait de lui être désagréable car il aimait tendrement sa fille ; il essaya donc de plaisanter :

— Alors vous venez me demander de la déshériter ?

Mais Geoffroy répondit très sérieusement :

— Peut-être, en effet, serait-ce le mieux ; si Gabrielle était pauvre je pense que je n'aurais aucun reproche à lui adresser.

— Vous savez, mon cher Geoffroy, que vous êtes le plus original des gendres.

— Je parle sérieusement.

— C'est cela que j'appelle de l'originalité. Comment vous avez une femme charmante, jeune, intelligente, riche, qui vous aime...

— Qui m'aime!

— J'espère que vous n'allez pas dire qu'elle ne vous aime pas; votre mariage ne prouve-t-il pas son amour; par hasard, d'une fenêtre de son appartement elle vous voit passer à cheval montant le boulevard pour aller faire votre promenade au Bois; elle vous remarque comme le plus élégant et le plus correct des cavaliers; le lendemain, les jours suivants, elle se trouve à cette même fenêtre quand vous passez, et l'impression que vous avez produite sur elle s'accentue. Le dimanche à Longchamp, on vous nomme à elle, et elle apprend ainsi qui vous êtes, quelle est votre naissance, quelle a été votre jeunesse passée auprès d'une mère tendrement aimée, dans des occupations intelligentes et sérieuses. Son esprit travaille, s'enthousiasme, son cœur se prend, et un beau jour elle me déclare qu'elle n'aura pas d'autre mari que le comte Geoffroy de Canoël. Si ce n'est pas là de l'amour, qu'est-ce donc?

— Comme vous j'ai cru à cet amour, et c'est lui qui a fait mon mariage; mais il ne m'a pas fallu longtemps pour reconnaître que non seulement ma femme ne m'aimait point, mais encore qu'elle était fermée à l'amour.

— Que dites-vous là ?

— La vérité malheureusement. Vous comprenez quel a été mon chagrin. Je ne me suis pas marié parce que Gabrielle avait une grosse fortune quand moi j'étais ruiné, mais parce que sa beauté m'avait séduit, et aussi, et surtout parce que je croyais rencontrer en elle les sentiments qui étaient en moi.

— Puisqu'elle m'a dit qu'elle n'accepterait jamais d'autre mari que vous.

Sans répondre à cet argument Geoffroy continua :

— Vous savez dans quelles conditions morales je me trouvais : encore sous le coup immédiat de la mort de ma mère, j'avais besoin d'affection, d'intimité, et je m'étais imaginé que Gabrielle pouvait me les donner. La réalité me fut cruelle, très cruelle. Cependant je ne désespérais point. Parce que Gabrielle n'était pas celle que j'aurais cru, je ne devais pas me dire que je n'éveillerais pas en elle les sentiments qui lui manquaient : il est des femmes et des meilleures qui sont l'ouvrage de leur mari. Vous avez été le témoin des premiers mois de notre mariage ; vous avez vu si je l'ai enveloppée de tendresse...

— C'est vrai.

— Comment en toutes choses, les grandes comme les petites, celles de la vie matérielle comme celle de l'esprit et du cœur, je me suis donné à elle entièrement. Pour la vie matérielle j'ai réussi ; en l'initiant à des usages qu'elle ignorait je l'ai intéressée ; de ce côté j'étais bien le mari qu'elle avait voulu, qu'elle avait cherché. Mais pour tout ce qui touche à l'esprit et au cœur, il n'en a pas été de même, je l'ai ennuyée. Quand j'ai essayé de lui faire lire ou de lui lire moi-même ce qui pouvait l'émouvoir, provoquer l'étincelle que j'attendais, elle a bâillé, et nous avons fermé les livres pour ne plus les rouvrir. Il n'y a que deux théâtres pour elle : les Français le mardi et non le jeudi ; l'Opéra le lundi et non le mercredi : et une fois dans sa loge elle n'a d'yeux que pour les toilettes de la salle et les lorgnettes braquées sur elle, comme elle n'a d'oreilles que pour les histoires mondaines qu'on lui raconte et dont les femmes et les hommes qui sont là font le sujet : la passion exprimée sur la scène par la poésie ou la musique ne lui dit rien. Quand nous avons voyagé, l'art des monuments, des tableaux, des statues ne lui a pas dit davantage ; comme ne lui a rien dit non plus le charme de la nature quand nous nous sommes promenés en tête à tête : mondaine elle est, rien que mondaine : paraître, faire parler de soi, de ses toilettes, de sa fortune, de son hôtel, de ses équipages, recueillir des hommages d'où qu'ils viennent, avoir une cour, se montrer partout où il est chic d'aller le jour comme la nuit, pour elle la vie tient là-dedans.

— N'est-ce pas de son âge ?

— Peut-être, et encore à condition qu'on n'y sacrifie pas sa dignité, celle de son nom et de son rang.

— Sa dignité. Voilà un bien gros mot.

— Justifié par malheur, vous allez le voir.

Le coupé avait filé rapidement par la rue Saint-Antoine et la rue de Rivoli, il allait prendre l'avenue de l'Opéra quand Geoffroy baissa une glace pour dire au cocher de monter doucement l'avenue des Champs-Elysées et de redescendre à l'hôtel ; puis tout de suite relevant la glace, il raconta la visite et les propositions de Silva.

Pendant qu'il expliquait la nature de sa femme à son beau-père, celui-ci avait paru inquiet. Au contraire, cette histoire de publicité le laissa parfaitement calme.

— Alors c'est grave ? demanda-t-il, quand Geoffroy fut arrivé au bout de son récit.

— Comment, grave ?

— Et c'est cela qui vous fâche.

— Assurément.

— Eh bien, mon cher Geoffroy, c'est contre moi que vous devez vous fâcher, bien plus que contre votre femme, car je suis le vrai coupable, le seul coupable. Ayant remarqué que Gabrielle éprouvait de la satisfaction à voir son nom cité dans les journaux, avec quelques mots aimables enveloppant la citation, j'ai voulu lui donner régulièrement ce plaisir qui, spontanément, était intermittent, comme tout ce qu'on laisse au hasard, d'ailleurs, et j'ai chargé Gasquin qui, dans ma maison s'occupe de la publicité, de rédiger ces petites notes et de les faire passer dans les journaux ; sans doute il se sera mis en relation avec ce Silva, ou plutôt Silva se sera mis en relation avec lui ; voilà le mal, si mal il y a.

— Certes.

— Est-ce que, vraiment, c'est un crime chez une femme du monde de faire parler de soi dans les journaux ? Le *Candide* d'hier publiait trois colonnes, et en article de tête, sur le bal de la duchesse de Charmont ; le *Boulevard* d'il y a quelques jours, trois colonnes également sur la fête carthaginoise...

— .... Donnée dans son château Louis XV, interrompit Geoffroy.

— .... Par la princesse d'Aussonne. Est-ce que mesdames de Charmont et d'Aussonne ne sont pas des grandes dames, de très grandes dames ?

— Par le nom qu'elles portent, oui, mais seulement par le nom. Le père de madame de Charmont a fait faillite, une faillite scandaleuse ; celui de madame d'Aussonne a été à Mazas. Et voilà précisément pourquoi elles tiennent tant à ce qu'on parle d'elles ; elles font tête, et s'imaginent effrontément que la notoriété acquise remplacera la respectabilité perdue. Voyez si les vrais grands noms du Faubourg tombent dans ce cabotinage qui, à de rares exceptions près, est la marque d'une tare ou d'une origine bourgeoise. Cela ne vous atteint pas, puisqu'il n'y a pas de fortune plus honnêtement acquise que la vôtre, par la seule force du travail et de l'intelligence. Mais l'origine bourgeoise de Gabrielle l'oblige à une correction qu'elle n'observe pas, quand elle recherche de vulgaires réclames bonnes pour madame de Charmont, madame d'Aussonne ou autres vieilles banquistes. C'est un rôle que je ne permettrai pas qu'une Canoël prenne, et voilà pourquoi, après la visite de cet annoncier, j'ai voulu avoir un entretien avec vous, afin que vous me souteniez dans celui que je veux avoir ce soir même avec ma femme. Il ne faut pas que notre fête donne lieu à cette publicité, et je compte sur vous pour m'appuyer. Le voulez-vous?

Leparquois hésita un moment:

— Certainement, dit-il enfin, je comprends toute la force des raisons que vous venez de développer et auxquelles je n'avais pas réfléchi, je l'avoue ; pourtant, je voudrais ne pas causer un chagrin à Gabrielle... aujourd'hui.

— La fête ne nous laisse pas le choix de notre heure.

— Puisque vous avez recherché mon concours, c'est que vous sentiez qu'une discussion pouvait naître de vos observations, n'est-ce pas ?

— J'ai voulu que Gabrielle trouvât son père et son mari unis en face de mesdames de Ligny et de Baudemont.

— Je comprends, et je vous le répète, je suis avec vous, tout entier avec vous, car madame de Ligny et madame de Baudemont me gênent comme elles vous gênent, seulement je vous demande d'éviter une discussion, à Gabrielle... aujourd'hui.

— Aujourd'hui ? Voici deux fois que vous prononcez ce mot avec une insistance significative. Expliquez-vous.

— Lorsque vous m'avez dit tout à l'heure que vous vouliez me parler de Gabrielle, je vous ai répondu que j'espérais que vous n'alliez pas vous plaindre d'elle, voici l'explication de mes paroles en même temps que celle du mot « aujourd'hui ». Ce matin, après votre départ, Gabriel s'est trouvée souffrante, et j'ai envoyé chercher Proby...

— Elle ne m'en a rien dit lorsque je suis rentré.

— C'est que son malaise n'a pas eu de suites, et surtout c'est que Proby n'a pas eu avec elle la même franchise qu'avec moi; enfin, mon cher, il croit à une grossesse...

— Croit ?

— ... C'est-à-dire qu'il a constaté tous les symptômes de la grossesse.

— Et vous ne me le disiez pas.

— Vous ne m'avez pas laissé parler. Vous voyez maintenant pourquoi je vous demandais de ne pas faire vos observations à Gabrielle aujourd'hui.

— Ni aujourd'hui, ni demain, s'écria Geoffroy d'une voix vibrante; Gabrielle mère, mes griefs présents tombent, comme tombent aussi mes craintes pour l'avenir.

Leparquois lui prit les mains et les serrant avec émotion :

— Ah ! mon cher Geoffroy, quelle joie vous me donnez; je retrouve donc l'homme que depuis six mois je croyais perdu; matinée et soirée, la journée sera complète. Maintenant il n'y a plus qu'à penser à l'enfant, et pour moi je m'en suis déjà occupé. Aujourd'hui même j'ai engagé une affaire qui, à la fin du mois, doit rapporter un gros bénéfice. Ce sera la dot de l'enfant. Cinq ou six millions placés sur une tête d'un jour, font un joli capital à vingt ans.

VI

Tous deux étaient dans un état de joie violente, ils se regardaient en riant, le visage épanoui, les yeux émus, les mains frémissantes ; c'était le nom du père assuré, la fortune du grand-père triomphante ; pour le mari, sa femme conquise et avec elle la dignité, la sécurité du ménage ; pour le père, la paix définitivement établie avec sa fille et son gendre serrés dans une étroite intimité autour de ce berceau ; enfin pour tous deux, les inquiétudes qui les tourmentaient, à jamais dissipées, et les espérances des premiers jours du mariage redevenues radieuses.

— Vous ne pressentiez rien ? demanda Leparquois.

— Rien.

— J'aurais dû laisser Gabrielle vous faire cette joie.

— Me l'eût-elle faite ?

— N'en doutez pas.

— Il n'y a que quelques instants je l'entendais applaudir Ligny qui soutenait que la femme réellement belle doit n'avoir pas d'enfant.

— Opinion de conversation, soyez en sûr, et qu'elle n'aurait pas soutenue, je le parierais, si madame de Baudemont ou Théodolinda ne l'avait point partagée. Je vous assure que vous ne connaissez pas Gabrielle. Vous verrez quand la maternité l'aura peu à peu envahie, quels trésors de tendresse se cachent sous son abord froid et son vernis mondain : elle ne trouve pas ça chic de se montrer tendre, voilà la vérité. Par dignité, par fierté, vous n'avez pas insisté pour forcer cette tendresse à se trahir ; l'enfant n'aura pas cette réserve.

— Le passé est mort, n'en parlons plus ; notre vie commence aujourd'hui.

— Et je désire qu'elle commence pour tous les trois.

— Comment l'entendez vous ?

— Vous vouliez une explication avec Gabrielle; j'entends que nous en ayons une d'un autre genre ; lorsque nous serons tous les trois seuls, je lui annoncerai ce que m'a dit Proby; et vous verrez, vous verrez.

Ils arrivaient à l'hôtel, Geoffroy n'eut pas le temps de répondre que cette épreuve pouvait être imprudente ; d'ailleurs, sur quoi se fût-il appuyé pour faire ce chagrin à ce père plein de confiance en sa fille ? Sur le passé? Précisément il n'existait plus.

— Si nous la trouvons seule, dit Leparquois en montant le perron du vestibule, je vais tout de suite lui annoncer les espérances de Proby ; le dîner sera plus gai.

Mais ils ne la trouvèrent pas du tout ; le valet qui leur ouvrit la porte présenta un billet à Geoffroy que celui-ci, après l'avoir lu, tendit à son beau-père.

« Allons avec Théodolinda, Mesdames de Baudemont et Ligny (bien entendu), dîner à Saint-Germain. »

« Gabi. »

Leparquois fut déconcerté :

— Il est vrai qu'elle ne pouvait pas savoir, dit-il.

Cette explication ne leur rendit pas la gaieté, et le dîner en tête à tête, dans la vaste salle à manger où plus d'une fois ils s'étaient ainsi trouvés en face l'un de l'autre seuls, parce que Gabrielle dînait ici ou là, ne fut pas du tout ce que Leparquois avait imaginé.

Certainement elle ne pouvait pas savoir ; c'était ce qu'ils devaient se dire, ce qu'ils se disaient ; et cependant, ni l'un ni l'autre ne retrouvait les dispositions heureuses et confiantes de leur rentrée : ils mangeaient gravement sous les yeux vigilants du maître d'hôtel, et quand ils échangeaient quelques mots, c'était sur un sujet banal, pour parler, bien plus que se communiquer une idée.

— Vous avez des intentions de sortie? demanda Leparquois lorsqu'ils quittèrent la table.

— Aucune.

— Voulez-vous que nous fassions une promenade au Bois ?

— Volontiers.

— Vous ne trouvez pas que je vous exploite.

- Quelle idée !

— C'est que je ne suis jamais plus heureux que lorsque je vous ai vous et Gabrielle ; et c'est un plaisir dont je ne jouis pas aussi souvent que je voudrais.

— Mais...

— Ne croyez pas au moins que c'est un reproche ; si j'en avais à vous adresser, ce ne serait pas cette heure que je choisirais. Il est bien naturel que vous alliez à votre terre pour surveiller les réparations en train ; ce n'est pas moi qui vous en blâmerai. Il est bien naturel aussi, puisque vous aimez la peinture, que vous alliez travailler dans les ateliers de vos amis, quoique vous puissiez vous en construire un dans le jardin où vous seriez chez vous.

— Pas plus que vous, mon cher beau-père, je ne veux que dans mes paroles rien n'ait l'apparence d'un reproche qui, s'adressant à vous, manquerait de sens d'ailleurs ; mais enfin, il n'en est pas moins vrai que ce sont les fantaisies de Gabrielle qui ont fait mes absences. Gabrielle aurait consenti à m'accompagner à Canoël, que nos voyages n'eussent pas été bien fréquents, sans que la direction des réparations en souffrît ; elle eut accepté mon travail, mes manies si vous voulez, au lieu de les trouver vulgaires et ridicules, que j'aurais fait construire cet atelier dans le jardin.

— Je sais bien ; et je n'ai pas moins que vous souffert de ces fantaisies qui dérangeaient si désagréablement la vie que je m'étais arrangée, et que votre mariage devait, semblait-il, me donner : mes exigences n'étaient pas grandes, une causerie intime en dînant avec vous trois ou quatre jours par semaine ; le lundi, passer une heure dans votre loge à l'Opéra ; le mardi aux Français une heure aussi ; rentrer me coucher à dix heures, et le matin avant de partir pour mes bureaux, embrasser ma fille. Enfin, puisque je vous ai aujourd'hui, j'en profite. Gabrielle ne peut pas revenir de Saint-Germain avant dix ou onze heures. Nous rentrerons de bonne heure et nous l'attendrons pour lui faire notre surprise.

Comment la prendrait-elle, cette surprise? Geoffroy ne voulait pas poser cette question à son beau-père, mais il ne pouvait pas ne pas se l'adresser à lui-même.

Ce ne fut pas à dix heures que Gabrielle rentra, ce fut à minuit passé, et ces deux heures d'attente furent longues pour le mari comme pour le père, en tête à tête dans le salon orange du rez-de-chaussée. Leparquois impatient, Geoffroy inquiet et se demandant si la maternité allait réellement amener chez sa femme les changements auxquels il avait peut-être cru trop vite et trop facilement.

Comme on lui avait dit qu'ils l'attendaient, elle entra surprise dans le salon, et de la porte elle les enveloppa d'un coup d'œil curieux.

— Tu vois, nous t'attendons, dit Leparquois d'un ton qu'il voulait rendre insignifiant, de manière à ménager ses effets.

— C'est devant des juges que je comparais? répondit-elle d'un accent qui trahissait déjà la résistance.

— Oh! pas du tout, pas du tout.

— Alors?

— Je ne veux pas te faire languir; viens ici près de moi, et écoute un peu.

Il la regarda avec un sentiment de fierté heureuse.

— J'écoute, dit-elle.

Elle jeta son chapeau sur une table, et s'assit en face de son père dans un fauteuil bien confortablement en se taisant, comme si elle devait écouter là une histoire longue et ennuyeuse.

Mais aux premiers mots de son père, elle se redressa et devint attentive.

— Ce matin, j'ai rencontré Proby comme il sortait de chez toi.

— Ah !

Geoffroy, qui l'observait, remarqua qu'elle était fâchée d'avoir laissé échapper cette exclamation.

— Je vois, continua Leparquois, que tu devines ce qu'il m'a dit.

— Ce qu'il m'a dit à moi-même, sans doute.

— Et que t'a-t-il dit?

— Que mon malaise n'avait pas d'importance, qu'il passerait tout seul et naturellement.

Leparquois jeta à Geoffroy un coup d'œil significatif.

— C'est bien cela, dit-il.

— Quoi cela ? demanda-t-elle d'un air trop simple pour n'être pas affecté.

— Que nous n'avions pas à nous inquiéter.

— Et je ne suis pas inquiétée, tu vois, puisque j'ai été achever ma journée à Saint-Germain.

— Peut-être était-ce une imprudence, dit Geoffroy.

— Une imprudence d'aller à Saint-Germain en cette saison ? répondit-elle.

— Il est certain, continua Leparquois, qu'avec une belle santé comme la tienne, tu n'es pas tenue à des ménagements qui seraient indispensables à une autre ; cependant tu devras prendre certaines précautions, et le plus tôt sera le mieux.

— Des ménagements ? des précautions ? Et pourquoi ?

— Il semble que nous ne nous entendons pas, interrompit Geoffroy.

— Ce n'est certes pas ma faute, répondit Gabrielle avec une parfaite conviction.

— C'est la mienne, reprit Leparquois, j'aurais dû parler net; réjouis-toi, ma chère enfant, et partage notre joie: Proby croit que tu es enceinte.

Mais ce ne fut pas la joie qu'il attendait et guettait que trahit le visage de sa fille.

— Allons donc, s'écria-t-elle.

— Il a constaté en toi des signes de grossesse.

— C'est impossible.

— Il me l'a dit.

— Pourquoi ne me l'a-t-il pas dit à moi.

— Sans doute parce qu'il n'a encore que des présomptions et qu'il n'a pas voulu compromettre la science en te donnant une fausse joie.

— Tu vois donc, s'écria-t-elle vivement, que j'avais raison de te dire que cette grossesse était impossible.

— As-tu la prétention de croire que tu connais mieux que Proby les signes de la grossesse?

— Quand il s'agit de moi, oui.

— Proby est une autorité considérable.

Dès là qu'on avait été choisi par Leparquois on était considérable: considérables les peintres et les statuaires dont il achetait les œuvres; considérables son avocat, son médecin, ses chimistes, ses ingénieurs, son architecte; considérable aussi la noblesse de son gendre et telle qu'il n'en connaissait pas en France qui la valût.

— Si considérable que soit cette autorité, répondit Gabrielle, elle n'est pas infaillible, n'est-ce pas. Et d'ailleurs elle n'est pas en jeu cette autorité, puisqu'elle n'a pas affirmé la grossesse; toi-même tu parles de présomption.

— N'est-ce pas assez pour que nous nous réjouissions? Les présomptions d'un homme tel que Proby le permettent, il me semble. Enfin, ma chère enfant, c'est pour t'annoncer ces présomptions que nous avons voulu t'attendre, pour te faire la surprise de cette grande nouvelle: un an de mariage et pas d'enfant, sais-tu que ça devenait inquiétant.

— Pas pour moi.

— Allons, ne dis pas cela; et même le mieux est d'en rester là pour ce soir; nous saurons bientôt à quoi nous en tenir.

Ainsi Geoffroy ne s'était pas trompé en prévoyant que Gabrielle n'accepterait pas cette surprise avec la joie que son beau-père imaginait; mais ce qu'il ne comprenait pas, c'était l'obstination qu'elle mettait à repousser la possibilité de cette grossesse. Pourquoi?

V

Le mariage de Geoffroy et de Gabrielle s'était bien fait comme Leparquois l'avait dit, mais cependant sans que celui-ci donnât les raisons vraies qui avaient décidé cette fille ambitieuse et orgueilleuse, affolée de domination, à aller chercher un mari pauvre.

Autant le père était fier de son origine, autant la fille en était humiliée, comme elle l'eût été de la plus repoussante des infirmités. Enfant, elle avait plus d'une fois accompagné son père rue Sainte-Marguerite, et c'était le souvenir inoubliable des heures passées dans cette cave sombre où tout lui faisait horreur, où elle suait de honte tandis que son père vérifiait les comptes de la longue cousine noire, ou s'amusait à faire sonner dans sa main les quelques pièces de monnaie, prix d'une casserole vendue par lui, qui avait déterminé sa vie : tout pour que le monde étourdi, subjugué par le succès que lui donnait sa fortune, oubliât d'où venait cette fortune qui l'éblouissait.

C'était un Bas-Normand de Villedieu-les-Poêles qui l'avait commencée, cette fortune. Après avoir longtemps parcouru les campagnes, la hotte du chaudronnier sur le dos, il avait été pris d'ambition, et se sentant la force nécessaire pour réaliser les rêves poursuivis en marchant seul le long des grands chemins, ou en dormant la nuit dans les granges et les étables, il était venu à Paris pour s'enrichir et avait ouvert la boutique de la rue Sainte-Marguerite.

Difficiles avaient été les commencements ; quelquefois le pain manquait ; mais le mari et la femme, aussi durs l'un que l'autre aux privations, ne se plaignaient point, et ils y habituaient leur unique enfant, un gamin né aux champs qui, sans en souffrir, avait quitté les rives riantes de la Sienne pour les ruisseaux du faubourg Saint-Antoine.

Cependant, petit à petit, le travail, l'économie, surtout la finesse dans le commerce et la hardiesse dans les entreprises, avaient apporté l'aisance, puis un commencement de fortune, et quand, six ans après sa femme, le père était mort à son tour, le fils, âgé alors de vingt ans, avait eu la surprise de trouver un héritage de près de quatre cent mille francs.

Plus d'un à sa place, après dix années de jeunesse passées dans la cave de la rue Sainte-Marguerite à remuer de la ferraille eût voulu faire servir aux plaisirs de son âge cet héritage qui lui tombait du ciel; mais il était bien le fils du père qui, la hotte au dos, rêvait de s'enrichir; lui, en vendant ses vieux fers, avait rêvé la fortune.

Faisant venir une parente de Villedieu, il lui avait donné à tenir la boutique paternelle, et modestement, aux appointements de cent vingt francs par mois, il était entré chez un lamineur de la rue Sainte-Avoye.

Ce n'était pas pourtant que le métier de commis eût pour lui des attraits particuliers, mais il voulait étudier à fond l'industrie des métaux, et il ne reculerait pas devant l'ennui de commencer par le commencement

Un mot que son père répétait souvent lui était resté dans la mémoire : « On gagne plus à vendre des harengs saurs que des truites » ; et avait dirigé son choix : limité l'emploi de l'or et de l'argent; illimité celui du cuivre dans la petite industrie parisienne qui, pour ce seul quartier, ne comprend pas moins de vingt-cinq à trente mille ouvriers ou petits patrons. Travaillant avec un camarade ou un apprenti, ces petits patrons n'ont pas d'avances, et c'est tout juste, bien souvent, si le matin ils trouvent les quarante sous nécessaires à l'achat du métal qu'ils vont transformer en bijoux: pas de crédit chez le lamineur, on est donc exposé à ne pas travailler, faute de matière première.

C'était cette clientèle que Leparquois voulait gagner, « les harengs-saurs » comme il les appelait; et il ne lui avait pas fallu longtemps pour connaître ceux qui méritaient confiance ; il les avait fait parler; il les avait écoutés, s'intéressant à leurs plaintes, croyant à leurs espoirs en un lendemain sûr; et quand, à la crèmerie de la rue du Temple où il mangeait, on avait essayé de lui emprunter les quarante sous sauveurs, il les avait presque toujours tirés de sa poche de pauvre commis, ne demandant que le silence pour tout remerciement du service rendu. En quelques années s'il avait perdu deux ou trois cents francs, il avait gagné cette clientèle qui l'aurait suivi partout où il aurait voulu s'établir. Il n'avait pas été loin, simplement chez son patron: « Vendez-moi votre maison, ou je vous monte une concurrence. » Comme le prix offert était à peu près juste, et que cette concurrence dont on le menaçait eût été la ruine, le patron avait dû céder.

En cinq ans, cet atelier modeste à ses débuts avait pris la tête de ceux qui font le plus gros chiffre d'affaires à Paris, et alors Leparquois, répétant son moyen de procéder employé déjà rue Sainte-Marguerite, avait fait venir un cousin de Villedieu pour le lui donner à diriger, tandis que lui-même achetait, en province, deux importantes usines où se faisaient en grand la fonte et le laminage des métaux.

Elles ne l'avaient pas plus retenu que la boutique de la rue Sainte-Marguerite ou l'atelier du quartier Sainte-Avoye, n'étant, pour lui, qu'un point de départ; et l'ambition croissant avec le succès, il avait, en vingt ans, trouvé le moyen de mettre la main dans les affaires de ses rivaux. Avec tous, sa manière d'agir était la même ; quand il avait savamment préparé ses approches, il se présentait franchement et faisait ses propositions: « L'association ou la guerre, la fortune avec moi, ou sans moi la lutte et la ruine. » Des résistances s'étaient rencontrées, alors il avait engagé la guerre de façon à ce qu'on comprît que tout valait mieux que de l'avoir pour ennemi : bon homme pour ceux qui acceptaient son intrusion et subissaient le partage, il devenait implacable pour ses adversaires.

C'est ainsi que le fils du rétameur, parti de la rue Sainte-Marguerite lesté de quatre cent mille francs, était arrivé à une puissance financière avec laquelle le monde des affaires comptait : la position qu'il prenait à la Bourse en décidait beaucoup d'autres, car il semblait s'être associé avec la fortune bien plus encore qu'avec ses concurrents, et l'on savait qu'en le suivant on serait sûrement dans le train.

Quand il avait abandonné son atelier de laminage,

il s'était offert un luxe dont l'envie le tenait depuis longtemps, celui d'un appartement au coin du boulevard Voltaire et du Château-d'Eau, où, de son balcon, on voit passer les enterrements mémorables qui montent au Père-Lachaise. C'était là qu'il s'était marié avec une belle juive, fille d'un riche marchand de pierreries, et que, dans cet appartement, superbe à ses yeux, il avait installé sa jeune femme, lui offrant un mobilier choisi chez le meilleur fabricant du faubourg Saint-Antoine, avec bronzes de la rue de Turenne, tapis français à fond blanc enguirlandés de fleurs claires, et bibelots artistiques achetés au *Louvre* et au *Bon-Marché.*

Mais de même que l'atelier de lamineur, les usines en province, les mines à l'étranger, les grosses spéculations, les Sociétés fondées par lui n'avaient pas suffi à son ambition chaque jour grandissante, il était arrivé un jour où cet appartement ne s'était plus trouvé en accord avec sa position : aucun de ceux qu'il voyait maintenant ne demeurait boulevard Voltaire. Sa femme venait de mourir ; Gabrielle sortait du couvent ; une camarade de princesses et de marquises pouvait-elle vivre dans cet appartement bourgeois dont les anciennes splendeurs pâlissaient à mesure que se faisait l'éducation de ses yeux : à la vérité les tapis d'Orient remplaçaient les tapis français, les bronzes de Barbedienne les bibelots du *Bon Marché,* mais cet appartement était toujours un simple appartement, et le boulevard Voltaire restait au coin du Château-d'Eau.

Son notaire alors lui avait proposé l'hôtel du boulevard Haussmann, habité quelques mois à peine par celui qui s'était ruiné à le construire; mais, après l'avoir visité, Leparquois s'était retiré confus. Que ferait-il là-dedans? Bien que ses succès lui eussent donné au plus haut point l'orgueil de la richesse, il lui était resté de son premier état une certaine timidité que l'on rencontre chez beaucoup de parvenus, qui les rend mesquins dans leurs idées comme dans leurs dépenses et les empêche de s'ouvrir au sentiment du grand et du large. Sa fortune lui permettait l'achat de cet hôtel, son origine le lui défendait; il avait peur de ne pas s'y trouver à sa place.

Mais Gabrielle élevée boulevard Voltaire, non rue Sainte-Marguerite, et qui depuis son enfance entendait parler de millions, n'avait pas les mêmes timidités que son père; au couvent elle s'était liée avec des compagnes qui, par leur naissance ou la situation de leurs familles, comprenaient la grande vie autrement qu'une fille de bourgeois, et cette conception elles la lui avaient fait accepter d'autant plus facilement, qu'elle ne demandait qu'à suivre leurs leçons et leur impulsion.

Quand son père, en revenant de visiter l'hôtel, lui avait annoncé qu'il renonçait à l'acheter « parce qu'il serait déplacé au milieu de ces splendeurs », elle s'était fâchée.

— On est déplacé nulle part, lorsqu'on est assis sur un trône d'or.

Il était assez disposé à reconnaître les vertus du trône d'or; cependant la crainte de commettre des maladresses et de faire rire dans la mise en mouvement de la machine domestique nécessaire à cet hôtel, l'avaient retenu jusqu'au jour où, par l'entremise de Théodolinda, Gabrielle avait découvert une gouvernante extraordinaire qui pouvait être en même temps une grande maîtresse de cérémonie. Et cette vieille fille, qui savait l'étiquette jusque dans ses futilités, avait vaincu ses dernières résistances, en lui proposant un train de maison bien fait pour rassurer les plus timorés; à la cuisine, un chef, trois aides et deux filles de service; un maître-d'hôtel avec trois valets de chambre, dix valets de pied, trois femmes de chambre, une lingère, une argentière, un sommelier; pour l'écurie, un premier cocher avec deux autres sous ses ordres, six hommes d'écurie et deux grooms, huit grands carrossiers et quatre autres pour la nuit; enfin, une livrée bleue avec galon d'argent; c'était là évidemment de quoi inspirer confiance et avoir la certitude que personne ne rirait d'une maison ainsi mise sur ce pied et dirigée comme cette respectable personne semblait le devoir faire.

L'hôtel avait été acheté, et Gabrielle eut la gloire, un dimanche de printemps, quand une partie de tout Paris montait le boulevard pour aller aux courses, de franchir la grande porte de cette riche demeure, menée par son premier cocher, avec deux valets de pied à la livrée bleue galonnée d'argent derrière elle: voiture, attelage, cocher, étaient d'une correction irréprochable, et les regards approbatifs qui s'adressaient à eux lui furent plus doux que ceux que provoquait sa jeune beauté dans son premier épanouissement.

Mais l'hôtel n'était qu'un premier pas vers le mari qui devait l'introduire dans la grande existence, un simple moyen d'action, un outil entre ses mains, qui serait inutile si elle n'apprenait pas à s'en servir adroitement.

Depuis longtemps, ses idées sur le mariage qu'elle voulait étaient fixées, et les conditions que devaient réunir son mari, sévèrement discutées avec Théodolinda, à qui sa qualité de princesse, son âge et son caractère donnaient une autorité incontestée, arrêtées aussi en une seule, qui tenait lieu de tout — la naissance. Qu'il fût riche, intelligent, tendre, aimable, n'étaient que des points secondaires; riche, elle l'était pour deux, de même intelligente: il fallait qu'il eût un nom; à lui d'avoir de la naissance pour deux et par elle de faire d'une fille de parvenu une femme du monde.

Lorsqu'au couvent, dans leurs longues causeries, elles formulaient cette règle de vie, il semblait que sa réalisation dût être aussi facile que prompte: avec sa fortune, Gabrielle n'avait qu'à paraître pour que les maris vinssent s'offrir d'eux-mêmes. Cependant, il n'en avait pas été ainsi. A la vérité, il s'en était présenté, mais ils sortaient de la finance ou des affaires, barons autrichiens, comtes romains ou même simples rastaquouères, marquis en Espagne ou princes n'importe où, ne comptant pas dans le monde parisien, pas plus celui de la naissance que celui de l'argent. Que Théodolinda acceptât un comte de Ligny(?), il le fallait bien; celui-là ou personne; la misère toute seule ou la lutte avec lui, et pour champ de bataille Paris, Rome et Vienne, c'est-à-dire en fin de compte la fortune possible. Mais le cas de Théodolinda n'était pas le sien; la fortune, elle l'avait dès maintenant, sans lutte, sans la gagner; ce n'était ni à Rome ni à Vienne qu'elle voulait briller, c'était à Paris qu'elle attendait la royauté avec la couronne de duchesse, de comtesse ou de marquise qui devait un jour lui tomber sur la tête.

Ce jour avait tardé. Au commencement elle ne s'en était pas tourmentée. Mais peu à peu l'impatience l'avait gagnée. Elle perdait du temps. Et puis ce nom de Leparquois la gênait, l'humiliait et elle avait hâte de l'enterrer. De princesse elle était descendue à duchesse, puis à marquise, puis à comtesse, mais sans que ces concessions fissent venir le marquis ou le comte qu'elle attendait. Et pendant ce temps, les prétendants que son père lui offrait défilaient, honteusement renvoyés à leur banque ou à leurs affaires.

C'était alors que Théodolinda lui avait parlé d'un comte de Canoël qui semblait réunir les qualités exigées. A la vérité, il n'était ni prince, ni duc, simplement comte, mais appartenant à la plus ancienne et à la meilleure noblesse, ayant son nom inscrit à Dives sur la colonne qui garde le souvenir des compagnons de Guillaume-le-Conquérant, enfin, allié à de grandes maisons de France et d'Angleterre. Ruiné, il est vrai, par son père, qui avait englouti sa fortune à faire courir, mais cela était de peu d'importance, et même cette ruine avait eu cela de bien, de donner la célébrité au nom de Canoël, connu de tous ceux qui, depuis trente ans, ont mis le pied sur un hippodrome ; d'ailleurs galamment, noblement ruiné, avec honneur. L'homme, jeune encore, beau garçon, bon garçon, un peu réservé seulement; pas du tout son père, qui était un vrai Parisien, lui plutôt provincial, ne s'occupant pas de chevaux, mais fréquentant les ateliers, peignant un peu, passionné pour les choses d'art. C'était ainsi que Ligny l'avait connu, et il faisait de lui le plus grand cas.

Le mot provincial avait effrayé Gabrielle, mais il semblait être celui d'une situation, plutôt que d'un caractère. Ruiné, Geoffroy de Canoël ne pouvait rester à Paris, et il avait dû habiter avec sa mère, morte depuis peu, dans leur château, célèbre autrefois par son haras, maintenant délabré, ne venant à Paris que de temps en temps. Justement il s'y trouvait en ce moment, et comme il demeurait rue de Laborde, il y avait chance de le voir passer quand le matin il montait le boulevard pour aller faire une promenade; bien qu'il eut les courses en horreur et pour cause, c'était un cavalier élégant et correct; en se mettant à une fenêtre Théodolinda pourrait le lui montrer.

Cet arrangement accepté et Geoffroy s'étant trouvé l'homme que disait Théodolinda, chaque jour Gabrielle avait paru à sa fenêtre juste au moment où il passait. La première fois, la seconde il n'avait rien vu ; la troisième il l'avait aperçue, la quatrième cherchée ; et depuis, à l'aller comme au retour, il avait mis son cheval au pas pour mieux lever la tête.

C'était alors qu'elle avait déclaré à son père que le comte de Canoël serait son mari, lui et non un autre.

— Canoël ?

Elle avait expliqué ce qu'était ce Canoël, sans oublier la colonne de Dives.

— Ruiné !

— S'il n'était pas ruiné m'accepterait-il pour femme ?

— Avec ta fortune tu peux choisir le mari que tu veux.

— Dans le monde de l'argent, tu as raison ; dans celui où je veux figurer et en belle place, à la première, rien n'est moins sûr. Je ne me fais pas illusion et je pèse juste ce que nous sommes : des enrichis, pas même d'hier, mais d'aujourd'hui et dont la richesse est criarde comme de la dorure toute neuve ; si encore elle était vieil or. Je n'ai pas à te rappeler d'où venaient les maris que tu m'as jusqu'à ce jour proposés, tu le sais comme moi. Et il n'y a rien d'étonnant à cela ; nous n'avons pas de relations. Avec ta fortune, nous sommes plus isolés dans cet hôtel que tu ne l'étais il y a vingt ans, dans ton appartement du Château-d'Eau. Ceux que tu me proposerais encore auraient la même origine, et je les refuserais comme les précédents, puisqu'ils ne pourraient pas me donner ce que je veux : — le prestige et l'autorité du nom. La richesse a cela de bon et de beau, qu'elle nous permet d'écraser les autres ; mais elle ne suffit pas. Quand les gens passent devant cet hôtel, il pèse sur leurs épaules de tout l'argent qu'il a coûté à construire, mais ils se sont éloignés à peine de quelques pas, qu'ils se redressent et se vengent ou se consolent en criant que tu n'es qu'un parvenu. Eh bien, je veux que mon mariage, que mon titre, que mon nom s'ajoutant à ta fortune, ne permettent pas ce redressement. M. de Canoël n'a pas de fortune, moi je n'ai pas de naissance ; nous n'aurons ainsi rien à nous reprocher, et notre association sera faite de ce que nous apportons chacun de notre côté. De plus, à son manque de fortune, il y aura cet avantage que tu pourras le maintenir dans ta dépendance, ce qui est important pour l'avenir et me permettra de le conduire, sans qu'il pense à résister, par les chemins où je veux le faire passer. Accepte donc ce mariage qui est peut-être une folie à tes yeux, mais une folie raisonnée, tu le vois ; et même si tu veux être sage, n'essaie pas de le retarder. Tu en as assez du genre de vie que je t'impose depuis ma sortie du couvent : les promenades, les théâtres, les expositions te fatiguent et te troublent ; tu as besoin de liberté et de repos pour tes affaires. Un mari te débarrassera de ces corvées. Je pourrai les lui imposer sans scrupules, et s'il ne les accepte pas toutes, il me sera permis quelquefois d'aller seule où je voudrai, puisque je serai mariée.

C'était ces explications que Leparquois n'avait pas données à Geoffroy, un peu, parce qu'elles n'étaient pas avouables et, beaucoup, parce qu'il ne se les rappelait guère. Ce qui l'avait surtout touché dans la demande de sa fille, c'était le fait romanesque de la fenêtre, preuve, à ses yeux, d'un amour véritable, et même en quelque sorte fatal; c'était ce fait qui avait forcé son consentement, et par conséquent qu'il avait gardé dans sa mémoire.

VI

Décidé à accepter le comte de Canoël, il fallait arriver à faire sa connaissance d'une façon naturelle et lui inspirer, non moins naturellement, l'idée d'épouser la belle jeune fille qu'il avait remarquée. Avec l'esprit d'intrigue inné en elle et développé d'ailleurs par l'usage, Théodolinda avait trouvé le moyen d'amener ce double résultat.

Comme la terre de Canoël, grevée de lourdes hypothèques, était à vendre depuis assez longtemps sans trouver d'acquéreur, Ligny, sous la dictée de sa femme, avait écrit à Geoffroy qu'il connaissait un riche, un très riche capitaliste qui désirait acheter une terre importante en Normandie avec château, prairies, bois, en lui demandant si la sienne répondait aux conditions exigées. Une correspondance s'était engagée; puis jour avait été pris pour visiter le château, et Geoffroy avait eu la surprise de voir tomber chez lui la belle jeune fille du boulevard

Haussmann, accompagnée de son père et de son amie, la comtesse de Ligny.

— Comment s'aborderait-on ? La question avait été examinée entre les deux amies.

Devait-elle feindre de ne pas le reconnaître ? Ou bien, au contraire, avouer franchement qu'elle venait à lui ?

Ne pas le reconnaître, c'était perdre les avantages que le manège de la fenêtre avait pu déjà produire et, de plus, c'était une hypocrisie qui, peut-être, l'indisposerait contre elle.

D'un autre côté, procéder par un aveu franc était dangereux aussi ; elles ne savaient presque rien de son caractère et, comme il pouvait être au nombre de ceux qui se sauvent par cela seul qu'ils voient qu'on va courir sur eux, il était bon d'agir prudemment.

Elles s'étaient donc arrêtées à un moyen terme : elle laisserait paraître qu'elle le reconnaissait, discrètement, confidentiellement, de façon à ce que cela ne pût être compris que de lui et fût un secret entre eux ; en même temps, elle montrerait une heureuse surprise :

— Vous ! L'élégant cavalier que je ne pouvais m'empêcher d'admirer ; l'inconnu qui levait la tête vers moi lorsqu'il passait, c'est vous ! Mais alors, cette rencontre est providentielle.

Les choses se passèrent ainsi et Théodolinda, qui suivait le jeu de Gabrielle, en fut satisfaite : évidemment il acceptait la rencontre providentielle.

La visite du château commença sous la direction

de Geoffroy, qui n'avait jamais pris cette peine pour aucun amateur et, bien que très correctement, ce fut toujours à Leparquois qu'il s'adressât, par ses regards, c'était à Gabrielle qu'allaient ses paroles.

— Il est pris, dit Théodolinda en restant à un certain moment en arrière avec son amie, achève-le.

Gabrielle n'avait pas besoin de ce coup d'éperon, elle voyait l'effet qu'elle produisait et s'appliquait à user intelligemment de son succès : qu'il fût sensible à sa beauté, cela n'était pas une révélation pour elle, il le lui avait déjà dit en passant sous ses fenêtres ; ce qu'il fallait maintenant, c'était se conduire de telle sorte qu'elle laissât un souvenir ému dans son esprit et dans son cœur.

Partout ailleurs, elle eut trouvé qu'un vieux château, délabré comme celui-là, n'était qu'une ruine bonne pour loger des hiboux ; et son mobilier qui, en grande partie, datait de l'empire, qnand les Canoël étaient rentrés de l'émigration, eut été le sujet de ses plaisanteries. Mais, par Ligny, elle savait que ce n'était ni la lassitude, ni le dégoût qui faisaient vendre cette ruine qu'il aimait, au contraire filialement ; pour lui plaire, elle n'avait donc qu'à paraître partager ses sentiments ; aussi tout ce qui, dans leur rapide promenade, défilait devant ses yeux, provoquait-il son admiration ou sa vénération.

Ce fut du recueillement qui la saisit quand elle entra dans la salle des gardes, vaste, haute et sombre, dont les solives sculptées racontaient un poème. La salle à manger, avec la cheminée en marbre blanc et en granit rose, était merveilleuse. Le large escalier, dont les rampes en pierre se suivaient en carré, était ce qu'elle avait vu de plus beau en ce genre. Dans la chambre où avaient couché Louis XIII et Louis XIV, on put croire qu'elle allait se mettre en prière. Mais, où elle fit la plus longue station, ce fut dans le donjon transformé en chartrier, où, sur des rayons poussiéreux, dormaient les archives des Canoël. Respectueusement, elle demanda à Geoffroy d'ouvrir un des registres relié en parchemin jauni et, comme elle ne pouvait pas lire l'ancienne écriture dont l'âge avait à demi effacé l'encre, en même temps qu'il jaunissait le velin, elle le pria de l'aider et, tandis que, Leparquois accoudé avec Théodolinda à une fenêtre regardaient les jardins, ils lurent ensemble, penchés sur le même feuillet, la barbe de Geoffroy effleurant la joue de Gabrielle :

« Contrat de mariage.

« Pardevant les conseillers du Roy, notaires au Châtelet de Paris, soussignés, furent présents : très haut et très puissant seigneur Geoffroy, comte de Canoël, mestre de camp d'un régiment de cavalerie, gouverneur, pour Sa Majesté, de Saint-Jean-Pied-de-Port, seigneur châtelain de...

Elle eût lu ce contrat jusqu'au bout, si son père, qui s'ennuyait, ne les avait pas, malgré Théodolinda, dérangés pour continuer leur visite.

Sans doute, c'était quelque chose d'admirer le château des Canoël, quelque chose aussi de s'intéresser à l'histoire de leur maison, mais ce qui eut été mieux encore, c'eut été de pouvoir s'adresser à Geoffroy de façon à le toucher directement ; leur entrée dans une vaste pièce qu'il avait aménagée en atelier lui en fournit l'occasion.

Au lieu de passer vite, comme l'aurait désiré son père, qui pensait toujours à l'heure du train, elle voulut s'arrêter devant chaque étude que rencontraient ses yeux, et alors c'étaient des compliments qui, pour n'être pas formulés avec le mot propre, n'en chatouillaient pas moins Geoffroy agréablement ; ce n'était pas ce qu'elle disait qui le touchait, mais la manière dont elle le disait, le charme de son sourire, la musique de sa voix. Sans doute, M. de Ligny l'avait prévenue, mais elle n'imaginait pas cependant que l'émail pût être un art aussi charmant ; c'était une révélation.

Le château parcouru, on descendit dans les jardins, d'où l'on passa dans les herbages du haras ; alors elle eut des admirations attendries pour les boxes des poulinières que le père de Geoffroy avait fait construire, avec un certain luxe, une année où un grand cheval lui avait gagné le *Derby*, le *Grand-Prix* et le *Cambridgshire* ; elle voulut aussi se faire expliquer quelle était la vie des yearlings dans leurs paddocks.

— Mon notaire s'entendra avec le vôtre, monsieur le comte, dit Leparquois, au moment de monter en voiture pour regagner la station.

En effet, les deux notaires s'étaient entendus, et ils avaient décidé qu'au lieu d'un contrat de vente, un contrat de mariage vaudrait beaucoup mieux pour les deux parties, — et même pour eux.

Et un mois après, ils avaient la satisfaction de le faire signer à leurs clients. Comme Gabrielle l'avait demandé, il était rédigé de façon à ce que son mari fût dans la dépendance de son beau-père d'abord et, plus tard, dans celle de sa femme ; sans résister, Geoffroy avait tout accepté; que lui importait, ce n'était pas une fortune qu'il épousait.

VII

Se mariant pour avoir un nom et une maison, Gabrielle aurait voulu ouvrir cette maison au monde parisien le lendemain même du jour où elle devenait comtesse de Canoël ; mais la réalisation de ce désir avait rencontré des résistances dont son impatience s'était exaspérée.

Contre celles qui provenaient de l'état de l'hôtel, elle ne pouvait que se résigner : ou recevoir tout de suite dans ses appartements tels qu'ils étaient, ou attendre que les ouvriers eussent achevé la galerie des fêtes sur laquelle elle comptait pour frapper un coup d'éclat.

Mais, contre celles que lui opposait son mari, il n'en avait pas été de même. En voyant ces projets, Geoffroy avait doucement fait observer que, pour inviter les gens chez soi, il faut être en relations avec eux, et que ces relations ne s'établissent convenablement qu'avec le temps. Il eut passé sa jeunesse à Paris, il pourrait, dès maintenant, les lui offrir. Mais ce n'était point son cas. Ses classes achevées, il avait voyagé; puis, à son retour en France, à la mort de son père, il s'était établi à Canoël auprès de sa mère malade, ne faisant à Paris que de courts séjours, de temps en temps, et alors s'occupant plutôt des affaires embrouillées de son père que de plaisirs mondains. Sans doute, ces négligences n'avaient point rompu les liens de parenté ou d'amitié qui l'unissaient à plusieurs grandes familles, mais encore fallait-il commencer par resserrer ces liens, ce qui n'était point l'affaire d'un jour. Au lieu de se rendre à ces objections, elle avait tout mis en jeu, prières, tendresses, brouilles, colères pour brusquer les choses et, quoiqu'il pût dire, le jour fixé pour sa première fête avait été celui de l'achèvement des travaux. On était en mai; si elle ne profitait pas de la fin de la saison, il faudrait attendre à l'année suivante et c'était dix mois perdus pour sa gloire.

Cette résistance qui, tout d'abord, l'avait dépitée, avait eu cela de bon, cependant, de lui permettre de tenir son mari en dehors de l'organisation de sa fête: il faisait de l'opposition, on se passait de lui, ne lui demandant que de surveiller les entrepreneurs et de les presser; et, sans se défendre, il avait accepté cette expulsion: le temps des illusions s'était vite écoulé pour lui; il commençait à connaître sa femme, ses goûts, ses idées, ses ambitions et savait qu'il ne gagnerait rien à lutter; si elle avait besoin de leçons ce ne seraient pas celles qu'il essayerait de lui donner qui lui profiteraient.

Alors un conseil, composé de Théodolinda et de madame de Baudemont, avait réglé cette organisation et arrêté la liste des invités, discutant chaque nom, l'épluchant pour être bien certain de n'avoir que la crème du monde parisien. Ce n'était point pour les amis de son père, financiers, industriels, administrateurs de grandes compagnies, leurs femmes et leurs filles qu'elle donnait cette fête ; si elle avait voulu ces gens-là, elle les aurait eus depuis longtemps sans attendre son mariage ; ce n'était pas davantage pour la colonie étrangère qui va partout où l'on s'amuse, tous rastaquouères à ses yeux, les Américains, Cubains, Brésiliens ou autres exotiques; mais c'était pour le monde d'où une fille de parvenus comme elle se trouvait justement exclue, et où une Canoël devait non moins justement prendre la place qui, de droit, lui appartenait.

Théodolinda arriverait accompagnée de son archiduc, ce qui donnait tout de suite à la fête un auguste panache que célébreraient les journaux; mais, comme au dernier moment, il s'était dérobé, elle avait en toute hâte fait venir son prince romain, offrant, en plus, ses Américains, que Gabrielle et madame de Baudemont s'étaient entendues pour refuser :

— Pas d'étrangers.

— Mais l'archiduc ?

— Pas de parvenus.

— Pas de marchands.

Pour la première fois, un désaccord se produisait entre les amies, et bientôt un autre l'avait suivi.

Quelle serait la toilette de Gabrielle? Porterait-elle ses pierreries, ou bien afficherait-elle une simplicité audacieuse. Gabrielle, qui savait ce que ses diamants et ses perles coûtaient, voulait les montrer. Théodolinda et madame de Baudemont, qui ne pouvaient pas lutter avec elle, prêchaient la simplicité.

— Ce serait une originalité.

— Du dédain.

— De l'insolence.

Mais l'originalité, le dédain, l'insolence, que cependant elle aimait tant, ne l'avaient pas cette fois emporté; observations, railleries, épigrammes, démonstrations des amies s'étaient émoussées contre la vanité et l'ambition.

— Je ne serais pas en harmonie avec mon hôtel.

En harmonie avec l'hôtel! Que d'obligations ce mot n'avait-il pas jusqu'à présent imposées au père et à la fille. Le jour même de leur installation, Gabrielle l'avait tout de suite réalisée cette harmonie: née dans un palais héréditaire, elle n'aurait pas fait meilleure figure, croyait-elle; froideur, indifférence superbe, air de ne s'intéresser à rien, dignité, fierté, c'était la perfection de la correction, telle qu'elle la comprenait. Mais il n'en était pas de même de Leparquois qui, lui, n'avait jamais pu ni attraper ni la froideur, ni l'indifférence, s'intéressait à tout ce qui lui appartenait, et se laissait surprendre à chaque instant, comme s'il rapprochait la valeur vraie des choses du prix qu'elles lui coûtaient; lorsqu'il s'arrêtait devant un de ses tableaux. Il n'était pas difficile de deviner qu'il se demandait si réellement ce morceau de toile, recouvert de couleurs, valait les cent mille francs qu'il avait déboursés pour l'acheter et s'il les retrouverait ; de même, lorsqu'il suivait des yeux un de ses valets de pied superbe et majestueux, il était facile de voir qu'il se disait tout bas : « Toi, mon gaillard, tu ne vaux pas les trois mille francs que tu me coûtes par an. »

C'était cet argument personnel que Théodolinda, dépitée, avait lancé en dernier :

— Décidément, tu retournes à ton père.

Mais sans qu'il produisît plus d'effet que les autres ; quand une femme a des pierreries qui valent deux millions, elle ne les garde pas dans des écrins.

Sans le concours de ses amies, elle s'était entendue avec son couturier qui lui avait fait une robe de conte de fées : lourde, éblouissante en drap d'argent, s'ouvrant sur un tablier formé d'un réseau de perles, le corsage plastronné de perles et de diamants ; des diamants couvriraient les épaules ; elle porterait des diamants en couronne dans les cheveux, des diamants partout ; sous les feux de la lumière électrique, ce serait à faire cligner les yeux.

Et, réellement, l'effet cherché s'était produit ; quand, descendant de son appartement pour rejoindre son père et son mari qui l'attendaient, elle avait traversé le vestibule, où déjà les valets se trouvaient à leur poste, son rapide passage avait été celui d'une constellation qui laisse derrière elle un sillon lumineux.

VIII

En la voyant entrer dans le salon où il causait avec son gendre, Leparquois eut un sourire de joie orgueilleuse, et il resta en admiration devant elle, ému de la beauté de sa fille, autant qu'ébloui par les feux des diamants de la robe de fée.

— A la bonne heure, dit-il, tu fais honneur aux petits cadeaux de papa.

La façon dont il prononça « petits cadeaux » disait, pour qui le connaissait, qu'en cette circonstance il n'était point inquiet de ses déboursés et qu'il en avait pour son argent. Bien que d'ordinaire il s'appliquât à être discret avec son gendre, il ne put pas imposer silence à sa vanité :

— Quand on pense, dit-il, qu'elle porte cent mille francs de rente sur elle.

Mais Geoffroy ne partagea pas cet enthousiasme, et même un nuage, saisi par Gabrielle, assombrit son regard.

— Je ne suis pas à votre gré ? demanda-t-elle.

— Vous savez que personne ne vous admire comme moi.

— Alors, c'est cette toilette qui vous déplaît ?

— Elle est superbe.

— C'est une ironie, n'est-ce pas, votre superbe ? Qu'avez-vous à lui reprocher ?

— Rien ; si ce n'est que j'aurais préféré vous la voir ailleurs qu'ici.

— Parce que?

— Parce qu'ici vous êtes chez vous, et qu'il est plus séant de laisser à ses invités la première place que de la prendre soi-même.

— C'est singulièrement manifester sa satisfaction de me voir occuper cette première place.

— Votre beauté vous l'aurait donnée sans que personne pût s'en blesser.

— Puisque personne n'est encore arrivé, dit Leparquois, pour couper court à ces propos qui l'inquiétaient et le peinaient, il serait peut-être bon de passer la revue du maître un peu partout.

Des salons de réception éclairés avec des lampes et des bougies, qui leur donnaient une clarté discrète, ils passèrent dans la salle de bal resplendissante de lumière électrique. Déjà les musiciens étaient installés sur leur orchestre et, dans des poses affaissées, ils s'abandonnaient, en attendant l'heure du travail, à l'accablement des nuits passées sans sommeil, indifférents aux splendeurs qui les entouraient, sensibles à la seule pensée que, grâce à cet éclairage, ils n'auraient pas trop chaud quand la salle serait remplie.

En ce moment, elle était complètement vide et son illumination, qui tombait sur les divans en brocard bleu dont tout son pourtour était meublé, donnait, pour la première fois, sa valeur à la décoration du plafond et de la frise si fraîche, si radieuse que Gabrielle qui, d'ordinaire, ne se laissait guère toucher par les choses d'art, en fut ravie.

— Vous auriez dû fixer un rendez-vous à l'architecte pour ce moment, dit-elle à son mari ; nous aurions pu le complimenter.

— Et ce n'aurait été que justice, ajouta Leparquois.

Ainsi, c'était à l'architecte que des compliments devaient être adressés : pour sa femme comme pour son beau-père, la part qu'il avait prise à la construction et à la décoration de cette galerie, ne comptait pas ; mais devait-il s'en étonner, le temps était loin où Gabrielle s'intéressait à ses études et ne pouvait se décider à quitter l'atelier du château de Canoël ; maintenant, quand par extraordinaire on faisait allusion à ses émaux, elle en paraissait humiliée, comme si c'était un travail et des goûts indignes d'un homme de son rang.

Elle ne resta pas longtemps sur cette idée et, traversant la salle, suivie de son père et de son mari, elle se dirigea vers un grand dressoir qui, à l'autre bout de la galerie, faisait face à l'orchestre ; il était recouvert de voiles de gaze rose et, de chaque côté, deux laquais en livrée de gala, les plus beaux et les plus décoratifs de la maison, se tenaient en faction, immobiles et raides comme s'ils montaient la garde.

— Enlevez ces voiles dit Gabrielle.

Lorsque le dressoir fut découvert, il apparut tout couvert d'accessoires du cotillon, disposés en bel ordre comme l'eût pu faire le plus habile des commis dans l'art de l'étalage ; mais à côté de ce qui se voit partout: écharpes en soie ou en gaze, écrans, tambourins, rubans, houlettes fleuries, potiches et autres petits objets sans valeur réelle, en belle place pour frapper les yeux et provoquer les convoitises, s'exhibaient des bijoux de prix : porte-bonheur en or, porte-cigares, éventails peints, épingles de cravate avec perles fines, bagues avec pierreries, paniers garnis de fleurs, bourses à mailles d'or ou d'argent, étuis émaillés, flacons, bonbonnières en vermeil, petits tableaux, aquarelles, colliers, bracelets; une véritable montre de bijoutier.

Gabrielle se tourna vers son père :

— Tu vois, dit-elle, que ton argent a été bien employé.

Alors, celui-ci s'adressant à son gendre avec un sourire modeste :

— C'est une petite surprise, dit-il.

Geoffroy n'ayant rien répliqué.

— Comment la trouvez-vous? demanda Leparquois.

— Il n'y a pas de valeurs à lots? dit Geoffroy.

— Tiens! c'est une idée, répondit Leparquois, à qui il fallait un certain temps pour comprendre l'ironie.

Mais Gabrielle avait l'esprit plus prompt que son père et, dans la crainte qu'on se moquât d'elle, elle se tenait toujours en éveil, sur ses gardes.

— Il en est des accessoires de cotillons comme de la robe, dit-elle.

— Pas tout à fait.

— Enfin, que leur reprochez-vous?

— D'être d'un trop grand prix ; il semble qu'ils soient un paiement pour nos danseurs et nos danseuses.

— Soyez sans crainte, danseurs et danseuses ne s'en plaindront pas.

Geoffroy avait une réplique sur la langue ; il la retint. A quoi bon accentuer le désaccord qui se manifestait entre sa femme et lui ; c'était le malheur de leurs deux natures qu'ils fussent ainsi divisés sur tant de choses : pour lui, c'était une humiliation que ce grossier étalage de la richesse ; pour elle, c'était une gloire. Les observations qu'il pourrait présenter maintenant ne feraient pas disparaître toute cette bijouterie, comme si elle s'enfonçait dans une trappe de théâtre ; mieux valait donc ne pas appuyer, il en avait déjà trop dit.

La visite continua et, de la salle de bal, ils se dirigèrent, à travers l'enfilade des salons, vers la salle à manger, dont l'approche s'annonçait par une odeur de truffes mêlée au parfum des roses; elle avait été transformée en un immense buffet, où était dressé un souper de pièces montées, de viandes froides, de poissons, de volailles, pour huit cents personnes supposées mortes de faim et capables de se crever de nourriture.

C'était l'habitude de Gabrielle de vérifier sévèrement les comptes qu'on lui remettait le premier de chaque mois et de ne pas accepter une dépense douteuse, ne fût-elle que de quelques sous, car autant elle se montrait prodigue pour tout ce qui était faste, autant elle restait serrée et même avare dans les choses de la vie de tous les jours; mais le maître d'hôtel et le chef, qui commençaient à la bien connaître, savaient qu'en cette circonstance la sévérité ne serait pas de mise, et ils en avaient profité pour se rattraper des rabais que trop souvent elle leur infligeait.

— Il faut qu'on voie bien qu'il y a trop, avait-elle dit en commandant ce souper.

Ils avaient obéi, s'entendant pour exécuter cet ordre religieusement, de même qu'ils s'étaient entendus aussi, en honnêtes associés, pour partager les cinq ou six mille francs qu'ils pourraient gratter sans contestation possible avec « la rétameuse », comme ils appelaient leur maîtresse.

Et, regardant cette profusion de victuailles dressée sur une sorte d'autel, dans un éblouissement de linge, au milieu de guirlandes et de gerbes de fleurs, Geoffroy ne pouvait s'empêcher de revenir aux premiers jours de son mariage, quand il essayait de lui apprendre l'art de donner avec grâce, répétant doucement les leçons que lui-même avait reçues de sa mère et qui se résumaient dans le mot de Labruyère : « C'est rusticité que de donner de mauvaise grâce : le plus fort et le plus pénible est de donner; que coûte-t-il d'y ajouter un sourire. » Mais il n'avait pas réussi, le sourire ne s'était point montré, et il n'avait jamais pu l'habituer à donner, quand elle consentait à donner, sans rechigner, en se plaignant ou en malmenant, surtout en s'arrangeant pour humilier ceux qu'elle obligeait. Si rétive à la bonté intime; si large dans l'ostentation.

Ils étaient revenus à leur point de départ et les invités n'arrivaient point encore; cependant l'heure marchait et Gabrielle commençait à s'étonner, à s'agacer de ces retards.

— Comment ne mettait-on pas plus d'empressement à venir chez elle?

Ce n'était pas cependant que tout Paris ne connût à l'avance les merveilles qui se préparaient : une première représentation dans un théâtre à tapage n'eût pas été plus habilement annoncée; tous les raffinements, toutes les progressions d'une savante réclame avaient été mis en jeu, car, en plus des notes de Gasquin envoyées aux journaux et un peu grosses d'effet dans leur précision commerciale, l'architecte, chargé de la construction de la galerie, les peintres, l'électricien avaient donné de leur côté; et même on avait eu la chance d'un bon fait divers, pour deux ouvriers gravement blessés... par leur faute, ce qui empêchait toute demande d'indemnité.

— Pourquoi n'arrivait-on pas?

Et, tout en se posant cette question avec une vague inquiétude, Gabrielle se rappelait quelques lettres qui, sans nécessité, avaient répondu à l'envoi de son invitation. Sa fureur avait été folle en lisant la suscription de ces lettres adressées à « Madame la comtesse de Canoël, née Leparquois » ; comtesse de Canoël fin, Leparquois très gros ; mais elle n'y avait vu qu'une basse méchanceté inspirée par l'envie ; une blessure cruelle au moment où le coup la frappait, non une menace pour l'avenir, et maintenant elle se demandait, troublée, si elles n'étaient point un présage.

Une voiture sous le porche avait coupé court à ces réflexions.

— Enfin on arrivait !

Faisant un signe à son mari pour qu'il l'accompagnât, elle courut dans le salon joignant le vestibule où elle devait recevoir ses invités.

— Qui?

Si c'était la comtesse d'Unières. Elle eût voulu que celle-là fût la première, car, à moins d'avoir une princesse du sang, elle ne pouvait espérer mieux que cette reine de l'aristocratie : autrefois il y avait eu des alliances entre les Canoël et les princes de Chambrais dont madame d'Unières était, et elle se disait que celle-ci devait accepter son invitation.

C'était simplement un jeune homme sans importance, un suivant qui, depuis six mois, se montrait assidu près d'elle, sans que d'ailleurs elle l'eût encouragée, satisfaite qu'il fût de sa cour, parce qu'il faisait nombre, mais rien de plus.

Après celui-là il en arriva un second, puis un troisième, puis quelques autres; mais que lui importait, c'était bien d'eux vraiment qu'elle se souciait. Il lui plaisait de les avoir près d'elle en public, en flirtage avec eux, mais aucun ne pouvait se vanter d'être plus avancé que ses rivaux; toute à tous, mais pas plus à l'un qu'à l'autre. Et ceux qui s'imaginaient que cette belle jeune femme, dont l'indifférence pour son mari était notoire, céderait un jour à un caprice, à une faiblesse ou un coup de passion, ne la connaissaient guère. A la vérité, elle aimait follement les hommages, mais rien que l'hommage et d'où qu'il vînt, sans jamais s'intéresser à celui qui le lui apportait. A mi-voix, avec des yeux alanguis et comme si elle cédait à une force irrésistible, elle vous disait que vous étiez l'homme le plus charmant, ou le plus spirituel, ou le plus tendre, ou le plus profond, ou le plus beau, ou le plus génial qu'elle eût rencontré jusqu'à ce jour; mais vous n'aviez pas le dos tourné, qu'elle répétait le même compliment à celui qui vous remplaçait près d'elle, le variant seulement selon le caractère qu'elle lui supposait. Si gros que cela fût, il était rare qu'on ne s'y laissât pas prendre tout d'abord, tant était séduisant le sourire qui accompagnait ces paroles, douce la musique de la voix qui les prononçait, et troublante la pudeur violentée par la sincérité qu'elle mettait dans son aveu.

Du premier salon, tendu de brocard blanc, où elle se tenait souriante, Gabrielle ne voyait pas tout le vestibule; mais au bruit, son oreille aux aguets pouvait deviner si c'était un homme ou une femme qui entrait; un roulement de voiture et un claquement de portière annoncèrent de nouveaux arrivants et, presqu'aussitôt, il se fit un froufrou de soies; c'était une femme.

Elle voulut écarter l'idée de madame d'Unières en se disant qu'elle ne viendrait que plus tard; mais il n'y avait pas folie de penser à la princesse d'Aussonne, ou à la duchesse de Charmont.

C'était Théodolinda à côté de son prince romain

et suivie de son mari, heureuse de montrer à tout Paris quel était le degré de son intimité avec son cher Evangélista qui comptait des papes dans sa famille.

Puis ce fut madame de Baudemont, accompagnée de son père, aux yeux endormis, qu'elle avait dû réveiller pour le faire descendre de voiture, et qui marchait comme un somnambule, cherchant, dès l'entrée, le coin tranquille où il allait pouvoir reprendre son somme interrompu.

Et ils ne manquaient pas les coins tranquilles dans cette longue enfilade de pièces désertes, où quelques ombres erraient mélancoliquement étonnées, effarées, comme si elles étaient perdues, se demandant ce que signifiait ce vide, d'autant plus saisissant que l'orchestre dans la salle de bal jouait maestoso pour faire du bruit et non pour faire danser, puisqu'il n'y avait personne.

Cependant quelques voitures continuaient de rouler sous le porche, mais à des intervalles espacés et non en un défilé continu, hâté, tel qu'il devait être à cette heure déjà avancée.

Ceux qui arrivaient, quoiqu'ils eussent dû être les bienvenus, causaient, à chaque entrée, une déception nouvelle à Gabrielle; non sa tête de liste, comme elle espérait, mais la queue, les gens précisément qu'elle n'avait admis que pour faire nombre et servir de repoussoir, emplir ses salons et les meubler.

Et pourtant, la main tendue, un sourire constant sur les lèvres et dans les yeux, elle accueillait par quelques mots gracieux, par un compliment affable ceux qui défilaient devant elle, mais, au fond du cœur, pleine de rage, d'angoisses, les jambes cassées, se répétant tout bas machinalement :

— Ils ne viennent pas; lâches ! canailles !

Les canailles, c'étaient ceux dont la présence devait être un honneur pour elle; les lâches ceux à qui elle avait cru faire honneur en les invitant.

Dans sa colère et son désarroi, elle eut une lueur d'espérance; parmi les trop rares invités qui passaient devant elle, elle en avait remarqué un qu'elle ne connaissait pas, très soigné dans sa toilette, un peu trop soigné même, trop diamanté, trop parfumé, qui, après un profond salut, mais sans un mot, était entré dans les salons pour en sortir presque aussitôt; alors elle avait entendu qu'il disait à Geoffroy:

— Comme on arrive tard, maintenant.

Et tout de suite, à mots coupés :

— Forcé de rentrer au journal... nécessité de tirage: fête splendide... cadre admirable... comme je vous le disais avant-hier, arriverons bons premiers.

De cette phrase hachée, le commencement seul l'avait frappée : « Comme on arrive tard maintenant. » Elle se l'était répété, se disant que l'explication de ce journaliste était la bonne; on allait arriver. Mais tout de suite la réflexion lui avait fait sentir que ce serait niaiserie de se leurrer de cette espérance; aussi bien que personne, elle savait à quelle heure on arrive et l'heure en usage était passée.

Si peu nombreux que fussent ses hôtes, le bal devait donc commencer comme s'ils eussent empli la galerie des fêtes; la danse serait une diversion aux propos qu'elle devinait sans les entendre, à la torpeur qu'elle voyait.

Mais si la danse pouvait secouer cette torpeur, elle ne pouvait pas remplir les salons et la salle de bal; pour s'agiter, les danseurs ne se multipliaient pas; dans cette belle galerie, où cinq cents personnes devaient se mouvoir à l'aise, les vingt ou trente qui dansaient paraissaient perdues; et, se voyant isolées, se comptant, elles éprouvaient un froid que rien ne réchauffait.

C'était un sourire sincère que la visite de ses appartements avait mis sur le visage de Gabrielle, le reflet d'un profond contentement intérieur et d'un orgueil débordant que tout ce qu'elle venait de voir justifiait: quelle maison valait la sienne! Ni l'attente vaine, ni l'impatience, ni l'angoisse, ni l'humiliation, ni la fureur n'avaient effacé ce sourire, mais il n'était plus qu une marque qu'elle ne parvenait à maintenir que par une rage de volonté; et, à la longue, il ressemblait à celui d'une comédienne lasse de son rôle, ou à celui d'une femme qui, depuis des mois, posant pour un portrait à la *Joconde*, en est arrivée à se donner une sorte de paralysie de la face par la rétraction en arrière et l'élévation des commissures; sur son beau visage, ordinairement régulier, pas jolies du tout ces rides qui sillonnaient la paupière inférieure et le pourtour des yeux.

Pour se soutenir, elle se disait qu'à l'exception de Théodolinda et de madame de Baudemont, personne ne savait combien d'invitations avaient été lancées, et que, par conséquent, on ne pouvait pas nommer les manquants; mais la consolation était mince, car il aurait fallu qu'elle n'eût pas d'yeux, pour s'imaginer que ses invités trouvaient naturel de se voir en si petit nombre dans ce bal annoncé comme un événement parisien. Si elle n'entendait point ce qui se disait, parce qu'on se taisait à son approche, elle voyait, et les petits groupes réunis dans les coins et les embrasures, où ils causaient bas en jetant des regards de côté, trahissaient par la mimique de leur étonnement ou leurs railleries : — Eh quoi? — Quelle aventure! — C'était à se demander si plus d'un parmi ces mécontents ou ces humiliés n'allait pas se retirer dignement.

IX

Cependant on ne partait pas.

Et même, de temps en temps, il arrivait encore quelques personnes, à la vérité non des plus crème, mais, si peu gratin qu'elles fussent, faisant nombre, et, en cette qualité, accueillies comme amies des plus affectionnées : en leur serrant la main le sourire stéréotypé se ravivait d'un peu de naturel.

A un certain moment, il s'éclaira tout à coup d'une lueur de joie franche : elle venait d'apercevoir le duc de Chaumes qui s'entretenait avec Geoffroy :

crème celui-là, et de la plus pure, gratin, et du meilleur ; à la vérité, si parfaitement ruiné, après avoir dévoré quatre ou cinq fortunes, qu'on ne savait trop de quels expédients il vivait, mais enfin, l'arbitre du goût et du chic de demain, l'organisateur (chez les autres) des fêtes les plus originales qui eussent marqué depuis dix ans. Dans sa jeunesse, il avait été un vainqueur, mais maintenant, usé, peint, teint, embricolé, cerclé de ceintures savantes qui, malgré ses soixante ans bien sonnés, maintenaient sa sveltesse, il se contentait de succès plus modestes, et ne s'occupait des femmes que pour elles, pour les guider, les faire réussir et jouir des triomphes que, par son expérience de la vie, ses conseils, ses leçons, sa direction habile, il leur procurait. Il avait ainsi dans le monde une collection d'élèves, qui lui avaient valu le nom de « Markowski des salons », par rapprochement avec le vrai « celui des bastringues » qui a lancé tant de femmes dans la haute noce. Lui-même riait de ce rapprochement et de ce nom, qui, à ses yeux, n'étaient nullement une injure, bien au contraire, et quand il en parlait, il déclarait que le rôle de son homonyme était plus commode et plus facile que le sien : « Au moins, les sujets ne lui manquaient pas, disait-il, tandis que moi... »

Pour ne pas courir au devant de lui, Gabrielle dut se retenir.

— Enfin ! Elle aurait donc un nom, célèbre, incontesté.

A la vérité, le duc avait promis de venir, mais combien d'autres s'étaient engagés aussi, heureux, enchantés, tout pleins de promesses, qui cependant manquaient, à commencer par ce misérable archiduc en qui elle avait eu la naïveté de croire.

Sans marquer un trop vif empressement qui eût dénoncé sa détresse, elle alla à lui et, cette fois, ce fût avec une parfaite sincérité, qu'elle lui dit, en tête-à-tête, qu'il était l'homme le plus charmant, le plus spirituel, le plus beau qu'elle eût rencontré jusqu'à ce jour.

Elle voulut entrer avec lui dans la salle de bal et, comme Silva, il déclara que c'était un cadre admirable, lui rendant la monnaie des compliments dont elle venait de l'accabler, il affirma que rien à Paris ne lui était comparable : pour avoir créé une pareille galerie, il fallait un accord qui, par malheur, ne se rencontre que rarement, si rarement même, qu'on peut presque dire qu'il n'existe plus — celui du goût et de la richesse. Dans un pareil décor, quelles belles fêtes on pouvait donner, telles qu'on n'en verrait nulle part de semblables.

Et comme ils arrivaient devant les accessoires du cotillon, le prince s'interrompit dans ses éloges et eut un mot qui rassura Gabrielle.

Les voiles de gaze avaient été enlevés et les deux valets, toujours en faction, immobiles, tendant le jarret, qui bombait dans leurs bas rouges, veillaient comme deux dragons sur ce trésor.

— Avec un pareil étalage, dit le duc, vous pouvez être certaine que vos invités ne partiront que lorsqu'il sera vide.

— Ce choix ne vous déplait point?

— Il est charmant, et si quelques personnes, que je ne vois pas ici, avaient su l'y trouver, je vous donne ma parole qu'elles feraient foule dans votre galerie.

Lorsque de la salle de bal ils passèrent dans la salle à manger, M. de Chaumes continua le sujet qu'il venait d'effleurer.

Depuis que Gabrielle avait traversé cette salle avec son mari et son père, de petites tables avaient été dressées pour ceux qui voudraient souper assis, et sur les nappes, festonnées de guirlandes de fleurs naturelles, s'étalait une coquette argenterie en argent niellé, cuillères, fourchettes, couteaux; salière, poivrière, beurrier à l'usage de chaque convive, avec un second service en or pour le dessert.

Elle l'avait prié de s'asseoir à une de ces tables et, après lui avoir fait servir une salade d'écrevisses à la gelée, elle avait pris place vis-à-vis de lui; alors, tout en mangeant, il était, à mi-voix, revenu à ce qu'il voulait évidemment dire :

— Vous doutiez-vous du complot qu'on a dressé contre vous ? demanda-t-il.

— Quel complot ? dit-elle, en jetant autour d'elle un rapide coup d'œil qui la trahissait ; mais personne n'était à portée de les entendre et, d'ailleurs, l'orchestre venait d'attaquer le prélude bruyant d'une valse.

— Votre exclamation me dit que vous m'avez compris et aussi votre regard ; mais j'admets très bien que vous hésitiez à me répondre, puisque vous ne savez pas combien est vive et profonde la sympathie que vous m'inspirez. Je m'explique donc. Le complot dont je parle est celui qui s'est formé pour ne pas venir à votre soirée, et vous laisser vous morfondre dans le vide de vos salons.

— Vous saviez ?...

— On ne m'avait pas communiqué le mot d'ordre qu'on s'est transmis sous le manteau, car si j'avais eu une certitude, je vous aurais prévenue ; je n'ai eu que des soupçons. Au reste, vous n'êtes pas la première victime de ces traîtrises mondaines.

— Mais moi, pourquoi ?

— Trop belle, trop riche ; c'eût été assez d'un seul de ces deux crimes pour que l'envie vous condamnât ; et puis, laissez-moi vous dire que vous ne vous êtes pas assurée des circonstances atténuantes.

— Comment ?

— En voulant entrer de force dans le monde et le prendre au collet pour l'obliger à venir chez vous.

C'était ce que Geoffroy lui avait déjà dit ; mais, ces paroles sans importance pour elle dans la bouche de son mari, en prenaient une considérable dans celle de M. de Chaumes.

Comme il se taisait, elle insista :

— Je vous en prie, dit-elle.

— Mais vos invités.

— Encore quelques mots,

— Vous avez été imprudente ; il fallait vous effacer, dissimuler votre beauté, amoindrir votre fortune, vous la faire pardonner par la modestie de vos toilettes et la médiocrité de vos équipages ; envoyer votre mari imposer silence au premier journaliste qui aurait ôté votre nom. Ce n'est pas tout à fait ainsi que les choses se sont passées, n'est-ce pas?

— Il est vrai.

— Avec la superbe assurance que vous donnent les supériorités que vous sentiez en vous, et que ceux qui ne subissent pas de mesquines jalousies reconnaissent, vous avez été de l'avant bravement, étourdiment, si vous me permettez de le dire... et voilà. Songez donc qu'il y a des femmes qui ont mis dix ans, vingt ans pour se faire accepter par le monde, qui ont avalé toutes les rebuffades, toutes les avanies, toutes les injures, tendant la joue gauche quand elles avaient reçu un soufflet sur la droite.

— Et elles ont réussi?

— Parfaitement; et aujourd'hui elles rendent aux jeunes ce que les vieilles leur ont fait.

— Dix ans.

— Je ne dis pas qu'il faille nécessairement dix ans, mais au moins faut-il des préparations, de la prudence, de la souplesse; il en est des succès mondains comme des autres, ils ne s'improvisent pas; qu'eût été la Patti sans son Strakosch? Au reste nous en reparlerons.

— Vous me le promettez?

— Formellement. Il y a en vous trop de dons naturels, trop de bonnes dispositions pour les laisser se perdre faute d'un conseil. Pourquoi votre maison ne deviendrait-elle pas une de celles où les membres des familles souveraines, de passage à Paris, doivent dîner. Je ne dis pas que ces hôtes impériaux ou royaux, princes héritiers, grands ducs, archiducs vous recevraient chez eux quand vous iriez dans leur pays, mais qu'importe si vous les recevez chez vous. C'est à Paris que vous voulez régner, n'est-ce pas ? non à Vienne ou à Saint-Pétersbourg.

Gabrielle eût écouté le duc toute la nuit sans s'inquiéter de ses invités, mais plusieurs personnes entrèrent dans la salle à manger et, comme elles étaient de l'intimité de M. de Chaumes, le tête-à-tête se trouva interrompu.

Alors le sentiment de ses devoirs de maîtresse de maison lui revint et, comme elle passait de la salle à manger dans un salon, elle se trouva vis-à-vis de son père qui errait mélancoliquement, en se demandant si cette fête pour laquelle il avait dépensé tant d'argent valait réellement ce qu'elle lui coûtait.

— Le duc de Chaumes est dans la salle à manger, lui dit-elle vivement à voix basse, fais-toi présenter par Geoffroy, sois très aimable, même bon enfant, et tâche d'amener la conversation sur un terrain qui te permette de lui dire que tu serais honoré de l'avoir dans quelques-uns de tes conseils d'administration.

Puis elle le quitta ébahi, mais décidé cependant à obéir, comme toujours, à la demande qu'elle lui adressait.

Lorsqu'elle rentra dans la salle de bal, on fut frappé de son changement de physionomie, et un certain sentiment de sympathie, mêlé de pitié, il est vrai, se produisit en sa faveur: décidément, c'était une vaillante ; et on lui en sut gré ; précisément parce qu'on était venu, on était disposé à trouver que les absents faisaient montre vraiment de scrupules qui touchaient à la grossièreté: charmants ces accessoires de cotillon : admirable ce souper. Et de même qu'on se disait qu'il serait plus agréable de se partager tranquillement tous ces jolis bibelots entre quelques-uns, que d'en attraper difficilement un ou deux au hasard ; de même on trouvait qu'on serait bien mieux pour souper assis devant ces petites tables attentivement servies que debout devant le buffet où il faudrait se bousculer pour obtenir une assiette et un verre.

Ainsi s'établit une harmonie qui, au début, manquait lugubrement ; Gabrielle sentit qu'elle n'était plus raillée et, pour la première fois de la soirée, elle osa tenir ses yeux levés sur ses valets qui, du vestibule à la salle à manger, la regardaient curieusement avec un mauvais sourire contenu, lorsqu'elle passait, mais qui, certainement, aussitôt qu'elle avait le dos tourné, lâchaient leurs propos joyeux sur son humiliation.

Dans son désastre elle avait eu, au moins, cette bonne fortune que son conducteur de cotillon ne lui manquait pas ; ce n'était pas faute, cependant, qu'on eût tout tenté pour le mettre dans le complot, mais sans réussir, d'abord parce qu'on ne résiste pas facilement à la gloire de conduire un cotillon, surtout dans une maison qui pratique la réclame et vous fait nommer par tous les journaux ; et puis aussi, parce qu'il aurait pour danseuse madame de Baudemont, dont il était curieux ; elle ne serait pas la première que lui vaudrait un joli cotillon bien mené.

Enfin il commença ce cotillon et Gabrielle, qui

s'était réservé la tâche délicate d'en distribuer elle-même les accessoires, prit place devant son étalage.

Tant qu'on en fut aux écrans, aux mirlitons, aux écharpes, aux tambourins, aux rubans et autres menus objets sans valeur, ce cotillon ressembla à ceux qui se dansent partout, les figures étant seulement écourtées comme si on avait hâte d'en finir. Mais ce n'était pas finir qu'on voulait, c'était avancer pour arriver au moment de la distribution des accessoires sérieux, devant lesquels on avait si souvent passé, depuis le commencement de la soirée, en faisant tout bas son choix.

Jusque-là, le plaisir de la danse, le trouble de la valse, l'entraînement de l'orchestre, les tendres propos échangés à mots entrecoupés, les caresses des yeux menaient le cotillon, mais quand, l'assortiment de futilités épuisé, Gabrielle agita ses deux mains et qu'on vit dans l'une une bourse aux mailles d'or, dans l'autre, un flacon, on ne garda plus l'ordre et le calme avec lesquels on s'était approché du dressoir; les regards s'allumèrent, les mains se levèrent, on se pressa et bien des lèvres, en même temps, jetèrent le même mot, qui pour quelques-unes furent un petit cri :

— A moi.

Et Geoffroy qui la regardait n'aurait pas pu, en ce moment, lui reprocher de donner avec rusticité; jamais elle n'avait eu sourire plus gracieux, plus triomphant que celui dont elle accompagnait la distribution de chaque bijou. Plus de plaintes, plus de rebuffades, plus d'humiliations : on la rendait heureuse et tendant la main vers elle, on lui faisait honneur.

Et, réellement, elle le croyait, car, par un singulier changement d'optique, ces gens qu'elle regardait, une heure auparavant, avec un certain mépris parce qu'ils n'étaient pas, par leur nom ou leur position, les égaux de ceux qu'elle aurait voulus, prenaient à ses yeux une importance subite au moment où ils acceptaient ses cadeaux : non des premiers à la vérité, mais non des derniers non plus, tels que, dans une maison moins ambitieuse que la sienne, ils eussent fait grande figure.

Et ils tendaient les mains vers elle comme des pauvres diables qui, en un jour de réjouissances publiques, les tendent vers le cercle d'un mât de cocagne. C'était donc avec raison qu'elle avait répondu à Geoffroy que personne ne se plaindrait de la valeur de ces accessoires.

Non seulement on ne s'en plaignait pas, mais, pour obtenir ceux qu'on désirait, on déployait une franchise, un sans-gêne, un oubli des autres et de soi, qui montraient que les inventeurs de cette mode avaient observé leur monde et le connaissaient bien. Comme Gabrielle se le disait, ils pouvaient faire figure partout, ils avaient fortune, nom, titre, considération ; quelle que fût la valeur de ces objets, elle était en réalité nulle pour leur bourse et sans aucune importance : dans leurs étagères ou leurs écrins, il en avaient à n'en savoir le nombre qu'ils ne regardaient même pas et, cependant, lorsqu'ils avaient mis la main sur ceux qu'ils convoitaient, ils laissaient paraître une satisfaction enfantine; et c'était avec bonheur qu'on s'en parait, ou lorsqu'on ne pouvait pas les mettre sur soi, qu'on les fourrait dans les poches des pères, des frères, des maris; ceux qui étaient trop volumineux s'entassaient sur les divans où chacun faisait son petit tas qu'il surveillait, tout en dansant, d'un œil prudent.

Et sans relâche l'orchestre jouait, toujours, car si rapidement enlevées, si écourtées que fussent les figures, le dressoir ne se vidait pas : il avait été garni d'accessoires pour plusieurs centaines de danseurs et on n'était que cinquante à se les partager.

Lorsque Gabrielle fit sa dernière distribution, la blancheur de l'aube se glissait par les impostes ouvertes sur le jardin, et elle avait la satisfaction de se dire que sa fête avait duré jusqu'au jour.

X

Après la sortie de ses femmes de chambre, Gabrielle allait se mettre au lit, quand deux petits coups furent frappés à la porte qui faisait communiquer son appartement avec celui de son mari.

— Entrez, dit-elle d'une voix contrariée.

Elle vit venir à elle Geoffroy les mains tendues, un sourire attendri sur le visage.

— Comment êtes-vous ? demanda-t-il affectueusement.

— Très bien.

— Vous n'êtes pas trop fatiguée?

Elle allait répondre, elle se retint.

— A en mourir, dit-elle.

— Il faut vite vous coucher.

— C'était ce que j'allais faire, vous voyez.

— Eh bien, couchez-vous au plus vite.

— Bonsoir.

Le congé donné sèchement ne le fit pas partir ; au contraire, il s'approcha d'elle et, délicatement, voulut lui enlever le fichu de dentelle dont elle s'enveloppait les épaules ; mais le dénouant elle-même, elle le jeta sur un fauteuil et, s'asseyant au bord de son lit, elle se glissa sous les couvertures que, d'un geste rapide, elle ramena jusqu'à son cou en se pelotonnant.

— Vous avez froid, dit-il.

Il voulut la border en lui appliquant les couvertures dans le dos.

— Maintenant, il faut tout de suite dormir...

Il lui parlait doucement comme un père à son enfant, un enfant tout petit qu'on soigne et qu'on dorlotte.

— C'est ce que je ferais déjà...

— Surtout il ne faut pas penser à cette soirée.

Elle se dressa d'un bond :

— Et pourquoi n'y faut-il pas penser?

Il fut stupéfait de ce mouvement et de cette violence.

— Mais...

— Comment voulez-vous que je n'y pense pas

quand j'étouffe: trouvez-vous que vos paroles soient pour me calmer?

— Ce qui est pour vous calmer, c'est la confiance que vous pouvez avoir en ma tendresse, en mon attachement; c'est la certitude que je suis et serai toujours à vous; c'est la main que je vous tends.

Elle ne la prit point.

— Avouez au moins que vous avez une singulière manière de prouver votre dévouement et votre tendresse.

— Je ne comprends pas.

— Croyez-vous que je n'aie pas remarqué les regards dont vous m'avez poursuivie pendant toute cette soirée, et que je n'aie pas senti ce qu'il y avait en eux de raillerie.

— De la raillerie!

— Cette fête vous déplaisait et vous étiez heureux de la voir échouer misérablement, comme si l'humiliation qu'elle m'infligeait ne rejaillissait pas sur vous.

— Oh! Gabrielle, s'écria-t-il avec indignation.

Mais tout de suite la réflexion apaisa cette protestation; c'était la colère qui inspirait ces paroles, la colère seule.

— Si cette fête m'avait déplu, répondit-il, me serais-je donné tant de peine pour activer les travaux de la galerie.

— La construction, la décoration, le maçonnage, c'est votre affaire, et vous étiez trop heureux de vous fourrer dans le plâtre jusqu'au cou; mais si réellement elle vous avait plu, vous vous seriez arrangé pour que votre famille assistât à cette fête, au moins ceux de ses membres qui font figure dans le monde parisien; combien en avions-nous ce soir? quatre; et encore ceux qui sont venus auraient-ils très bien pu rester chez eux.

— Je vous avais dit que nous ne devions rien brusquer.

— Ah! je sais que vous aviez eu la précaution de prendre les devants, c'était habile; c'est une preuve de plus de votre violent désir de faire manquer cette fête.

— Mais encore un coup, pourquoi aurais-je voulu qu'elle manquât? Ce qui vous atteint ne m'atteint-il pas aussi; ce qui est un chagrin pour vous, n'en est-il pas un pour moi?

— C'est là que se montre cette habileté: en voyant que vos observations ne réussissaient pas, vous avez voulu me ménager une leçon assez forte et assez cruelle pour m'obliger à renoncer à des plaisirs qui, pour vous, sont des corvées insupportables. Soyez content, la leçon a été cruelle, aussi cruelle qu'elle pouvait l'être et, de ce ce côté, vous avez obtenu le résultat que vous cherchiez. Mais la leçon, je vous en avertis, n'a pas porté; elle n'empêchera rien du tout; tenez-vous le pour dit.

Elle parlait avec une véhémence emportée, jetant ses paroles comme si elles lui sortaient du cœur irrésistiblement, après les avoir longtemps retenues et, assise sur son lit, la tête haute, le regard plein de défi, couverte seulement de sa chemise de nuit entre-bâillée, elle semblait se complaire à provoquer son mari.

— M'affirmerez-vous, reprit-elle, que vous avez fait tout ce que vous pouviez, pour que ceux à qui nous sommes unis par des liens de parenté fussent ici ce soir.

— Vous saviez bien que je ne pouvais rien faire...

— Vous voyez !

— ... Et que je n'ai pas attendu cette nuit pour vous expliquer que nous ne devions rien brusquer. Notre mariage n'a pas été sans blesser certains membres de ma famille, sans en peiner d'autres et aussi sans provoquer chez d'autres encore des sentiments d'envie qu'on couvrait d'un nom moins vilain. Il fallait laisser le temps faire son œuvre d'apaisement; vous ne l'avez pas voulu. Écoutant d'autres conseils que les miens...

—Allez-vous rendre mes amies responsables de ce qui arrive?

—Vous m'en rendez bien responsable, moi qui ai vainement essayé de l'empêcher. Sans récriminer, sans accuser personne, je dis que vous avez voulu risquer un coup d'éclat, un coup de force, et qu'il ne faut pas m'accuser, moi qui l'avais déconseillé, s'il n'a pas réussi.

—Il est vrai que j'ai eu tort de croire à l'influence et à l'autorité de votre nom.

Déjà, plus d'une fois, il avait voulu rompre cet entretien si mal engagé, et il n'en avait été empêché que par l'espérance de l'amener dans une meilleure voie, et de pouvoir lui dire affectueusement, tendrement, que, pendant cette longue nuit, il avait été de cœur avec elle, que ses souffrances il les avait partagées, comme aussi ses déceptions et ses colères; enfin, que c'était dans cette intention qu'il restait près d'elle, pour qu'elle s'endormît sur cette bonne parole qui, croyait-il, devait faire son sommeil plus calme. En voyant la marche qu'elle lui imprimait, il s'était contenu par la pensée qu'elle subissait l'exaspération de ses nerfs : son état, d'ailleurs, n'expliquait-il pas, n'excusait-il pas tout? Et n'avait-elle pas droit à toutes les indulgences, à tous les ménagements? Mais ce mot l'emporta sur la patience, l'indulgence et les ménagements; s'il était décidé à accepter tout ce qui s'adressait à lui, il ne supporterait pas qu'on touchât à son nom.

— Vous avez besoin de repos, dit-il; cet entretien, qui a été beaucoup plus loin que je n'aurais voulu, ne peut que le troubler. Je vous laisse.

Elle ne répliqua pas et il rentra chez lui. Mais, au lieu de se coucher, il passa dans son cabinet de toilette où il se déshabilla et endossa un costume du matin. Se mettre au lit serait inutile, car sûrement il n'y trouverait pas le sommeil : il avait besoin de marcher, de se secouer, d'échapper à ses pensées.

S'il venait d'éprouver un moment d'irritation contre sa femme, il n'était pas moins fâché contre lui-même, car il fallait bien qu'il reconnût que sa part de responsabilité était lourde : par faiblesse, pour ne pas engager de discussions difficiles; par prudence aussi, pour ne pas accentuer les incompatibilités d'idées et de goût, d'éducation et de caractère que chaque jour révélait, il avait laissé faire. S'il ne voulait pas, comme elle le disait, lui ménager une leçon assez cruelle pour la guérir de ses ambitions mondaines, il n'en était pas moins vrai, cependant, qu'il croyait bon que l'expérience confirmât ses conseils et montrât qu'on ne s'impose pas, du jour au lendemain, simplement parce qu'on le veut : quelques abstentions le lui feraient comprendre et tout serait dit. Mais ces quelques abstentions qu'il pressentait avaient été la règle, non l'exception, et maintenant, il en était de lui comme de ces parents faibles qui, agacés par les cris de leur enfant despote, l'ont laissé toucher à la flamme de la bougie qu'il voulait prendre dans sa main et, la leçon donnée, se désolent que cette main soit brûlée.

Machinalement, ses pas lui avaient fait prendre le chemin qu'il suivait tous les jours lorsqu'il sortait, et, par les rues désertes, où passaient seulement quelques ouvriers matineux se rendant à leur travail, il était arrivé à la place de Clichy ; alors il avait descendu l'avenue de Saint-Ouen pour aller à son atelier : n'était-ce pas là, seulement, qu'il se sentait libre, libre d'esprit, libre de tenue.

Il trouva la barrière fermée, et il dut l'ouvrir ; clos aussi était l'atelier du serrurier, close la cabane de Trip et celle de Lotieu, dont les rideaux rouges jetaient des flammes sous les rayons obliques du soleil : tout le monde dormait encore.

Mais, dans son atelier, les bêtes ne dormaient point : en l'apercevant, Piston avait volé au devant de lui avec des petits appels de joie et, perché sur une tringle, il saluait vivement plongeant, se redressant pour appeler l'attention. Aussitôt que Geoffroy eut incliné la tête, il entonna un chant de triomphe dont les notes claires sonnaient joyeusement sous les vitres du châssis. Diavolo était aussi accouru et, quand son maître s'assit, il sauta sur ses genoux où il s'étala tout de son long avec un ron-ron à faire tourner un moulin.

— On s'ennuyait donc? dit-il, en le flattant doucement.

Sous cette caresse, le chat s'allongea encore et, jetant sa patte comme une ancre dans le gilet de Geoffroy, il resta la tête tendue vers lui, à le regarder, en clignant des yeux, tandis que, sur sa tringle, Piston continuait le concert et passait en revue son répertoire.

Que de bonnes heures Geoffroy avait déjà vécues dans cet atelier, en compagnie de ces deux bêtes qui l'aimaient, n'ayant d'autres soucis que ceux de son travail.

Comme il s'enfonçait dans ses réflexions, sortant du présent pour remonter dans le passé, celui de sa vie d'artiste qui lui avait donné de si franches satisfactions, un bruit de pas léger fit craquer le gravier du sentier; aussitôt, deux petits coups furent frappés à la porte et Loticu entra.

A la main, elle tenait une tartine beurrée dans laquelle elle venait de mordre et, malgré l'heure matinale, elle était déjà habillée, nette et fraîche.

— Il y a des commandes ? demanda Geoffroy, que vous êtes si matineuse.

— Non, pas du tout ; mais j'ai travaillé tard, hier, pour moi, et je suis curieuse de me rendre compte, au jour, de ce que j'ai fait ; je n'y voyais plus, tout se brouillait.

— Montrez-moi.

Elle ouvrit un tiroir et en tira une plaque, presque terminée, qu'elle présenta à Geoffroy, avec un mouvement craintif, les yeux émus : d'un fond bistre se détachait une tête de jeune femme italienne, d'une beauté plutôt idéale que réelle, au regard profond et doux ; des cheveux blonds cerclés d'un bandeau d'or et de laurier tombaient librement sur ses épaules nues et sur un corsage de velours à ramages.

— Qui vous a donné l'idée de cette tête ? demanda Geoffroy après l'avoir longuement examinée.

— Un caprice ; c'est enfantin, n'est-ce pas ?

Il leva la tête vers elle et la regardant en face :

— C'est une chose tout à fait charmante, dit-il, qui, pour la délicatesse naïve du dessin et la claire fraîcheur du coloris, rappelle un primitif italien dont vous n'avez jamais rien vu et dont vous ne connaissez même pas le nom, j'en suis sûr : Botticelli.

— Est-ce possible ? murmura-t-elle délicieusement bouleversée.

— Non, peut-être, et pourtant c'est ainsi. Sans doute, il y aurait plus d'un détail à relever, mais qu'importe ; c'est l'impression générale qui touche et elle est exquise.

Il lui tendit la main :

— Mettez votre main dans la mienne, mon camarade.

Comme elle hésitait, confuse, il la lui prit et la serra dans une cordiale étreinte.

— Il est certain, dit-il, que vous avez le don et que vous êtes née artiste ; ce qui vous manque, volontaire et vaillante comme vous l'êtes, vous l'acquérerez facilement et j'en suis sûr rapidement ; où j'ai mis des années, vous mettrez des mois et encore des semaines peut-être ; spontanément, en vous jouant, vous trouverez des colorations que je chercherais dans des essais répétés.

Il lui demanda d'achever tout de suite sa plaque et, lorsque le four fut chaud, sans travailler lui-même, il la suivit penché sur elle comme un élève eut fait avec son maître.

Quand la plaque fut entièrement finie, il voulut qu'elle la passât une dernière fois au feu après l'avoir datée :

— C'est de ce jour que vous entrez dans la vie, dit-il, il ne faut pas que plus tard vous l'oubliez.

— Je vous promets que je n'aurai pas besoin de ces chiffres pour me le rappeler.

L'heure avait marché sans que Geoffroy en eut conscience ; tout au travail de Lotieu, il avait oublié la douloureuse impression sous laquelle il se trouvait en entrant dans son atelier : la sonnerie du cartel lui rappela qu'il voulait être auprès de sa femme lorsqu'elle se réveillerait.

— C'est vraiment dommage que vous ne puissiez

pas travailler aujourd'hui, dit Lotieu, comme il se préparait à sortir.

Pourquoi était-ce dommage? Il ne le demanda pas ; mais il lui expliqua qu'à partir de ce jour, il aurait des occupations qui, souvent, l'empêcheraient de venir à l'atelier, où tout au moins d'y travailler, la journée entière, comme il l'avait fait en ces derniers temps.

Ces occupations, dans le nouveau genre de vie que la grossesse de Gabrielle lui créait, devraient consister à rester près de sa femme beaucoup plus que dans le passé. Par faiblesse et par fatigue, pour ne pas discuter et lutter, il avait pu laisser Théodolinda et madame de Beaudemont prendre sa propre place, comme il avait pu aussi, par lassitude, céder aux fantaisies de Gabrielle ; mais, ce n'était plus de son repos qu'il s'agissait : l'avenir de l'enfant qu'elle portait, le souci de sa santé, de sa vie même lui imposaient des devoirs auxquels il ne manquerait pas. D'ailleurs il trouverait en même temps, dans cette grossesse, une occasion de reprendre sa femme en l'arrachant à l'influence de ses amies, et ce serait une lourde faute de ne pas la saisir : si les belles espérances des premiers jours de son mariage avaient reçu de rudes atteintes, toutes n'étaient pas mortes et il devait croire qu'avec un peu d'adresse, surtout avec de la fermeté, plus d'une pouvait encore se réaliser.

Il s'imaginait la trouver encore au lit ; on lui dit qu'elle venait de donner des ordres pour sortir à cheval ; vivement il monta chez elle et entra dans le cabinet de toilette où une femme de chambre la coiffait, tandis qu'elle lisait un journal attaché à la tenture par deux épingles ; autour d'elle d'autres journaux repliés étaient jetés sur le tapis.

— Vous voulez sortir ce matin, dit-il, dès la porte.

— Sans doute.

— Mais...

— Vous y voyez un empêchement ?

D'un coup d'œil il désigna la femme de chambre.

— Les journaux parlent de notre bal, dit-elle, voulez-vous les regarder, la chronique du *Candide* est bien, vraiment bien ; celle du *Boulevard* n'est pas mal, non plus.

Spontanément il n'aurait pas pensé à ouvrir ces journaux, puisque ce qu'ils disaient ne pouvait que le blesser, mais, devant la femme de chambre, il ne voulut pas affecter un dédain qui, en contrastant avec l'empressement que la comtesse avait, sans aucun doute, montré, serait une sorte de blâme ; il prit donc dans le tas le numéro du *Candide*.

A la première page, en article de tête, il trouva la chronique qui était bien, vraiment bien.

Bal de la comtesse de Cauoël.

« Une longue file de voitures monte le boulevard Haussmann, tandis qu'une autre file non moins longue le descend pour se rencontrer et se mêler devant le perron illuminé d'une de nos plus somptueuses demeures ; c'est ce soir que la comtesse de Cauoël commence ses réceptions, retardées par la construction d'une galerie qui est une pure merveille. »

Venait alors la description de la galerie « cadre admirable » ; puis reprenait le compte rendu de cette fête caractéristique dont tout Paris parlerait encore dix ans après, resté sous le charme des souvenirs inoubliables d'un faste suprême.

Geoffroy sauta trois ou quatre paragraphes pour arriver aux derniers.

« A l'heure où nous parlons, le bal est dans tout son éclat ; les invités arrivent encore en plus grand nombre et les splendides appartements du rez-de-chaussée sont envahis par la foule brillante ; le coup d'œil est féerique, prestigieux ; le cotillon va bientôt commencer avec des accessoires de la plus haute élégance en même temps que de la plus exquise originalité : il y a là une innovation sur laquelle nous reviendrons et qui marquera par sa parfaite distinction.

» Au nombre de ces invités, dont les noms pourraient constituer à eux seuls le livre d'or de la noblesse française, nous avons remarqué..... »

Suivait une énumération qui écrèmait la liste dressée par Gabrielle, en collaboration avec ses amies, mais qui n'était pas du tout celle des personnes présentes au bal.

Geoffroy levait les yeux sur sa femme pour lui demander si elle parlait sérieusement, en disant que cette chronique était « vraiment bien » lorsqu'elle prit les devants :

— N'est-ce pas, dit-elle, que c'est convenable.

Se moquait-elle ? ou bien, par une illusion de vanité, en était-elle venue à croire ce qu'elle lisait.

— Prenez le *Boulevard*, dit-elle, très gentil aussi.

L'article du *Boulevard* était du même genre et pour la liste des invités tout aussi exact ; « citons au hasard » disait-il ; et le hasard ne l'avait pas mieux servi que le *Candide*.

La coiffure terminée, Gabrielle renvoya sa femme de chambre.

— Vous avez des observations à me faire sur ma sortie à cheval ? demanda-t-elle.

— Il me semble que cette sortie peut vous être mauvaise : vous avez besoin de repos après les fatigues de cette nuit.

— C'est justement les fatigues de cette nuit qui me font sortir.

— Comment cela ?

— Le temps n'est plus où les femmes languissantes étaient à la mode ; pas chic du tout, la femme des chaises longues, c'est la force et la santé qui comptent maintenant ; je ne veux pas qu'on puisse s'imaginer que, pour une nuit passée, je suis à la côte.

— Que vous importe, qu'on s'imagine ceci ou cela.

— Il m'importe beaucoup.

— Dans votre état, c'est à vous qu'il faut penser, avant de prendre souci des autres.

— Je vous ai déjà dit que mon état n'était pas ce que vous croyez ; je vous le répète ; et fût-il tel, qu'il ne m'empêcherait pas de monter à cheval, aujourd'hui, demain, quand l'envie m'en viendrait.

— Même si Proby vous le défendait.

— Proby ne défend jamais ce qu'on aime et ne dit que ce qu'il croit qu'on veut lui faire dire ; si vous l'aviez amené, il m'aurait ordonné cette promenade à cheval. Mais l'eût-il interdite, que je ne l'aurais pas écouté. Il y a nécessité à ce que je me montre au Bois ce matin, et je m'y montrerai.

— Puis-je vous demander quelle est cette nécessité.

— J'aurais autant aimé n'en pas parler.

— Je vous en prie.

— Comment ne comprenez-vous pas, qu'après l'humiliation de cette nuit, je ne veux pas que, par une absence qui serait remarquée et commentée, on puisse croire que j'en suis accablée et n'ose me montrer ; c'est triomphante, que je dois être, et je le serai.

Assurément, tout ce qu'il dirait serait sans force contre une raison de cette importance ; mieux valait donc se taire et sauver, au moins, le possible.

— Puis-je vous accompagner, dit-il.

— C'est un plaisir et un honneur que vous me faites trop rarement, pour que je n'en sois pas heureuse.

XI

Geoffroy ne croyait pas, comme Gabrielle, que Proby ne dît à ses clients que ce que ceux-ci voulaient lui faire dire, sans autre souci que de leur être agréable ; donc, s'il avait annoncé une grossesse, ce n'était pas simplement pour plaire à M. Leparquois et flatter le désir d'un grand-père : ses paroles, à coup sûr, reposaient sur des faits observés, contre lesquels les dénégations de Gabrielle ne pouvaient rien ; elle croyait, lui savait ; et l'autorité qu'on lui reconnaissait ne permettait pas d'admettre qu'il pût se tromper ; il n'aurait pas eu des indices certains, qu'il ne se fût pas aventuré, il eût attendu.

Pour que Gabrielle eût raison, il faudrait que son père eût donné aux paroles du médecin un sens qu'elles n'avaient pas et pris son désir pour la réalité ; mais d'un homme tel que lui, dont le calme et le sang-froid étaient les qualités dominantes, une pareille erreur paraissait tout à fait invraisemblable ; cependant, comme le doute et l'attente n'étaient pas acceptables dans une pareille question, Geoffroy voulut voir le médecin lui-même et le faire parler.

Ce que Proby avait dit au père, il le répéta au mari : madame de Canoël présentait tous les symptômes du début de la grossesse; mais, comme pendant les premiers mois, la grossesse est toujours problématique, il ne pouvait pas affirmer qu'elle fût enceinte, tout ce qu'en ce moment il lui était permis de dire, c'était qu'il la croyait enceinte.

Et tout de suite il avait ajouté:

— Je voudrais vous donner la certitude que vous êtes certainement venu chercher en me consultant, mais je vous demande encore un certain temps avant de me prononcer formellement. Au reste, si cette réserve est fâcheuse, en cela qu'elle retarde la confirmation de vos espérances, elle n'a pas heureusements d'autres inconvénients. Si madame de Canoël était une pauvre petite femme affaiblie, ou très nerveuse, ou très lymphatique, ou très grasse, ou même si elle était très sanguine, avec un tempérament pléthorique, nous aurions, en face des symptômes constatés, des règles de conduite à lui prescrire; mais tel n'est pas son cas. Ce n'est pas seulement d'une beauté incomparable que la nature a doué madame de Canoël, c'est aussi d'une superbe santé. Avec elle rien à craindre. Ce qui serait imprudence pour une autre, serait pour elle parfaitement inoffensif.

— Alors elle n'a rien à changer dans son genre de vie?

— Rien pour le moment; si ce n'est de ne pas trop se fatiguer, et encore. Plus tard nous verrons. La grossesse est une fonction, qui ne devient une maladie que quand les femmes ne sont pas dans des conditions ordinaires de santé, et celles dans lesquelles se trouve madame de Canoël sont précisément excellentes. Si cependant nous voulons pousser les précautions à l'extrême, je ne vois qu'un point sur lequel je puisse appeler votre attention, c'est l'impressionnabilité nerveuse de madame de Canoël, qui m'a semblé plus vive qu'à l'ordinaire. Vous ne seriez pas le meilleur des maris, le plus affectueux et le plus tendre, que je vous dirais qu'en ce moment on doit éviter tout ce qui peut l'irriter, même lui causer la plus légère contrainte; mais ce n'est pas à vous qu'il faut rappeler cet usage symbolique des anciens qui, pour marquer de combien de ménagements la femme enceinte était digne, voulaient qu'on saluât toutes celles devant lesquelles on passait,

Proby eût été le médecin qui n'a d'autre souci que de plaire à ses clients, qu'il n'eût pas parlé différemment : quasi certitude de grossesse ; rien à craindre avec cette superbe santé; éviter seulement les contrariétés et les causes d'irritation; que désirer de plus et de mieux ?

Il n'y avait donc pour Geoffroy qu'à laisser aller les choses, sans insister sur des précautions inutiles : plus tard on verrait.

Et, en attendant ce plus tard, il suivit les conseils de Proby, ne changeant rien à leur genre de vie, plus assidu seulement auprès de sa femme, plus affectueux, surtout plus indulgent, non avec découragement comme avant la grossesse; mais au contraire avec espérance ; non en se disant : « A quoi bon »; mais, au contraire, en se disant : « Parce que... » : et les raisons pour justifier ces parce que ne lui manquaient pas.

Dans les dispositions où elle se trouvait, cette assiduité et cette sollicitude étaient bien plutôt pour agacer Gabrielle que pour la satisfaire, aussi ne se gênait-elle pas pour le lui marquer. Au lieu de se ménager, comme Proby l'aurait voulu, il semblait qu'elle recherchât, au contraire, toutes les occasions de se fatiguer jusqu'à l'imprudence, jusqu'au défi.

Parmi les chevaux de selle se trouvait un ancien steeple-chaser que Geoffroy avait acheté en ces derniers temps, et qui ne restait à Paris qu'en attendant une occasion de l'envoyer à Canoël.

Après une carrière médiocre, en plat, M. de Canoël père l'avait vendu et, alors, il en avait eu une si brillante en steeple, surtout par son adresse et sa sûreté sur les obstacles, qu'à Auteuil on courait encore un prix auquel on avait donné son nom : « *Cocorico* ». Devenu vieux, Geoffroy l'avait racheté par souvenir et il le montait quelquefois, si ficelle qu'il fût devenu après un long entraînement. Un matin, en descendant avec Gabrielle pour une promenade, il fut surpris de voir une selle de femme sur *Cocorico* et une selle d'homme sur l'autre cheval.

— Tiens, vous voulez monter *Cocorico* aujourd'hui? dit-il.

— Pourquoi pas?

Au fait, pourquoi pas ; c'était un caprice comme un autre et qui n'avait rien que de rassurant d'ailleurs, le vieux cheval étant incapable d'une faute comme d'une folie.

Ils partirent : Geoffroy croyait qu'ils ne devaient faire comme à l'ordinaire qu'un simple tour de Bois ; mais, en arrivant à la porte de Boulogne, elle proposa de continuer et de monter par Sèvres jusqu'à Meudon.

— La course ne sera-t-elle pas un peu longue ? dit-il.

— Pas du tout ; n'êtes-vous pas ennuyé de tourner toujours dans le même cercle, comme des chevaux de cirque ?

Il y avait longtemps qu'il éprouvait cet ennui et il ne pouvait qu'être heureux de voir sa femme lasse de la banalité du Bois. C'était un commencement, le reste viendrait petit à petit.

Ils entrèrent dans la forêt aux environs de la station de Sèvres ; jusque-là, ils avaient marché d'une allure raisonnable, mais lorsqu'ils furent sous bois, dans des chemins déserts, Gabrielle mit son cheval au petit galop de chasse ; puis, la côte montée, elle pressa l'allure de *Cocorico* qui, se trouvant entre deux rangées d'arbres, heureux de respirer l'odeur de la sève et de l'herbe, ne demanda pas mieux que de s'allonger comme s'il était encore à l'exercice à Chantilly dans la route du Connétable, tandis que Geoffroy, sur son stepper aux allures correctes, restait en arrière sans pouvoir la rejoindre. Tout à coup elle disparut dans un pli du terrain et, quand il arriva à cet endroit, il l'aperçut dans la route droite descendant la côte au galop, si rudement secouée qu'on devait croire qu'elle allait être jetée par dessus la tête de son cheval. Et il ne pouvait rien. Appeler, elle n'entendrait pas. Se lancer à sa poursuite, il ne la rattraperait pas et, d'ailleurs, en l'entendant venir, *Cocorico* n'en irait que plus vite.

Il ne la rejoignit qu'au bas de la côte où elle avait mis son cheval au pas.

— Quelle imprudence, dit-il, la voix toute frémissante.

— Est-ce que *Cocorico* n'est pas sûr?

— Il ne s'agit pas de *Cocorico*, mais de vous.

— Alors, je monte mal ; je croyais que vous me feriez des compliments... au moins sur ma manière.

— Si bien que vous montiez, vous aviez quatre-vingt-dix chances d'être jetée à bas dans cette descente.

— Vous voyez que je ne l'ai pas été.

— Mais à un autre point de vue, ne deviez-vous pas éviter ces terribles secousses.

— Ah! j'y suis, dit-elle, voilà ce qui vous met dans cet état d'agitation ; c'est pour l'enfant que vous avez eu peur, non pour la mère.

— Pour la mère et pour l'enfant.

— Est-ce que vraiment vous vous imaginez que si je me croyais enceinte, je me lancerais dans une pareille galopade.

— Ne pourriez-vous pas prendre quelques précautions comme si vous y croyiez?

— Pour cela, non, je n'ai pas envie de rester paralysée dans l'attente d'un événement qui ne se réalisera peut-être jamais. J'avais besoin de me secouer, j'ai profité de ce que vous vouliez bien m'accompagner pour m'offrir ce petit galop.

Que répondre? Elle ne croyait pas à sa grossesse et, dans cette conviction, elle ne voulait pas s'imposer l'ennui de ménagements qu'elle jugeait inutiles; c'était à lui de s'arranger pour que pareille imprudence ne se renouvelât pas.

Mais si cela était jusqu'à un certain point facile, combien pour d'autres se trouvait-il impuissant. Jamais elle n'avait eu une vie aussi active, aussi remplie : du matin au soir, ce n'était que promenades à cheval, longues courses à pied, exercices de toutes sortes qu'il ne connaissait, le plus souvent, que lorsqu'il était trop tard pour intervenir. Il semblait qu'elle fût infatigable et qu'il y eût en elle une exubérance d'énergie que rien ne pouvait lasser.

Cependant, ce n'était pas sans que certains changements se produisissent sur sa physionomie et dans son état général, qu'elle menait cette existence dévorante : le ton mat, cireux de son visage, qui produisait tant d'effet, s'était assombri, ses joues pleines s'étaient creusées, un cercle bistré entourait les yeux; enfin, l'impressionnabilité nerveuse dont parlait Proby, s'accentuait de jour en jour et rendait la vie commune de plus en plus difficile, non seulement avec le mari, mais encore avec le père. A la lettre, ils ne savaient, ni l'un ni l'autre, quel terrain aborder sans s'exposer à le trouver semé de chausses-trapes et de mines qui, tout à coup, faisaient explosion; alors, ils se regardaient pour se recommander l'un à l'autre la patience et l'indulgence.

— Ne prenez pas cela au sérieux, disait le père.

— Son état, disait le mari.

Il fallait toute la confiance de Geoffroy en Proby pour se répéter qu'il n'y avait rien à craindre, car, à s'en tenir à ce qui le frappait, il se fût, au contraire inquiété : des changements aussi précis avaient, semblait-il, une cause que la grossesse seule ne devait pas expliquer. Quelle était cette cause ?

Il voulut essayer de décider sa femme à appeler Proby, mais, au premier mot elle se fâcha :

— Si vous le faites venir, je ne le recevrai pas ; Proby est l'homme le plus infatué de son infaillibilité que j'aie jamais vu ; il vous a dit que j'étais enceinte, il n'en démordra pas, tant que la réalité ne lui aura pas donné un démenti.

Cette obstination à ne pas vouloir une grossesse était tellement caractéristique, que Geoffroy ne pouvait pas ne pas s'en étonner et, comme il se l'était déjà dit vingt fois, cent fois, il répétait :

— Pourquoi tient-elle à ne pas être enceinte ?

Que, réellement, elle désirât ne pas l'être ; elle avait pour cela des raisons qu'il ne connaissait que trop, mais qu'elle s'obstinât ainsi à ne pas vouloir admettre et avouer qu'elle pouvait l'être, c'était ce qu'il ne comprenait pas.

Les choses en étaient là, lorsqu'un jour après dîner, passant avec son père et son mari de la salle à manger dans le fumoir, elle chancela, fit deux pas en avant et s'abattit sur un divan, lourdement, avec un cri.

Ils coururent à elle ; elle était sans mouvement, l'œil éteint, la mâchoire inerte, les traits décomposés, la face pâle, les lèvres décolorées, les mains glacées, le visage couvert d'une sueur froide.

— Gabrielle !

— Mon enfant ! ma fille !

L'un à droite, l'autre à gauche, ils s'empressaient autour d'elle, lui parlaient, l'appelaient ; mais elle restait immobile, insensible, dans un état complet d'obnubilation.

Leparquois voulait appeler, Geoffroy l'en empêcha et, courant à la salle à manger, il rapporta un verre d'eau glacée et en projeta avec force quelques gouttes sur le visage de Gabrielle.

— Ouvrez les fenêtres, dit-il à son beau-père.

En même temps, il la coucha tout de son long sur le divan, la tête basse, en lui élevant les deux bras pour que le sang revînt au cerveau.

— Jetez-lui de l'eau au visage, dit-il.

Mais l'agitation de Leparquois était telle, qu'au lieu de jeter quelques gouttes d'eau, il répandit une bonne moitié du verre sur la face de sa fille.

Ses yeux retrouvèrent un regard vivant, ses lèvres rougirent, elle poussa un soupir, le cœur battait.

— Qu'as-tu ? s'écria Leparquois, parle-nous, ma chère fille, parle.

— Ne la fatiguons pas, dit Geoffroy ; c'était une syncope, la respiration se rétablit, ne la troublons pas.

Tout en parlant, il la débarrassait des vêtements qui pouvaient la gêner.

— Envoyez chercher Proby, dit Geoffroy.

A ce nom, elle fit un mouvement qui prouvait que la connaissance lui était revenue.

— Ce n'est rien, murmura-t-elle.

Mais Leparquois avait déjà sonné, et il se tenait en dehors de la porte pour que le valet qui allait venir n'entrât pas dans le salon.

— Qu'on aille chercher madame de Ligny, dit-elle, qu'elle vienne tout de suite.

Peu à peu elle se remit et reprit ses sens; alors, Geoffroy proposa de la monter à son appartement, mais elle refusa.

— Je crois que je puis marcher, dit-elle.

En effet, en s'appuyant sur son père et son mari, en s'arrêtant plusieurs fois dans l'escalier, elle arriva à sa chambre où elle voulut qu'on la laissât seule avec ses femmes.

Restés en tête à tête, Leparquois et Geoffroy cherchèrent à s'expliquer ce qui venait de se passer : tous deux avaient remarqué que Gabrielle ne mangeait pas et paraissait mal à l'aise ; bien que la température fût assez haute, elle avait eu des frissons ; s'ils ne lui en avaient rien dit, c'est qu'elle accueillait toujours mal les questions et les observations sur sa santé. D'ailleurs, ce n'était pas au dîner seulement qu'avait commencé cet état de malaise. Depuis quelques jours elle n'était certainement pas bien : il y avait des moments où elle marchait en hésitant, comme si elle ne voyait pas devant elle ; d'autres, où elle paraissait ne pas entendre ce qu'on lui disait quand on parlait en baissant la voix ; elle fermait aussi les yeux comme sous l'influence d'un mal de cœur ou d'une défaillance ; et cette défaillance qui la menaçait s'était enfin produite.

Sans doute il ne fallait attribuer cette syncope qu'à la grossesse, et la question qui, en ce moment, se posait pour eux avec inquiétude, était celle de savoir s'il y avait là un symptôme grave.

Quand elle eut été mise au lit, on vint les prévenir qu'elle se trouvait fatiguée et désirait se reposer ; ils ne purent donc pas entrer près d'elle, comme ils l'espéraient.

— Au fait, nous ne pourrions que la troubler, dit Leparquois.

Théodolinda ne tarda pas à arriver et la porte, qui restait fermée pour le père et le mari, s'ouvrit pour l'amie.

Cependant, après un long tête à tête, pendant lequel les femmes de chambre furent mises hors l'appartement, madame de Ligny voulut bien venir leur apporter des nouvelles :

— Il n'y a pas à s'inquiéter ; une simple défaillance causée très probablement par une mauvaise digestion.

Mais Leparquois n'accepta pas cette explication :

— Je crois bien plutôt à un effet de la grossesse, dit-il.

Théodolinda repoussa vivement cette idée et, avec une abondance d'arguments qui devaient la faire écarter ?

— Où prenez-vous la grossesse ?

— Dans l'opinion de Proby.

— Proby a certainement parlé à la légère; Gabrielle n'est pas enceinte.

Et les arguments recommencèrent plus serrés, plus probants.

L'arrivée de Proby mit fin à la discussion: on allait savoir.

Mais on ne sut rien, ou presque rien, car, contrairement à son habitude, Proby se montra d'une extrême réserve:

— La syncope n'était rien; mais il ne s'expliquait pas ce qui avait pu l'amener; il fallait attendre avant de se prononcer; au reste, rien à craindre pour la malade.

— Et la grossesse? demanda Geoffroy.

Il raconta ce qu'il appelait les imprudences de sa femme: ses courses à pied, ses promenades à cheval, la galopade du bois de Meudon, son surmenage en tout et pour tout.

Mais Proby refusa de se prononcer:

— Attendons, dit-il, nous verrons.

L'état resta le même pendant plusieurs jours et Proby continua à garder son attitude de sphinx.

Théodolinda et madame de Beaudemont s'étaient installées auprès de leur amie, et il était rare qu'elles la laissassent seule; quand l'une partait, l'autre presque toujours la remplaçait; c'étaient elles qui ordonnaient, dirigeaient tout; deux admirables gardes-malades; le père et le mari n'avaient rien à dire, rien à faire; on ne les tolérait que tout juste pour qu'ils ne pussent pas se plaindre d'être consignés; pour la première fois de sa vie, Leparquois admettait que Théodolinda pouvait être gênante :

— Bien dévouée, cela est certain, mais encombrante aussi ; elle aime son amie, c'est très bien ; mais elle devrait comprendre que j'ai le droit d'aimer ma fille et de m'occuper d'elle.

— Vous voyez, répondit Geoffroy.

— Je sais que vous avez raison, mais patientons, l'enfant remettra tout en ordre.

Cependant, malgré cette assiduité amicale, il arriva qu'un jour où elles n'étaient là ni l'une ni l'autre, il y eut à répondre à une lettre que Gabrielle avait reçue la veille de sa syncope et, comme on attendait cette réponse, Geoffroy se proposa pour l'écrire.

— Vous dicterez.

Elle accepta ; mais, après les premières lignes, elle eut besoin de la lettre reçue pour savoir ce qu'on lui demandait.

— Vous la trouverez dans le petit bureau de mon boudoir, dit-elle.

De la chambre, il passa dans le boudoir et, ayant ouvert le bureau, il commença sa recherche, qui était assez difficile, car, depuis la maladie de Gabrielle, Théodolinda et madame de Beaudemont ayant eu plusieurs fois à écrire sur ce bureau, l'avaient mis dans un certain désordre.

— Je ne trouve pas sur la tablette, dit-il.

— Cherchez dans les tiroirs.

A peine en avait-il ouvert un qu'elle lui cria vivement :

— Ce n'est pas la peine ; revenez ; nous nous passerons de cette lettre.

Dans ce tiroir, il avait vu un de ces étuis recouverts de papier brun dont se servent les pharmaciens, avec une étiquette blanche : « cachets de sulfate de quinine n°... » ; il le referma, revint dans la chambre et reprit sa lettre au point interrompu.

Ce jour-là, Proby devait faire sa visite dans l'après-midi. Quand il sortit de la chambre de Gabrielle, Geoffroy, comme à l'ordinaire, l'accompagna en l'interrogeant : comment la trouvait-il ? quelle était son impression ? Entre autres questions il en vint aussi à parler de sa fièvre.

— Elle n'a pas de fièvre, ou si peu que cela ne compte pas.

— Alors, ce n'est pas pour la fièvre que vous lui donnez du sulfate de quinine.

— Du sulfate de quinine ! Dans son état ! Pourquoi diable voulez-vous que je lui en donne ? On ne prescrit pas le sulfate de quinine à une femme enceinte.

— Ah !

Proby laissa Geoffroy bouleversé. Déjà plus d'une fois cette pensée s'était présentée à son esprit et toujours il l'avait écartée, sans vouloir s'y arrêter ; mais la lumière se faisait, éblouissante comme celle d'un éclair.

Cependant il s'obstina à la repousser encore ; c'était un soupçon indigne de lui. Avant de l'admettre, il fallait savoir. Cet étui pouvait être dans le bureau depuis longtemps ; alors, il ne signifiait rien et n'était plus une accusation.

Depuis quand se trouvait-il là ? C'était toute la question.

Le demander était impossible ; il fallait que seul il trouvât le moyen de l'apprendre.

Ce fut le lendemain seulement, pendant que Théodolinda et madame de Beaudemont étaient auprès de sa femme, qu'il put entrer dans le boudoir sans provoquer la surprise, ouvrir doucement le tiroir, prendre l'étui qui était vide, et lire l'adresse du pharmacien ainsi que le numéro écrit à la suite.

Une demi-heure après, il était chez le pharmacien et demandait les mêmes cachets que ceux qui avaient été faits sous le n° 540, 451.

— Il ne faut peut-être pas remonter loin, dit-il.

Le pharmacien ouvrit son livre :

— Le 540, 451, dit-il, il y a dix jours.

Ainsi c'était vrai.

Maintenant, il comprenait pourquoi elle avait si obstinément répété qu'elle ne pouvait pas être enceinte : — c'est que, décidée à ne pas mettre au monde l'enfant qu'elle portait, il fallait qu'on ne crût pas à sa grossesse.

Des enfants qui flétriraient sa beauté, dérangeraient sa vie de plaisir, elle n'en voulait point.

FIN DE LA DEUXIÈME PARTIE

TROISIÈME PARTIE

I

Un matin, huit jours après, vers six heures, Geoffroy entrait dans son atelier : Lotieu était déjà au travail et, tout en dessinant, elle défendait d'une main sa tartine de beurre posée près d'elle, que Diavolo assis sur la table, s'obstinait quand même à vouloir lécher.

— Alors toujours, dit-il, en jetant son chapeau sur le divan.

— Je viens d'arriver.

— Ce n'est pas un reproche, au contraire ; mais enfin, quand dormez-vous ?

— Je me couche de bonne heure, n'ayant plus rien à faire quand mon jardin est arrosé.

— Vous ne sortez jamais ?

— Où irais-je ? J'ai eu assez à souffrir de me trouver seule dans les rues, de marcher au hasard sans m'arrêter, pour avoir maintenant la crainte et l'horreur de la rue.

— A Dunkerque, vous sortiez ?

— A chaque instant ; dans la semaine pour les classes, les cours et aussi pour aller sur l'estacade ou à la tour de Leughenaer ; le dimanche, avec mon père aux ducasses des villages des environs de la ville · Rosendael, Saint-Pol, Millebrugghe, Petite-Synthe, Teteghem.

— On danse aux ducasses ?

— Pas les demoiselles de la ville, mais les filles des caves comme nous.

— Et vous dansiez ?

— Je crois bien.

— Maintenant, il ne vous arrive pas quelquefois de jeter un regard par-dessus les palissades de cet enclos.

— Si, quelquefois.

— Alors ?

— Alors, je me dis que je serais folle de penser à sortir de cet enclos où j'ai trouvé la tranquillité et la sécurité ; qu'irais-je chercher dehors ? Je n'ai plus de parents, pas d'amis, je ne connais personne. Il me semble qu'il en serait de la campagne comme il en est pour moi des rues, j'aurais peur. Et puis, je vous assure bien que je n'ai pas le temps de m'ennuyer : vos paroles m'ont mis tant de choses dans la tête, tant d'idées, tant d'espoir, tant de rêves.

Tout en parlant, Geoffroy avait quitté son veston et passé sa longue blouse noire.

— Alors, vous allez travailler ? demanda-t-elle.

— Toute la journée, demain et après-demain, et souvent.

— Quel bonheur !

Mais tout de suite elle se reprit :

— Je ne pensais qu'au travail sous votre direction.

Ce à quoi elle pensait maintenant, c'était à ce qu'il lui avait dit en la prévenant que des occupations le tiendraient désormais souvent éloigné de l'atelier. Ce qu'il espérait ne s'était donc pas réalisé qu'il revenait si vite. Sans bien se rendre compte de ce que pouvaient être ces occupations, elle imaginait qu'elles consistaient dans l'exécution de commandes en province, et dès lors ce ne pouvait pas être un bonheur, que pour une raison ou une autre il les abandonnât.

Ce n'était pas seulement chez les bavards de la rue Championnet que Geoffroy provoquait la curiosité; elle aussi s'était souvent étonnée des bizarreries de cette existence qui ressemblait si peu à celle de tout le monde, tâchant de se l'expliquer et n'y parvenant pas. Que de points obscurs qu'elle ne savait comment éclairer, que de trous dans lesquels elle se perdait, que de contradictions qui la déroutaient. La première question que s'était posée son imagination avait été celle du mariage : était-il ou n'était-il point marié? et tout bien examiné, elle avait conclu qu'il ne pouvait pas l'être : marié, il eût écrit à sa femme quand il passait plusieurs jours à l'atelier, il eût reçu des lettres d'elle, et il n'écrivait point pas plus qu'on ne lui écrivait. Cette question l'avait conduite à une autre qui la complétait : habitait-il Paris ou, comme le disait Trip, la province?

Elle avait conclu pour Paris; s'il habitait la province, il ne quitterait pas l'atelier le soir tantôt à une heure, tantôt à une autre, et il n'arriverait pas le matin à des heures variables aussi qui, précisément par cette variabilité, disaient qu'il ne subissait pas les exigences d'un train. Et la solution donnée à l'habitation avait tranché du même coup celle du mariage : marié, il rentrerait chez lui tous les soirs.

Mais, pour se croire à peu près fixée sur ces deux points, elle ne l'était pas sur beaucoup d'autres : son état, sa position, sa fortune. Son état : artiste, cela ne faisait pas de doute, et elle n'imaginait même pas que quelqu'un pût avoir, au même degré que lui, le goût et la passion de l'art; c'était à l'art qu'il ramenait tout; sur l'art que roulaient ses paroles; pour l'art qu'il s'animait et s'enthousiasmait; ordinairement calme, froid, même indifférent, il ne s'échauffait qu'au travail; alors sa physionomie s'éclairait. Certainement il prenait un extrême plaisir à ce qu'il faisait, et elle avait été frappée du contraste significatif qui existait entre son arrivée et son départ; le plus souvent sombre ou préoccupé lorsqu'il ouvrait la porte, il se montrait alerte, dispos, heureux lorsqu'il la refermait; une heure passée dans son atelier en avait fait un tout autre homme. Mais qu'était cet artiste? Un ouvrier qui cherche à s'élever comme il le disait lui-même, ou plus qu'un ouvrier? Là, elle se perdait dans des conjectures où aucun fil ne pouvait la guider. Devait-on ne pas le croire! C'était lui faire injure. Pourquoi se dirait-il ouvrier s'il ne l'était pas; elle ne voyait pas son intérêt à cela. Il est vrai que, par contre, il fallait, pour croire à l'ouvrier, fermer les yeux à l'évidence et se dire : « Je crois parce que je crois, non parce que je vois ».

D'ouvriers parisiens, elle n'en connaissait qu'un, Pavard, le serrurier-électricien, dont l'atelier se trouvait dans l'enclos, et celui-là, au dire du père Trip, était un ouvrier comme on en rencontre rarement et qu'on pouvait placer en tête des plus intelligents, instruit dans les choses de son métier; orateur des réunions publiques, jeune, soigné de sa personne, beau garçon et régulier dans sa vie à ce point qu'on ne le voyait jamais chez les marchands de vin. Depuis que les jours étaient longs, il venait quelquefois, le soir, la regarder arroser son jardin; il avait même voulu l'aider à porter son eau et, quoiqu'elle se fût tenue sur la réserve, il s'était établi entre eux des relations de voisinage qui le lui avaient fait connaître. Qu'il fût intelligent, elle en avait eu la preuve; instruit, il l'était aussi et même en dehors des choses de son métier, si elle s'en rapportait aux longues conversations qu'il avait souvent avec Trip, et dans lesquelles il lui exposait toutes sortes d'idées sur l'histoire des religions, la suppression des armées, l'extinction de la misère, l'organisation du travail et du crédit, la réorganisation de la société. Mais, si intelligent qu'il pût être, si instruit, si soigné dans sa personne, si beau garçon, il n'y avait pas plus de ressemblance entre eux qu'entre un blanc et un nègre, une comparaison serait une injure et, dès lors, Pavard ne pouvait servir à rien pour décider la question de savoir si Geoffroy était ou n'était pas un ouvrier. Cependant, puisqu'il se présentait comme tel, elle devait le croire, en admettant des circonstances qu'elle arrangeait pour expliquer que des revers de fortune, des difficultés de vie l'eussent réduit à n'être qu'ouvrier, quand tout en lui, éducation, manières, élévation en faisaient un artiste et, dès lors, elle devait aussi penser que, dans cette condition, là perte d'un long travail était un désagrément qui ne permettait point qu'on s'en réjouît et qu'on répondît sottement : « Quel bonheur! »

Fatigué et encore plus blessé qu'on l'éloignât de la tartine qu'il voulait, Diavolo l'avait abandonnée et, dignement, il s'était retiré au haut d'une armoire où il boudait. Maintenant, n'ayant plus à défendre la tartine, Lotieu pouvait manger à son aise; et, tout en travaillant, elle mordait une bouchée, puis elle reposait la tartine sur la table auprès d'elle; elle faisait cela si gentiment, si gracieusement, que c'était plaisir de voir ses dents perlées s'enfoncer dans le pain jaune.

— Est-ce que vous avez du pain chez vous? demanda Geoffroy.

— Vous en désirez?

— Vous me donnez faim à vous voir manger.

Elle s'était vivement levée :

— Je vais vous en donner un morceau.

— Avec du beurre dessus, n'est-ce pas?

Elle parut embarrassée:

— C'est que je n'ai que du beurre salé, dit-elle; nous autres gens du Nord, nous aimons tant le beurre, que nous le mangeons tel quel.

— J'accepte le beurre salé; les Normands, pour le beurre, sont aussi gens du Nord.

Elle partit en courant et ne tarda pas à revenir apportant, sur une assiette, une belle tartine de pain un peu moins mince que la sienne et, surtout, moins économiquement beurrée.

— Voulez-vous que je vous fasse une tasse de café au lait, dit-elle.

— Vous avez du café?

— Non.

— Et du lait?

— Il est facile d'aller en chercher.

— Ne perdons pas notre temps, un verre d'eau remplacera très bien le bol de café au lait.

Elle était si bien habituée au mot : « Ne perdons pas notre temps », qu'elle n'insista pas, de peur de lui déplaire. A peine était-il arrivé, qu'il se jetait furieusement au travail, comme si les journées passaient trop vite pour lui, déjeunant, le plus souvent debout, sur le coin d'une table, ne s'interrompant pas jusqu'au soir, et ce n'était certes pas lui être agréable que de ne pas faire comme lui.

Dans cette application au travail, il y avait même pour elle un nouveau sujet de curiosité qui, d'ailleurs, restait aussi obscur que les autres. Depuis qu'elle vivait dans l'atelier, elle n'avait jamais vu sortir un seul des émaux qu'il avait terminés; s'il en était satisfait, il l'appliquait au mur, par quatre clous : au contraire, s'il en était mécontent, il le jetait dans un tiroir, où il rejoignait une nombreuse collection et c'était tout; jamais il n'en emportait un seul pour le vendre. Alors n'était-il pas étrange, vraiment, si l'on devait croire à l'ouvrier, que cet ouvrier ne tirât pas profit de son travail ; à la vérité, il ne l'était pas moins qu'un artiste n'en tirât pas profit non plus. Sans avoir la prétention d'être en état de juger ce qu'il faisait, elle sentait que, parmi les plaques qui garnissaient les murs de l'atelier, il y en avait de fort belles qui, certainement, trouveraient des acquéreurs s'il consentait à les vendre ; et, cependant, il ne les vendait pas.

Les choses se passèrent ce jour-là comme à l'ordinaire ; quand Trip rentra de sa tournée, il vint poser sa question habituelle :

— Qu'est-ce que mon locataire mangera ce matin ?

Et le locataire fit sa réponse habituelle aussi :

— Ce que vous voudrez.

Alors Trip, après s'être creusé la tête, trouva qu'une tranche de jambon avec un morceau de gruyère pour dessert et une bouteille de bière feraient un joli déjeuner que Geoffroy accepta, et qu'il mangea tout en travaillant, tandis que Lotieu allait déjeuner chez elle.

De toute la journée, il ne quitta sa table que pour son four, et le four que pour sa table : jamais elle ne lui avait vu pareille ardeur ; pas une minute de repos ou de distraction, pas une parole inutile ; il semblait que le travail fût pour lui un soulagement, une griserie.

A sept heures seulement, il retira sa blouse.

— Une bonne journée, dit-il.

Son accent était joyeux, sa physionomie exprimait la satisfaction.

— Si les gens qui s'ennuient savaient ce que c'est que le travail, dit-il ; mais voilà, le travail pour les oisifs, c'est comme la marche pour les obèses; il faut s'y mettre et l'on ne peut pas.

Tout en parlant, il regardait ce qu'elle avait fait dans sa journée et, doucement, amicalement, il lui donna quelques conseils.

— Et maintenant? dit-il.

— Je vais préparer mon dîner.

Pour lui, il s'en alla dîner chez le marchand de vin de l'avenue, et le repas du soir fut tout aussi simple que l'avait été celui du matin: ce n'était point par la recherche et l'abondance de ses menus qu'il se distinguait de ses voisins, ouvriers ou petits commis, dont les additions, bien souvent, s'élevaient au double des siennes; comme ce n'était pas pour lui non plus qu'on débouchait les bouteilles de vin cacheté, qu'on ouvrait la douzaine de portugaises, ou qu'on servait les platées d'escargots selon les saisons.

Quand il rentra, il vit Lotieu assise devant sa cabane, un livre sur les genoux, rêvant, plutôt que lisant; il vint à elle:

— Déjà dîné ? dit-il.

— Ce n'est pas long.

Non seulement, elle avait dîné, mais encore arrosé son jardinet; et de la terre humide montait une odeur de giroflées qui parfumait l'enclos.

— C'est là que vous passez vos soirées? dit-il.

— Quand il fait beau : si le froid ou la pluie m'obligent à rentrer, je lis.

— Je vous demandais ce matin si vous ne sortiez jamais, et vous m'avez répondu que vous aviez la crainte et l'horreur de la rue ; je pense que si vous n'étiez pas seule vous auriez plaisir à marcher.

— Mais je suis seule.

— Voulez-vous sortir avec moi ce soir ?

— Oh ! Monsieur...

L'émotion en même temps que la confusion arrêtèrent ses paroles.

— Qui vous retient ?

Elle ne répondit pas, mais d'un geste, elle montra sa robe vraiment modeste, bien qu'en ces derniers temps elle en eût égayé la tristesse par un col droit et des manchettes dont la blancheur tranchait sur le noir de la laine.

Alors, il la regarda, car il était si bien habitué à la traiter en camarade, que lorsqu'elle ne posait point il ne savait guère comment elle était habillée.

— Mais, vous êtes très bien, dit-il.

— Pour sortir avec vous !

Sa robe qui s'appliquait simplement sur le buste, sans aucun ornement, faisait valoir l'élégante souplesse de sa taille et le développement de son corsage, qui n'était plus celui de la maigriotte de l'hiver épuisée par les privations ; depuis cette époque, les cheveux avaient poussé et leurs mèches frisées, flottantes maintenant, avaient enlevé à la tête son caractère gamin, mais en lui laissant toute sa naïveté et sa jeune candeur.

— Avez-vous un chapeau? demanda-t-il.

— Il ne vaut guère mieux que la robe.

— Laissez-moi vous dire que vous ne savez pas ce que vaut votre robe, ni vous-même, ni très probablement votre chapeau; allez le mettre.

Elle avait fait toute la défense possible; dans le trouble de joie que lui causait la pensée de sortir, une plus longue résistance était au-dessus de ses forces.

Elle revint promptement coiffée d'un chapeau qui ne valait pas mieux que la robe, mais qui ne valait pas moins non plus; un paillasson noir avec une aile de corbeau posée sur le côté.

— Mais il est très gentil, dit Geoffroy; et par sa teinte sombre, il donne plus d'éclat encore à votre carnation de flamande; partons.

Ils n'allèrent pas loin, simplement jusqu'à la porte de Saint-Ouen où ils montèrent sur les fortifications, marchant dans l'herbe verte que les chaleurs n'avaient point encore desséchée; bien que le soleil eût disparu, depuis assez longtemps déjà, il était resté au couchant une lueur rose qui éclairait tout le ciel.

— Si vous voulez courir, dit-il, vous devez avoir besoin de remuer les jambes.

— Comme c'est curieux, répondit-elle, en riant.

— Qui est curieux?

— Que vous deviniez si bien ce que je pense et ce qui se passe en moi.

— Vous avez envie de courir?

— Pas précisément; mais je pensais aux fortifications de Dunkerque et aux belles glissades que je faisais d'un seul pied dans une ornière creusée sur la pente des glacis.

— Je ne vois pas d'ornière de ce genre, mais au moins voici un petit sentier dans l'herbe fait, il me semble, pour vous engager.

Elle partit en courant, mais presque aussitôt elle revint :

— Je n'ose pas, dit-elle, je ne suis plus une petite fille.

— C'est à cela seulement que vous vous en apercevez?

— A cela, et à bien d'autres choses aussi.

— Quelles choses?

— C'est difficile à dire, et même à expliquer pour moi.

— Si je vous aidais.

Elle parut confuse et émue, mais non de cet embarras qu'il remarquait autrefois quand il la questionnait.

— Il n'y a qu'un moment, dit-il, quand je suis revenu de dîner, vous aviez un livre à la main, mais vous ne lisiez pas, vous rêviez ; à quoi, de quoi rêviez-vous? Est-ce une indiscrétion de vous le demander? Vos réponses éclaireront ma première question.

— Je vous ai dit que je m'asseyais là presque tous les soirs, et toujours je prends un livre ; j'en lis une page, deux quelque fois, rarement trois ; sans que ma volonté y soit pour rien, je le pose sur mes genoux et mon esprit s'envole.

— Où?

— A Dunkerque, mais je n'y reste pas : le soir me serre toujours le cœur, je pense à mon pauvre père et je le cherche : où est-il? Bien que de longs mois se soient écoulés, je ne peux pas admettre qu'il soit... perdu et j'imagine que le navire qui l'a sauvé l'a emporté dans des pays lointains d'où il n'a pas pu revenir encore, mais d'où il reviendra certainement. Alors je me demande ce qu'il dira en me retrouvant, et cela m'amène à penser à moi, au présent, à l'avenir. Voilà la marche régulière de ma rêverie.

— Et le présent?

— C'est vous, votre bonté pour moi, vos leçons, vos conseils.

— Et l'avenir?

— Vous encore.

Elle dit cela avec une parfaite sincérité, simplement, et ce fut au tour de Geoffroy d'être ému. Il venait de traverser des journées cruelles, le cœur endolori des coups qui le meurtrissaient, l'humeur aigrie, les nerfs exaspérés de la contrainte qu'il leur imposait, pour ne pas provoquer un éclat qui serait une irréparable rupture, et ces naïves paroles détendaient ses nerfs, comme elles remuaient son cœur. Il y avait donc encore en ce monde de la droiture et de la tendresse — chez ce gamin, cette belle fille.

Ils n'étaient pas seuls sur les fortifications; des groupes étaient couchés dans l'herbe, des gens se promenaient comme eux, des enfants jouaient, un ivrogne venait dans le sentier en festonnant et en s'adressant des discours incohérents, qu'il vociférait ou chuchotait au hasard.

— Prenez mon bras, dit Geoffroy, et n'ayez pas peur.

— Je n'ai pas peur avec vous.

Ils continuèrent leur promenade sans qu'elle lui quittât le bras, et il reprit :

— Ainsi, dit-il, vous me mettez dans vos rêves d'avenir?

— Vous avez toujours la grande, la première place, et c'est bien naturel, puisque, pour une pauvre fille comme moi, vous êtes tout : le maître, le père, la Providence ; mais depuis que vous m'avez appelée « camarade », c'est bien autre chose. Il faut que vous sachiez que je suis ainsi faite, que je crois tout ce qu'on me dit et encore bien mieux quand c'est vous qui le dites. Au lieu de me demander s'il n'y avait pas trop d'indulgence, trop de bonté, un trop généreux désir de me rendre heureuse dans vos paroles, je les ai acceptées à la lettre.

— Telles qu'elles étaient dites.

— Et alors ma tête s'est montée, — dans mes rêveries, s'entend — au point de déménager un peu et même beaucoup, mais le rêve n'est-il pas le frère de la folie! Je me vois — oh! plus tard, — ayant du talent et travaillant avec vous, toujours dans le même atelier, votre élève, mais aussi votre camarade, et votre vie s'étant arrangée autrement qu'elle n'est maintenant, comment, je n'en sais rien et laisse toujours cela de côté, vous ne faites plus d'absence, du matin au soir, ainsi qu'aujourd'hui, nous travaillons ; je vous consulte ; mais vous, vous allez droit, hardiment, sans conseils comme sans observations, parce que vous êtes le maître, et les maîtres imposent leur influence sans subir celle de personne. Par votre impulsion, vous avez mis l'émail à la mode, il est entré dans la décoration des monuments et des maisons et, tout en continuant nos petites plaques, nous en faisons des grandes, dans des fours que vous avez inventés et où elles passent au feu sans se déformer, aussi parfaites et même beaucoup plus belles que celles de Pierre Courtoys, au château de Madrid.

— Je comprends que les livres dorment sur vos genoux, dit Geoffroy en riant.

— Voilà que vous vous moquez.

— Je vous envie plutôt ; l'enthousiasme, la foi, c'est la moitié du talent.

— Et la folie?

— C'en est une autre partie, indispensable aussi, — l'envolée.

— Alors, il faut croire que je suis douée.

— Précisément.

Ils arrivaient à la porte de Clichy ; depuis quelques instants, des nuages voilaient la lueur rose qui, au couchant, avait empli le ciel et, devant leurs pas, le sentier devenait incertain ; ils descendirent sur le boulevard.

Mais, sur le trottoir, ce n'était plus l'intimité du sentier des bastions ; alors, tout naturellement, l'entretien se fit indifférent ; ils revenaient vers l'avenue de Saint-Ouen, et le retour a rarement les échappées du départ.

— A demain, dit Geoffroy, en lui tendant la main lorsqu'ils arrivèrent devant l'atelier.

— A quelle heure?

— Aussitôt que je serai levé, j'ouvrirai ma porte.

II

La journée du lendemain fut ce qu'avait été celle de la veille, remplie par le travail, avec un court déjeuner debout; mais, plus d'une fois, Geoffroy se prit à regarder Lotieu avec un intérêt qu'il n'avait pas encore ressenti pour elle.

— Curieuse, cette petite, avec ses idées et ses ambitions, et aussi brave fille.

Il ne pouvait pas ne pas être touché des sentiments de respect et de gratitude qu'elle lui témoignait si naïvement; et, bien que peu disposé ordinairement à l'infatuation, il se laissait aller à accepter le rôle de Dieu qu'elle lui donnait : en réalité, elle lui devait la vie; c'était un lien.

Ils travaillèrent jusqu'au soir, mais moins tard que la veille; vers six heures, il lui demanda comment elle avait dormi après sa promenade.

— Un rêve doré.

— Voulez-vous que nous en fassions une autre aujourd'hui?

Son visage, éclairé de joie, répondit pour elle.

— Eh bien, allez mettre votre chapeau.

Elle le regarda étonnée, mais non résistante.

— N'est-il pas honnête que je vous rende votre déjeuner ; ce sera un dîner si vous voulez bien. Vous n'avez pas usé hier votre besoin de marcher ; nous nous en irons jusqu'à Saint-Ouen, ce qui n'est pas loin, et là, soit dans le village, soit dans l'île, nous trouverons bien un restaurant ; le bord de l'eau vaudra, sans doute, le gazon des fortifications.

— Quel bonheur !

— Si vous avez un manteau, prenez-le, il fera peut-être frais pour revenir.

Il en était du manteau comme du chapeau ; elle les avait achetés l'un et l'autre pour aller le dimanche matin à la messe de Notre-Dame de Clignancourt.

En un tour de main, elle fut prête et elle trouva Geoffroy devant sa porte, l'attendant.

Elle croyait qu'ils devaient aller à pied à Saint-Ouen, mais la route était ensoleillée, poussiéreuse ; un tramway passait, il la fit monter sur l'impériale.

— Gagnons l'herbe au plus vite, dit-il.

— Vous aimez la campagne?

— Je voudrais y vivre toujours.

— Moi aussi, mais dans un bois, au haut d'une colline d'où la vue s'étendrait au loin librement.

— Parce qu'il n'y a ni bois, ni collines à Dunkerque ?

— Peut-être.

Arrivés à Saint-Ouen, ils passèrent dans l'île qui, par la verdure et la fraîcheur, charma Lotieu.

— Oui vraiment, dit-elle, cela vaut mieux que les fortifications.

— Ici l'on peut courir.

— Puisque je ne suis plus une petite fille.

Et elle resta près de lui, tout contre lui, marchant du même pas. En tramway et dans le village, ils avaient causé de choses banales ; selon les rencontres et les hasards du chemin, gaiement, pour le plaisir de bavarder. Mais, depuis leur entrée dans l'île, elle s'était sentie prise d'une gravité douce qui coupait court aux paroles indifférentes : heureuse et émue, elle eût voulu n'exprimer que des idées en accord avec ce qu'elle éprouvait et les mots ne lui venaient pas aux lèvres, pas plus que ces idées ne se formulaient nettement dans sa tête ou dans son cœur ; c'était un état vague, délicieux mais troublant qui ne lui laissait ni liberté, ni direction.

Ils allèrent ainsi assez longtemps, silencieusement, côte à côte dans le chemin désert, marchant sans même entendre leurs pas sur l'herbe épaisse : les seuls bruits près d'eux étaient le clapotement de l'eau dans les racines de la berge, le chant d'un oiseau sous le feuillage et, au loin, le sourd mugissement de Paris.

— A quoi pensez-vous donc? demanda-t-il, que vous voilà si grave?

— Je ne crois pas que je pense; je suis tout à l'impression douce et fraîche qui se dégage de cette verdure ; tout au plaisir que j'éprouve à glisser sur cette herbe dont la forte odeur me grise un peu, je crois bien ; tout à l'enchantement de mes yeux. Oui, oui, cela vaut mieux que les fortifications.

— Et cependant, hier, vous avez été heureuse de vous promener sur ces fortifications.

— C'est vrai, mais je suis plus heureuse aujourd'hui, ce qui prouve que chaque jour a ses plaisirs.

Comme ces paroles avaient rompu son recueillement, elle se mit à cueillir quelques fleurs qui bordaient le chemin : des marguerites, des boutons d'or et des grandes herbes qui commençaient à fleurir, des dactyles, des fléoles des prés, des houques laineuses, dont elle fit un bouquet qu'elle lia avec l'écorce d'un saule détachée le long d'une branche récemment coupée et encore pleine de sève.

Ils arrivèrent ainsi à un petit restaurant, d'aspect modeste, à demi perdu sous la cime étalée de gros peupliers blancs et qui avait quelques tables au bord de l'eau, à l'abri de vieux saules : le soleil abaissé frappait en plein les maisons du village d'en face, et les vitres projetaient ses rayons en éclairs d'or sur la rivière sombre ; dans de longues embarcations passaient des équipes de canotiers qui s'entraînaient, nageant tous d'un même mouvement mécanique.

— Je crois que nous serons bien là, dit Geoffroy, au moins pour la tranquillité.

Cette restriction était prudente ; ils s'en aperçurent quand la maîtresse du restaurant vint leur demander ce qu'il fallait leur servir.

— A dîner.

— A dîner! C'est que je vais vous dire, mon cher monsieur, c'est aujourd'hui mercredi.

— On ferme le mercredi?

— Le dimanche, le lundi, je vous servirais tout ce que vous pourriez désirer, le mardi ça irait encore; mais le mercredi le garde-manger est soulagé.

— Est-il vide?

— Eh bien, là franchement, il l'est.

— Devons-nous aller ailleurs?

— Si vous voulez une matelote?

— Assurément, nous voulons une matelote.

— Nous avons aussi de la soupe au choux, pour nous, avec un morceau de salé.

— Que dites-vous de la soupe aux choux et du morceau de salé? demanda Geoffroy en s'adressant à Lotieu.

— Oh! moi, je mange tout ce qui se mange.

— Alors, servez-nous la soupe aux choux, le salé, la matelotte, et une salade avec des œufs dedans.

Et M. le comte de Canoël qui, bien souvent chez lui, ne touchait même pas aux plats savamment apprêtés qui paraissaient sur sa table pour la plus grande gloire de son maître d'hôtel, avala, avec l'appétit de la seizième année, la soupe aux choux, dévora le salé et, comme s'il était un ouvrier pour de vrai, il racla, jusqu'à la dernière goutte, la sauce de la matelote.

— Vous aviez vraiment faim, dit Lotieu émerveillée.

— Il y a longtemps que je n'ai si bien dîné.

Bien, non seulement pour les plats primitifs qu'on

lui avait servis, mais encore pour le calme et l'apaisement qui le pénétraient, doux et vivifiants comme ce beau soir d'été.

Pendant leur dîner la nuit était venue, mais un gros quartier de lune, déjà haut, emplissait le ciel d'une lumière bleue qui laissait aux choses de la terre leurs formes distinctes et, sous sa clarté frisante, la rivière apparaissait maintenant plus blanche que dans l'ombre du soleil couchant.

Quatre ou cinq barques étaient attachées à des pieux plantés dans la berge ; elles donnèrent à Geoffroy l'idée d'une promenade sur la rivière, maintenant déserte.

Il prit les avirons, Lotieu s'assit à l'arrière, et ils partirent, remontant doucement le courant, car, n'allant nulle part, ils n'avaient pas à se presser ; il donnait quelques coups d'aviron et, les relevant, il laissait le canot courir sur son erre; la lune l'éclairait en plein, tandis que le visage de Lotieu restait sombre ; cependant, bien qu'il la vit mal, il sentait qu'elle avait les yeux sur lui et qu'elle l'examinait.

— Est-ce que vous avez été canotier? dit-elle après un long silence.

—Pourquoi me demandez-vous cela?

—Parce que je trouve que vous nagez joliment bien.

— Seulement pour cela?

Elle hésita, puis en souriant :

— Je suppose aussi que vous avez été devin.

— Pourquoi devin?

— Vous devinez ce qu'on ne vous dit pas.

— Alors, ce n'était pas seulement parce que vous trouvez que je nage bien que vous me demandiez si j'ai été canotier.

— C'était pour cela et pour autre chose.

— Et cette autre chose ?

— Ah ! voilà.

— Vous ne voulez pas la dire ?

— Je ne sais pas comment la dire.

— Il me semble qu'au point où nous en sommes, je ne dois plus vous intimider beaucoup.

— C'est pour cela, par exemple, que vous n'êtes pas devin.

— Je vous intimide ?

— Plus que jamais.

— Parce que ?

— Parce que chaque jour j'ai des raisons nouvelles pour éviter de vous contrarier ou de vous déplaire.

Il s'établit un moment de silence, pendant lequel Geoffroy rama sans s'interrompre, puis, levant les avirons et s'appuyant dessus :

— Il y a un point, dit-il, où je suis le devin que vous croyez.

— Lequel ?

— Celui qui me montre que quand vous ne voulez pas répondre à une question, vous savez très bien la détourner en parlant d'autre chose : je vous ai demandé pourquoi vous vouliez savoir si j'avais fait du canotage, et vous ne me l'avez pas dit.

— C'est vrai.

— Et vous ne voulez pas le dire ?

— Comment pouvez-vous penser que je ne veux pas ce que vous voulez, quand je serais si heureuse d'être devin comme vous pour aller au devant de votre désir. Mais enfin, il est naturel, n'est-ce pas, qu'on ait dans les idées une hardiesse qui vous manque en paroles; voilà pourquoi je ne vous ai pas tout de suite répondu.

— Eh bien, faites un effort.

— Depuis que je vous connais je me demande souvent qui vous êtes.

— Ah !

— Vous êtes entré si miraculeusement dans ma vie, vous tenez une place si haute dans mes souvenirs, vous en occupez une si grande dans mes espérances, que ma curiosité, — je crois bien que ce mot n'est pas celui dont je devrais me servir, mais je n'en trouve pas d'autre, — que ma curiosité n'a rien qui puisse vous blesser.

— Je vous assure qu'elle ne me blesse pas.

— Enfin je cherche, et comme je ne peux pas vous poser des questions, je m'en pose à moi-même, en leur inventant des réponses qui me satisfont au moment où je les trouve, mais qui, le lendemain, me paraissent folles ou stupides.

— Que voulez-vous savoir de moi ?

— Surtout comment vous êtes devenu artiste; comment vous vous êtes formé ; pourquoi vous avez choisi l'émail plutôt que la peinture ou la sculpture ? Et puisque vous êtes devin vous devez comprendre qu'en pensant à vous, je pense en même temps à moi : en voulant savoir comment vous avez pu devenir l'artiste que vous êtes, je cherche s'il est possible que mon avenir soit réellement celui que vous m'avez prédit ; et dans cette voie tout me semble devoir être une indication ou un point de départ, voilà pourquoi je vous demandais si vous aviez fait du canotage.

— Eh bien oui j'en ai fait ; mais cela dit, je suis curieux de savoir ce que vous allez en conclure.

— Que votre vie n'a pas été trop dure puisque vous avez eu du loisir pour vous amuser.

— Pas mal trouvé, dit Geoffroy en riant, cependant il ne faut rien exagérer : on peut travailler, beaucoup travailler et avoir encore du temps pour s'amuser.

— Vous voyez que mes réponses comme mes conclusions, justes un moment, ne tardent pas à devenir stupides.

Si Geoffroy n'était pas le devin que croyait Lotieu, au moins n'était-il pas assez naïf pour s'imaginer que, dans sa curiosité, elle s'en tenait à chercher comment il était devenu artiste ; précisément parce qu'elle n'avouait que la préoccupation artistique, il devait en admettre d'autres ; mais cela était si naturel qu'il ne pouvait ni s'en étonner ni s'en offusquer. Comme en eût-il été différemment ? Il y avait assez de bizarreries dans sa vie pour qu'on voulût se les expliquer ; et cette petite, plus que personne, devait en avoir *le* désir ; mais telle était sa situation que, tout en reconnaissant la légitimité de ce désir, il se trouvait dans l'impossibilité de le contenter, — au moins entièrement : n'était-ce pas s'exposer à perdre toute liberté que de parler franchement ; et puis, à un autre point de vue, n'était-ce pas renoncer à un rôle qui l'amusait.

— Alors vous avez eu beaucoup à travailler ? demanda-t-elle.

— Beaucoup pour obtenir le peu que j'ai acquis ; mais le travail n'a pas été la grande difficulté de ma vie, à vrai dire, il était un plaisir pour moi, comme il en est encore un ; cette difficulté a été dans les résistances que j'ai rencontrées chez mon père.

— Il ne savait pas que vous auriez du talent.

— Le talent n'était pas une considération déterminante à ses yeux ; il avait d'autres visées sur moi ; et, jusqu'à la fin de sa vie, j'ai dû presque me cacher de lui pour faire de l'émail.

— C'est tout jeune que vous avez eu le désir de devenir artiste ?

— Enfant, j'ai eu la passion du dessin, mais je n'ai pas pu travailler comme je l'aurais voulu, j'avais autre chose à faire ; cependant, je n'en rêvais pas moins, comme vous, comme vous aussi imaginant un avenir qui ne s'est pas réalisé.

Brusquement, il releva ses avirons et les rangea le long du bordage ; pendant quelques instants, la barque continua d'avancer contre le courant, puis elle s'arrêta et commença à redescendre en virant de bord à moitié ; alors ce fut Lotieu qui, à son tour, reçut en plein visage la lumière de la lune.

Elle fut émue de l'accent avec lequel ces derniers mots furent prononcés et, dans un élan de compassion, elle crut qu'elle ne devait pas le laisser à cette pensée.

— Est-ce que ce n'est pas la loi de ce monde que, pour beaucoup d'artistes, la réalité ne leur donne pas ce que mérite leur talent ; au moins, c'est ce que j'ai vu dans dans les vies des grands artistes que j'ai lues.

— Croit-on aux leçons des livres ou à celles de l'expérience à vingt ans ; et je n'avait pas vingt ans, quand je rêvais que je serais artiste, que j'aurais du talent, que je serais heureux.

— Mais n'êtes-vous pas trop exigeant, ne demandez-vous pas trop ? s'écria-t-elle stupéfaite, car elle n'imaginait pas qu'on pût être plus heureux que lui. N'avait-il pas tout à ses yeux : la jeunesse, le talent, la force ?

Il ne répondit pas et, pendant assez longtemps, la barque descendit avec le courant, sans que rien troublât le silence; elle eût voulu trouver des paroles douces à la blessure qu'elle venait de découvrir; mais, puisqu'elle ne connaissait pas cette blessure, mieux valait se taire que commettre une maladresse ou une imprudence.

Tout à coup, il releva la tête et, se répondant à lui-même certainement :

— Mais il fallait comprendre, dit-il, que le bonheur est dans la simplicité.

Il reprit les avirons et, sans qu'il fût prononcé d'autres paroles, ils ne tardèrent pas à aborder à leur restaurant.

Quand ils quittèrent l'île, Geoffroy avait repris sa

sérénité et, pendant toute la route, qu'ils firent à pied, il causa gaiement, allant d'un sujet à un autre, sans aucune préoccupation apparente.

III

Bien que les paroles de Geoffroy, coupées par des réticences évidemment voulues, eussent été, en réalité, assez obscures, elles suffirent à Lotieu pour s'expliquer ce qui, jusqu'à cette soirée, était resté dans un vague mystérieux.

Sa jeunesse avait été pénible, sous la direction d'un père dur qui, ne voulant pas que son fils fût artiste, lui imposait d'autres travaux et contrariait sa vocation.

Quels travaux ? La question était de peu d'importance, semblait-il. Il avait dû travailler malgré lui et se cacher pour faire de l'émail ; là était le fait qui éclairait sa vie, en montrant les luttes qu'il avait eues à soutenir. Et comme l'imagination l'emportait facilement sur ses ailes, elle avait reconstitué ces luttes : l'enfant obligé de peiner dans des besognes qui le rebutaient et n'ayant que les heures qu'il volait pour dessiner, la nuit peut-être, enfermé dans sa chambrette. Dans ces conditions, quoi d'étonnant à ce que l'avenir n'eût pas réalisé ses rêves et qu'en comparant la vie, qui était la sienne présentement, à celle qu'il avait espérée, il en conçût un sentiment d'amertume qui s'était manifesté si violemment. Tel qu'elle le voyait et le jugeait, avec le talent qu'elle lui reconnaissait, ne devrait-il pas avoir un autre atelier que celui de la rue Championnet, ce quartier maudit, comme disait Trip, où personne ne pouvait venir le chercher pour lui acheter ses émaux; aussitôt que la réputation lui était venue, le premier maître de Diavolo n'avait-il pas quitté cet atelier pour entrer dans Paris? Et, sous le poids des déceptions qui l'écrasaient, regrettant son ancienne existence, il en était arrivé à se dire qu'il aurait dû comprendre que le bonheur est dans la simplicité.

Bien souvent, pendant qu'il travaillait, il avait été surpris, en levant les yeux tout à coup, de trouver dans le regard de Lotieu, fixé sur lui et qu'elle n'avait pas le temps de détourner, une expression attendrie qui le touchait, mais jamais cette expression n'avait eu l'intensité qu'il remarqua le lendemain de leur promenade à Saint-Ouen.

— Elle est heureuse de sa soirée, se dit-il, sans chercher une autre explication à cette émotion.

Et il se promit de lui donner ce plaisir toutes les fois que l'occasion s'en présenterait. Lui-même l'avait trouvée agréable, cette soirée; et s'il avait éprouvé un mouvement de contrariété en pensant à sa vie présente, comparée à celle rêvée, ce n'était point la faute de Lotieu, ni de ses questions; courtes avaient été ces quelques minutes de contrariété, longues au contraire les heures d'oubli. Il en était du babil de cette petite comme de la chanson d'un oiseau, comme des airs que sifflait Piston : en écoutant, il ne pensait point. Et précisément, ce qu'il voulait en ce moment, c'était ne pas penser de façon à n'être pas obligé d'examiner les résolutions qu'il devait prendre. Le temps s'écoulerait, le calme se ferait sans doute ; et alors, il verrait plus clairement à quel parti il devrait s'arrêter ; présentement il n'en admettait qu'un : la rupture, une rupture complète ; et s'il avait fait la folie de se marier légèrement, il ne ferait point celle de se séparer de sa femme sans plus de réflexion.

Tout en travaillant, il provoqua ce babil et, au lieu de ne s'entretenir que d'émail et de dessin, comme à l'ordinaire, il la mit sur des sujets plus intimes : sur l'enfance de Lotieu, ses études, ses lectures et le temps passa assez vite pour que le soir le surprît.

Un moment il eut la pensée de l'emmener dîner quelque part, au hasard, et de faire de la soirée de cette journée un pendant à celle de la veille ; mais, en réfléchissant que ce serait s'engager en quelque sorte pour le lendemain et prendre une habitude, qu'il ne lui serait peut-être pas agréable de continuer, il ne dit rien et s'en alla dîner tout seul à son restaurant.

Pour la première fois, depuis qu'il y venait, il trouva que cette salle commune, avec son plafond enfumé et ses murs encrassés, était bien malpropre ; que ses voisins de table étaient bien ennuyeux avec leurs conversations vides ou bêtes ; et aussi que ce qu'on lui servait sentait trop la gargote : maigre, fade et délayée la soupe, filandreux le bœuf, rance l'huile de la salade. Certes, ce n'était point une nourriture savante qu'on lui avait servie la veille dans le cabaret du bord de l'eau, primitive la soupe aux choux, raboteuse la table sur laquelle le couvert était mis, élimée la nappe, aigre le vin, et cependant, il avait dévoré là son dîner avec gourmandise, tandis que, maintenant, c'était du bout des dents qu'il chipotait celui devant lequel il faisait ces remarques chagrines. Pourquoi cette différence d'appétit en face de ces deux dîners qui, au fond, devaient avoir plus d'un point de ressemblance. N'était-ce pas simplement parce qu'il était en disposition de trouver tout bon la veille et, au contraire, de ne voir, ce soir-là, que le mauvais côté des choses.

Il lui arrivait souvent de traîner son dîner en longueur pour étudier ses voisins, quand ils lui offraient des types de physionomies curieuses ou des allures intéressantes, qu'il fixait sur son carnet aussitôt rentré; mais, ce soir-là, il n'y avait ni physionomies ni types à remarquer et, aussitôt son dîner achevé, il revint à son atelier avec l'intention de demander à Lotieu de sortir : elle le distrairait; il n'y avait pas, pour la promenade, les mêmes ménagements à garder que pour le dîner.

Quand il entra dans le terrain, il aperçut Lotieu, assise devant sa porte, mais elle n'était pas seule : un homme de taille moyenne, d'apparence jeune, souple d'allure, aux cheveux noirs longs sur les épaules, vêtu d'un veston de velours à côtes, se tenait debout devant elle, gesticulant avec animation. Que faisait là cet inconnu? Dans un mouvement, il se retourna à demi et Geoffroy crut reconnaître l'électricien, qu'en passant, il avait quelquefois aperçu dans son atelier.

Lotieu connaissait donc cet homme ? Pourquoi ne lui en avait-elle jamais parlé ?

Il avait pris le sentier qui conduisait à la cabane de Lotieu, il le quitta aussitôt et coupant à travers l'herbe haute, il rentra chez lui.

Décidément, tout allait mal, ce soir-là ; mécontent de renoncer à cette promenade, il en voulait à Lotieu de la lui faire manquer.

N'était-il pas bizarre qu'elle ne lui eût pas dit qu'elle connaissait ce serrurier, qui paraissait être avec elle sur le pied d'une certaine intimité, à en juger par son attitude : un homme du monde peut s'entretenir avec une femme sans qu'on puisse deviner de loin de quoi il lui parle, si c'est d'amour ou de niaiseries ; mais ce serrurier n'avait pas la tenue correcte d'un homme du monde, il gesticulait, il mimait ce qu'il disait, c'était avec ses bras, sa tête, son dos qu'il parlait, et non de niaiseries à coup sûr.

Était-ce d'amour ?

Jamais jusqu'à cette heure Geoffroy n'avait, à la pensée de Lotieu, associé l'idée d'amour ; qu'elle pût être aimée, qu'elle pût aimer, il ne l'avait point imaginé ; cela n'était pas de cette gamine, semblait-il, car il voyait toujours en elle la gamine et même bien souvent le pauvre gamin qui lui était apparu dans l'atelier, en cette nuit de froid et de neige. Il en était d'elle pour lui, comme de ces grandes filles qui, malgré leurs vingt ans sonnés, ne sont que des petites filles pour leurs parents; son mot de la veille: « Ici l'on peut courir », était l'expression vraie de ses idées sur ce point; et la réponse qu'elle lui avait faite : « Je ne suis plus une petite fille » n'avait point fait avancer d'un pas la routine de sa pensée, tant il est vrai que notre esprit, tout comme notre corps, se façonne à une attitude dans laquelle il retombe toujours sans autre raison que l'habitude prise.

Mais ce qu'il venait de voir lui ouvrait les yeux brutalement.

Pourquoi ne l'aimerait-on pas?

Il n'y avait pas de fenêtres dans son atelier qu'éclairait, par le haut, un grand châssis vitré, mais il y en avait une dans la cuisine et une dans sa chambre aussi, d'où il pouvait apercevoir Lotieu en écartant les rideaux; il fit quelques pas vers sa chambre, mais, aussitôt il s'arrêta et, décrochant du mur une étude qu'il avait faite d'elle, il la regarda longuement, comme s'il avait besoin de la confirmation du fait qui venait de le frapper.

Des nombreux émaux qui couvraient les murs de son atelier, il n'y en avait aucun qui le satisfît autant que celui-là : c'était bien la physionomie charmante de Lotieu, douce et naïve, saisie en un heureux moment, sa carnation transparente et rosée, ses yeux bleus profonds au regard céleste, voilés de longs cils blonds, sa petite lèvre rouge arquée, sa peau veloutée et pruineuse comme un fruit dans sa fleur.

Et certes, oui, elle pouvait être aimée, elle devait l'être ; mais, que ce fût par ce serrurier, c'était ce qui le fâchait et le blessait.

Tenant l'émail à la main, il se mit à marcher nerveusement, le regardant de temps en temps, mais chaque fois avec une plus vive contrariété.

— C'est absurde, se dit-il, absurde ; cette jolie fille à ce serrurier ! si mignonne, si délicate !

Et de la jolie fille qu'il avait devant les yeux, passant à celle que leur intimité dans le travail, et aussi leurs entretiens de ces derniers jours lui avaient fait connaître, il s'exaspérait à la pensée que cet homme pouvait lui parler d'amour, car ce n'était pas seulement par la physionomie qu'elle était mignonne et délicate, mais encore par son intelligence, ses goûts, ses idées, sa nature entière, nullement faite, à coup sûr, pour un ouvrier.

Il est vrai qu'on ne parle d'amour qu'à qui veut bien vous écouter, et si cet entretien était ce qu'il avait supposé, c'est que Lotieu le trouvait agréable ou, tout au moins, s'en amusait.

Et cette pensée le fâcha encore plus, jusqu'au moment où il se dit qu'il était vraiment naïf de s'occuper de cela : un jeune homme parlait d'amour à une jeune fille, n'était-ce pas naturel. Que lui importait. De quoi se mêlait-il ? Avait-il des droits sur elle ? Avait-elle des torts envers lui ? Qu'elle trouvât le serrurier à son goût, c'était son affaire à elle, non la sienne à lui, qui n'était ni son père, ni son frère, ni son amant. Que le serrurier l'aimât, qu'elle aimât le serrurier, ne pouvait que lui être indifférent et le lui était parfaitement.

Au moins, il se le dit et se le répéta :

— Mais qu'est-ce que ça peut me faire !

Et tout à coup, avec la logique de la préoccupation, il ouvrit la porte franchement toute grande, pour voir ce qu'il adviendrait de cet entretien.

Ecarter le rideau de sa chambre pour regarder dans le terrain eût été une faiblesse, tandis que rien n'était plus naturel que d'ouvrir sa porte pour appeler son chat, alors que ce chat avait un trou par où il rentrait quand l'envie lui en prenait.

— Diavolo ! Diavolo !

Diavolo ne vint pas; mais, pendant le temps de l'attente, Geoffroy put voir, dans le crépuscule qui commençait à brouiller les choses, que le jardin de Lotieu était vide ; la porte de la cabane était fermée, et derrière les rideaux rouges se montrait une lumière.

— S'ils avaient parlé d'amour, serait-elle rentrée si vite chez elle ? Ne se serait-elle pas oubliée à prolonger leur tête-à-tête dans cette douce soirée?

Il avait dû se tromper ; très problablement même il s'était trompé ; si éloquent que soit un dos, il peut arriver qu'on se trompe dans la traduction de cette éloquence et qu'on prenne pour une expression passionnée ce qui est tout simplement une incontinence de mimique ; en somme, il n'avait rien entendu, et à ce qu'il avait vu, on pouvait donner l'interprétation qu'on voulait.

Cette idée calma son irritation et, rentré dans l'atelier, il passa sa soirée tranquillement à chercher des croquis, sans trop de distractions.

IV

Cependant, le lendemain matin il ne s'éveilla pas de bonne humeur et, quand Lotieu arriva aussitôt qu'il eut ouvert sa porte, ce ne fut pas avec le sourire de la veille qu'il l'accueillit; il la regarda, l'examina, comme s'il allait lire, imprimé sur son visage ou dans ses yeux, le récit sincère de ce qui s'était dit et passé dans cette soirée; mais il n'y lut qu'une légère inquiétude, qui le fâcha. Pourquoi, de quoi s'inquiétait-elle? Elle se sentait donc en faute?

Comme elle restait devant lui embarrassée et confuse, il lui demanda si elle n'était pas disposée à travailler.

— Mais si, répondit-elle.

— Eh bien, allumez le feu, je vous prie.

— Ne voulez-vous pas que je vous fasse une tartine?

— Je n'ai pas faim.

Cela fut dit sèchement, sur un ton qu'elle ne lui connaissait pas.

Elle alluma le feu comme il le lui avait demandé, et quand le four commença à tirer, elle se mit à émailler des croix que Trip lui avait apportées la veille.

Comme c'était maintenant pour elle une besogne en quelque sorte mécanique, qu'elle accomplissait automatiquement sans y donner une attention soutenue, elle put à la dérobée jeter un coup d'œil sur Geoffroy, et elle le vit toujours aussi sombre sans que le travail, qui pour lui était la distraction à tous les ennuis et le remède à tous les maux, le tirât de sa préoccupation.

Elle n'était pas assez simple pour n'avoir pas deviné la veille qu'il était contrarié de la voir en conversation avec le serrurier, et, en arrivant, elle voulait s'en expliquer, s'en excuser; si elle ne l'avait pas encore fait, c'était parce que le regard qui l'enveloppait de temps en temps lui fermait la bouche : elle aurait eu besoin d'indulgence pour s'encourager, et c'était précisément le contraire qu'elle rencontrait

Cependant, à la fin, elle se décida : il allait passer une plaque au feu et, comme toujours, elle était près de lui pour l'aider, s'il avait besoin d'elle, ou simplement suivre cette opération délicate dont le succès n'est jamais sûr à l'avance, et qui vous apprend toujours quelque chose, tant les effets de la chaleur sont incertains et bizarres.

Devant la gueule du four ouverte, il attendait que le feu eût pris la couleur qu'il voulait, et il ne faisait rien autre chose que de se baisser, de temps en temps, pour regarder ; elle en profita.

— J'ai été bien ennuyée hier soir, dit-elle en saisissant, pour son premier mot, le moment où elle n'était pas exposée à rencontrer ses yeux.

— Ah ! Et pourquoi ? demanda-t-il en les relevant.

— Parce que je n'ai pas pu, comme je le voulais, me débarrasser de M. Pavard.

— Qu'est-ce que c'est que M. Pavard?

— L'électricien.

— Ah! oui, le serrurier, répondit-il en se demandant pourquoi elle décorait ce serrurier du titre d'électricien.

Mais, comme il ne fallait pas l'intimider, et couper court à des explications qu'elle semblait vouloir donner, il se radoucit :

— Vous le connaissez donc?

— Il m'a parlé plusieurs fois quand je travaillais avec la mère Trip, qu'il venait voir de temps en temps; Trip a pour lui de l'amitié et de l'admiration, il dit que c'est un ouvrier comme on n'en rencontre pas souvent, qu'on peut placer en tête des plus intelligents, très instruit dans les choses de son métier et qu'on ne trouve jamais chez les marchands de vin.

— Mais, c'est un homme extraordinaire, dit Geoffroy que cet éloge agaçait.

Et, posant ses lunettes sur son nez, il prit les pinces pour enfourner sa plaque.

— C'est Trip qui parle, continua Lotieu, moi, tout ce que je sais de lui, c'est qu'il est très ennuyeux.

— Ah! il est ennuyeux, dit Geoffroy penché sur le four où la plaque exposée au feu jetait des lueurs bleuâtres et rougissait.

— Ennuyeux, mais aussi brave homme, bon, et généreux à ce point, que ce qu'il gagne, et il gagne beaucoup, passe pour une grosse part à soulager les misères de ses camarades.

— Et cela vous touche?

— Cela m'empêche de lui montrer franchement combien il m'ennuie.

— En quoi vous ennuie-t-il?

— Par ses discours.

— Il vous fait des discours? dit Geoffroy en pesant sur sa plaque avec une seconde pince pour l'empêcher de se gondoler.

Puis s'interrompant:

— Appuyez en tête, dit-il d'un ton de commandement.

Avec une pince, elle avait fait vivement ce qu'il demandait.

— Des discours qui n'en finissent pas.

— Sur quoi?

— Sur tout: la politique, la réorganisation sociale.

— A propos de quoi?

— Sans aucun à-propos, à moins que ce ne soit pour s'exercer; il parle dans les réunions publiques.

— Alors, il veut vous convertir à ses idées?

— Je le crois; hier il m'a démontré que le mariage était la sauvagerie.

— C'est une idée, dit Geoffroy en riant, et comment vous a-t-il fait cette démonstration?

— Je serais bien embarrassée pour l'expliquer, répondit Lotieu qui, en voyant Geoffroy rire, se rassura; Trip prétend que c'est un orateur, il faut croire alors que je suis mal organisée pour l'éloquence car, la plupart du temps, je ne comprends rien à la sienne, et pourtant je m'applique, mais j'ai beau tendre l'oreille et l'esprit, au bout de quelques minutes, la tête me tourne; ainsi, dans sa démonstration d'hier, il partait de ce point, que l'homme et la femme étant égaux, le mariage faussait cette égalité, en faisant du mari un maître et de la femme une esclave.

— Mais comment en est-il venu à vous adresser ces discours?

— C'est depuis que les soirées sont douces et que je reste dans mon jardinet; un jour, que j'avais été chercher de l'eau à la fontaine, il voulut me porter mon arrosoir et, pendant que j'arrosais mes plantes, il resta près de moi.

— Tous les soirs?

— Presque tous les soirs.

— Comment ne l'ai-je pas encore vu?

— Il était en province pour des travaux ; il n'est revenu que d'hier matin.

— Et, vraiment, il vous ennuie?

Disant cela, il la regarda au fond des yeux, comme lorsqu'elle était entrée.

— J'aimerais mieux lire ou rêver; mais comment lui faire comprendre, sans le lui dire brutalement; je ne vois qu'un moyen, c'est de m'enfermer et de renoncer à mon jardin.

Etait-elle sincère? Il ne trouvait pas de raisons pour en douter, malgré ce qu'il avait vu la veille: évidemment, une jolie fille dans sa situation, n'ayant personne pour la protéger, était exposée à ces poursuites qui, d'ailleurs, ne paraissaient pas bien dangereuses avec un amoureux de ce tempérament.

— Il y a encore un autre moyen que le vôtre pour

vous débarrasser de lui, dit-il, en revenant à sa table dans l'atelier.

— Si vous voulez me le donner,

— C'est que tant que je travaillerai ici, nous sortions ensemble tous les soirs.

— Ah ! quel bonheur !

Mais elle s'arrêta dans l'explosion de joie qui, sans réflexion, l'avait emportée.

— Pour n'être pas ennuyée par lui, je ne voudrais pas être une gêne ou un ennui pour vous.

— Ai-je montré que je m'ennuyais hier?

— Non.

— Eh bien alors, pourquoi m'ennuierais-je ce soir et demain? Il y a longtemps que je veux monter sur la butte pour voir le coucher du soleil ; nous quitterons le travail un peu plus tôt et nous irons.

Quand Trip apporta le déjeuner de Geoffroy, Lotieu s'en alla chez elle et, au lieu de partir après avoir mis le couvert, comme il le faisait toujours et en hâte, le vieux concierge tourna dans l'atelier, allant de la table à la cuisine, revenant à la table pour ne rien apporter, sans raison et d'un air singulièrement embarrassé.

— Qu'avez-vous donc? demanda Geoffroy, quand il s'aperçut de ce manège.

— Ça vous est égal que je vous laisse la porte de l'atelier ouverte ? dit Trip sans répondre.

Ouvrez ; seulement dites-moi pourquoi.

— Pour que mademoiselle Lotieu n'arrive pas sans que je la voie venir.

— Elle déjeune.

— Je sais bien ; mais il ne faut pas qu'elle puisse entendre ce que j'ai à vous dire, parce que si vous ne voulez pas que j'en parle, je n'en parlerai pas.

— Expliquez-vous.

— V'là l'embarras.

Et la figure joviale de Trip trahit une véritable gêne.

— C'est une consultation que j'ai à vous demander, dit-il enfin, d'abord parce que vous êtes de bon conseil, un homme en qui on peut se fier, et puis, parce que pour ce qui regarde mademoiselle Lotieu, c'est à vous le premier qu'on doit s'adresser, puisque vous êtes père... un tout jeune père, un frère pour elle, quoi.

Il entassait les mots sur les mots, comme si, en attendant, le moyen de sortir d'embarras allait se présenter à lui miraculeusement.

— Puisque vous avez confiance en moi, dit Geoffroy, pour lui venir en aide, vous ne devez pas craindre de vous expliquer.

— Je ne crains pas, seulement je ne sais pas par où commencer.

— C'est de Lotieu qu'il s'agit, n'est-ce pas ?

— Oui.

— Eh bien, parlez-moi de Lotieu.

— N'est-ce pas que c'est une jolie jeune fille ?

— Charmante.

— Et bonne et douce, rangée, avec ça travailleuse ; une fille rare, quoi.

Il attendit une réponse de Geoffroy.

— Vous savez que je pense d'elle ce que vous dites.

— Tous ceux qui la connaissent le pensent aussi ; il n'y a qu'à la voir pour se dire : « V'là une jolie personne » et quand on est garçon, d'âge à se marier, on se dit aussi : « Ça ne serait pas une bêtise de l'épouser. » C'est justement ce que Pavard s'est dit... ou à peu près. Vous savez notre voisin, le serrurier : un beau garçon aussi, bon ouvrier, ne mettant jamais les pieds au café et gagnant gros ; en homme ce qu'elle est en femme.

— Il vous a chargé de sa demande?

— Si ce n'était que ça, ça serait bien vite fait, mais l'embarras, c'est que ce n'est pas une demande comme une autre, et voilà pourquoi j'ai besoin de votre conseil. Quand Pavard m'a dit ce qu'il voulait, j'ai commencé par refuser et je lui ai répondu de faire sa demande lui-même ; mais c'est un malin qui a la langue bien pendue, il m'a tant tourné et retourné que j'ai fini par céder. Seulement, quand il n'a plus été là, les réflexions me sont venues, j'ai tout raconté à ma femme, et c'est elle qui a voulu que je ne fasse rien sans vous avoir consulté.

— Je vous écoute.

— Il faut que vous sachiez que Pavard a des opinions et qu'il est obligé de leur obéir. C'est son idée à cet homme. Moi je respecte les opinions, mais je trouve qu'il ne faut pas s'en faire mourir ; le matin je porte un journal républicain, le soir un journal monarchiste ; et je ne suis pas plus fier de l'un que de l'autre, pas plus humilié non plus. Mais Pavard ne voit pas les choses comme ça ; il est l'esclave de son opinion ; chez lui, c'est dans le sang : sa mère a été fusillée en 71 ; son père est mort à la Nouvelle ; et puis il parle dans les réunions publiques et il ne peut pas faire dans sa vie le contraire de ce qu'il enseigne dans ses discours. On lui en veut déjà parce qu'on est jaloux de ce qu'il gagne ; s'il n'était pas ferme dans ses idées, il serait coulé; il paraît qu'il y a des camarades qu'il gêne et qui ne demandent qu'à le mettre à bas. Etant devenu amoureux de mademoiselle Lotieu, et amoureux à en perdre la tête, il se trouve dans une position difficile. Le soir, il cause quelquefois avec elle, et il a appris à la connaître : ce n'est pas une Parisienne élevée comme beaucoup de filles de nos faubourgs, c'est une provinciale qui a les idées et les croyances de son pays : elle va à la messe.

— Et cela gêne M. Pavard?

— Il ne sait comment aborder la question avec elle, parce que, dans sa position, ses principes s'opposent au mariage...

— A l'église.

— Mieux que que ça, — à la mairie.

— Alors, où veut-il se marier?

— En union libre : v'là le grand mot lâché.

— Et vous vous êtes chargé d'une pareille demande?

— J'ai refusé tant que j'ai pu, c'est de guerre lasse que j'ai cédé : l'union libre, ça n'est pas dans mes idées.

— Alors, comment avez-vous accepté d'appuyer cette demande?

— Je n'ai pas accepté de l'appuyer, mais de la présenter.

— Et pourquoi ce singulier personnage ne la présente-t-il pas lui-même?

— Parce qu'il ne trouve pas ça commode, et puis aussi, parce qu'il croit qu'il est plus honnête que cette demande soit faite par un ami. Depuis qu'il cause avec mademoiselle Lotieu, le soir, il lui a exposé ses idées sur le mariage, mais jamais il ne lui a dit une parole d'amour, parce qu'il la respecte

— Curieux respect, vraiment.

— Et il pense que je trouverai mademoiselle Lotieu préparée à comprendre ces idées.

— Et bien! il se trompe.

— Vous croyez.

— Lotieu m'a parlé de ces entretiens....

— Elle sait qu'il l'aime?

— Elle ne me l'a pas dit; mais elle m'a dit, ce matin même, qu'elle ne comprend rien aux discours qu'il lui tient.

— Ah bien! je n'en suis pas fâché, car je n'y comprends rien non plus. Comme c'est un orateur qu'on applaudit dans les réunions, je pensais que je n'étais qu'un imbécile de ne pas comprendre le plus souvent ses discours mais puisqu'il est de même pour mademoiselle Lotieu, qui n'est pas une bête, ça me fait plaisir; au moins, je ne suis pas seul. Il est vrai que, d'un autre côté, ça m'ennuie aussi, car je ne vais pas la trouver préparée comme Pavard le croit, et je ne sais vraiment pas comment je vais m'en tirer, si vous m'autorisez à lui présenter cette demande.

— Comment, si je vous y autorise?

— C'est le conseil que j'attends de vous : dois-je m'acquitter de la commission que j'ai acceptée, ou bien dois-je retourner auprès de Pavard et lui dire que, réflexion faite, c'est impossible?

— Sérieusement, avez-vous pu croire un seul instant que je vous conseillerais d'aller proposer une pareille polissonnerie à une honnête fille comme Lotieu.

— Ce n'est pas comme ça qu'il faut prendre la chose, permettez-moi de vous le dire. S'il n'avait été question que d'une polissonnerie, vous pensez bien que je n'aurais pas accepté d'en parler à mademoiselle Lotieu, que je respecte. Ce n'est pas une maîtresse que Pavard veut, c'est une femme, sa femme à laquelle il sera aussi solidement uni que si le maire et le curé y avaient passé.

— Par quoi seraient-ils unis?

— Par son engagement librement pris et par sa parole : c'est là ce que je suis chargé d'expliquer.

— Et Lotieu devrait se fier à cette parole?

— Pavard dit que depuis le divorce, la parole d'un honnête homme vaut mieux pour une femme que l'écharpe d'un maire.

Le premier mouvement de Geoffroy avait été d'engager Trip à rentrer chez lui et à ne pas se charger de cette ambassade amoureuse; mais, en s'expliquant, la situation avait changé d'aspect. Évidemment, cette demande n'était point une simple polissonnerie, comme il l'avait cru tout d'abord; sérieuse, au contraire, malgré son excentricité, et venant d'un homme qu'on pouvait considérer comme un toqué, mais enfin, un toqué convaincu et de bonne foi. Ainsi présentée, elle n'était plus un outrage pour l'honnêteté de Lotieu; et, dès lors, mieux valait que Trip s'acquittât de sa commission : il aurait défendu Lotieu contre une injure, il n'avait point à se mêler d'une drôlerie. Puisqu'elle voulait être débarrassée de ce gêneur, cette demande devait, semblait-il, amener ce résultat mieux que tout.

— Quand deviez-vous vous acquitter de votre mission? demanda-t-il.

— Pavard est chez lui, attendant la réponse, et tourmenté, je vous assure.

— Eh bien! allez trouver Lotieu tout de suite.

— Cela ne vous contrarie pas?

— Nullement.

Trip traversa vivement le terrain et, par la porte de son atelier restée ouverte, Geoffroy le vit entrer chez Lotieu.

La conférence ne fut pas longue, bientôt Trip revint.

— Eh bien? demanda Geoffroy qui déjeunait.

— Elle en rit encore.

— Vous voyez que la chose a bien tourné, répondit Geoffroy en riant aussi.

— Comment reporter ça à ce pauvre Pavard? demanda Trip tout penaud.

Geoffroy, qui n'était porté ni à la dureté, ni à la raillerie, manqua aux habitudes de son caractère, poussé par une sorte de colère instinctive :

— Avez-vous répété à Lotieu tout ce qu'il vous avait dit?

— Aussi fidèlement que j'ai pu.

— Et bien fidèlement aussi, reportez ce qu'elle vous a répondu.

— Elle rit.

— Riez.

— Décidément, j'aime encore mieux mon métier de porteur de journaux, dit Trip, qui s'en alla la tête toute basse, comme s'il cherchait une inspiration dans les cailloux du sentier.

Il était à peine parti, que Lollou arriva, rapide, alerte, souriante.

— Trip vous a dit? demanda-t-elle.

— Oui.

— Et moi qui ne me doutais de rien, quand il me faisait ses grands discours sur la sauvagerie du mariage.

— C'était un essai de conversion.

— Si j'avais su que c'était sa propre cause qu'il plaidait, j'aurais mieux écouté.

— Et alors, la réponse eût-elle été différente?

— Assurément, non.

— Vous ne voulez pas vous marier?

— Pas comme ça.

— Et autrement?

Comme il la regardait, elle détourna à demi la tête:

— Je n'ai jamais cru qu'on pouvait penser à moi.

— Vous voyez bien que celui-là y pense.

— Oui, celui-là...

Comme si elle voulait en rester là, elle reprit sa place et se mit au travail.

Geoffroy, qui la regardait, constata que sa main était légèrement tremblante.

— Pourtant, cela vous a ému, dit-il.

— De fierté, répondit-elle vivement avec un sourire de moquerie; demandée en mariage... ou à peu près, par un ambassadeur, est-ce que ce n'est pas le cérémonial obligé pour les filles des maisons souveraines?

V

Quand Geoffroy était parti de chez lui, il avait annoncé qu'il ferait une absence de dix jours, il rentra le douzième seulement, un peu avant l'heure du dîner et, tout de suite, sans parler à personne, il monta à son appartement pour s'habiller.

Dans son cabinet de toilette il fut surpris d'apercevoir, sur une chaise, un habit noir déplié, sur le divan une chemise dépliée aussi, avec les boutons au col et aux manchettes, une cravate blanche, à côté, un pantalon noir, des chaussettes de soie, des bottines fines et, debout, comme au port d'armes, son valet de chambre attendant,

— Monsieur le comte n'a que juste le temps de s'habiller, dit le valet de chambre, tout est préparé.

S'habiller? Et pourquoi? Ce n'était pas l'habitude, en effet, qu'il se mît en habit pour dîner en compagnie de son beau-père et de sa femme. Aux premiers jours de leur mariage, Gabrielle en avait manifesté le désir, mais comme M. Leparquois, en rentrant d'une journée toujours pleinement employée, trouvait que c'était une corvée de s'habiller, Geoffroy n'avait pas pu endosser un habit, quand son beau-père gardait sa jaquette ou sa redingote.

— Qui donc avons-nous à dîner? demanda-t-il.

— Il y a un dîner de seize couverts; je ne sais pas le nom des convives.

Il était désagréable à Geoffroy de paraître ignorer si complètement ce qui se passait chez lui, cependant il voulait savoir qui il allait rencontrer en descendant.

— Sonnez le maître d'hôtel, dit-il.

Cet important personnage se fit attendre assez longtemps et Geoffroy était presqu'habillé lorsqu'il parut.

— Qui avons-nous à dîner? répéta Geoffroy.

Le maître d'hôtel tira un petit carton de la poche de son habit et lut:

— M. le duc de Chaumes, M. le baron d'Oyat, madame de Baudemont, M. le comte et madame la comtesse de Ligny, M. La Jarrie, M. Anjorrand, M. Jactat, M. Audrieu, M. Honorat, M. Gomer, M. Query, M. Belin.

Que signifiait cette singulière liste? Comment le duc de Chaumes se trouvait-il associé à M. Gomer qu'il ne connaissait pas? Et les autres, que faisaient-ils là? Sans doute ce La Jarrie était le peintre, Anjorrand, le musicien, Honorat, l'auteur dramatique, mais cela ne lui disait pas pourquoi ils avaient été invités, à quelle occasion, à quelle intention. Quant aux autres noms, il lui semblait vaguement qu'il les avait lus ou entendus, mais sans que ce souvenir confus lui apprît ce qu'étaient ceux qui les portaient. La situation n'était-elle pas étrange qu'il se trouvât à sa table avec des inconnus. Ils eussent été les invités de son beau-père que la chose eût été naturelle ; mais, assurément, c'était chez la comtesse de Canoël que le duc de Chaumes dînait, non chez M. Leparquois ; et ce qui paraissait certain pour l'un, devait l'être aussi pour les autres. Quelle nouvelle aventure se préparait ?

Avant l'arrivée de ses convives, il fallait qu'il tâchât de le deviner et, pour les recevoir, il fallait aussi qu'il sût qui ils étaient.

A la hâte il acheva de s'habiller et, rapidement, il descendit.

Son beau-père et sa femme étaient encore seuls dans le salon, où ils attendaient.

— Ah ! je savais bien qu'il arriverait, dit Leparquois, en venant vivement à lui la main tendue et le visage épanoui par un sourire de joie, qui semblait dire qu'il y avait de la surprise dans cette certitude naïvement affirmée.

— Et si je n'étais pas arrivé ? dit-il ; je ne savais rien de ce dîner.

— Dame, on se serait passé de vous, dit Gabrielle qui, avec indifférence, lui tendit la main.

— A quelle occasion, ce dîner ?

— Je vous expliquerai cela.

— Et vos convives ?

— Le duc de Chaumes, dit-elle orgueilleusement.

— Mais les autres ?

— Artistes, écrivains, journalistes.

— Encore faut-il que je sache ce qu'ils sont, pour les recevoir.

— Restez dans le vague, un mot de compliment : « Beaucoup de talent », ou « le plus grand talent » : c'est bon pour tous, et chacun le prend pour soi seul.

— Mais...

Ils furent interrompus, le valet venait d'annoncer :

— Madame de Baudemont, M. le baron d'Oyat.

Ce soir-là, c'était au père d'accompagner sa fille, et à la mère de se reposer, en restant à la maison.

— Vous n'avez pas rencontré mon mari dans votre voyage, dit madame de Baudemont, en adressant à Geoffroy un sourire moqueur et donnant au mot « voyage » une intonation railleuse.

— Je n'ai pas eu ce plaisir.

— Eh bien, si, dans un nouveau voyage, vous le rencontriez, ne lui parlez pas de moi, n'est-ce pas ?

Geoffroy était l'urbanité même, mais il ne voulait pas qu'on se moquât de lui.

— Oh ! je m'en garderais bien, répondit-il avec son plus aimable sourire.

Elle lui tourna le dos et vint à Gabrielle, qui lançait à son mari des regards furieux.

Les convives arrivaient et le valet les annonçait :

— M. le duc de Chaumes, M. Jactat, madame la comtesse de Ligny, M. Audrieu, M. Gomer, M. Query, M. le comte de Ligny.

Et Geoffroy accueillait ses hôtes, la main ouverte, quelques paroles aimables sur les lèvres, le sourire dans les yeux.

Avec le duc, avec Théodolinda et de Ligny son rôle était facile, celui d'un maître de maison qui reçoit ses amis, mais avec les autres, il se faisait l'effet d'un secrétaire de grand hôtel, ou d'un préfet arrivé de la veille dans un département où il ne connaît personne. « Beaucoup de talent » ; quel talent M. Audrieu ? Quel talent M. Query ? Il s'en tirait par une forte poignée de main et un « Très heureux, monsieur, du plaisir que vous nous faites » qui, répété, l'exaspérait :

— M. La Jarrie.

Au moins avec celui-là, il put lâcher un « cher maître » qui le soulagea. A la vérité, son estime pour ce maître mondain qui réussissait surtout les étoffes de ses portraits, était médiocre ; mais enfin, il savait quelle langue parler.

— M. Anjorrand.

« Cher maître », aussi celui-là, et d'autant plus facilement, que Geoffroy n'avait pas en musique la même compétence qu'en peinture : on le disait profond, ce musicien, et s'il n'avait pas encore pris d'assaut la première place que quelques amis lui donnaient, la faute en était aux circonstances, non à lui : on verrait ; et Geoffroy ne demandait pas mieux qu'on vit se réaliser ces pronostics qu'on répétait depuis une vingtaine d'années.

— M. Honorat.

« Maître » ! encore un, au moins se croyant tel, le seul, l'unique maître, sinon par le succès, au moins par l'impulsion révolutionnaire que les cinq ou six actes qu'il avait fait jouer en quarante ans, devait donner au théâtre, quand les directeurs seraient moins stupidement routiniers. Comme pour Anjorrand, Geoffroy acceptait cette maîtrise qui, en ce moment, avait le mérite de le tirer d'embarras : Que lui importait qu'elle fût factice ou réelle.

Un certain temps s'écoula entre l'entrée du dernier invité et l'annonce que le dîner était servi ; il put alors échanger quelques mots avec de Ligny, le seul de ses convives qui fût en situation de le renseigner.

— Qu'est-ce que c'est que M. Audrieu ?

— Journaliste ; chroniqueur au *Candide*.

— Et M. Belin ?

— Journaliste aussi ; rédacteur des échos au *Boulevard*.

— Et M. Query?

— Autorité culinaire ; quand il a déclaré qu'un dîner était réussi, c'est article de loi ou de foi. comme vous voudrez : fait les réputations des bonnes tables.

— Et M. Jactat.

— Vous ne connaissez pas Jactat !

— J'ai ce malheur ou cette infirmité.

— Professeur dans une faculté quelconque, s'est

fait un nom en montant à cheval, ce qui n'est pas précisément la spécialité des Normaliens ; aspire à remplacer Mackensie Greeve au Bois, et, à l'Académie, le premier qui mourra ; s'il y arrive — à l'Académie, — ce sera grâce à son cheval, comme le brasseur de Preston gagna une bataille ; on le trouve mondain, moi je dis que c'est le cheval.

C'était assez pour que Geoffroy ne gardât pas son attitude de préfet avec ses convives, mais non pour qu'il devinât ce qui les réunissait en ce bizarre assemblage ; cependant, il ne voulait pas poser une question directe à de Ligny, mais celui-ci alla au-devant :

— C'est un choix du duc, dit-il.

Ce mot fut un éclair; comme tout le monde, il connaissait le nom de Markowski donné à M. de Chaumes, et comme c'était celui-ci qui avait lancé les invitations, on pouvait, sans effort d'imagination, comprendre dans quel but.

— Mais pourquoi rien que des noms de second ou de troisième plan et pas un seul de premier? dit-il, pour ne pas laisser comprendre ce qui se passait en lui.

— Ah! voilà! dit de Ligny, ne voulant pas répondre que ces invités de premier plan auraient peut-être répété pour le dîner ce qui s'était passé pour la soirée.

— En peinture, pourquoi La Jarrie, et non Glorient ou Cintrat ?

— Glorient, trop vieux; Cintrat, trop bohème.

— En musique, pourquoi Anjorrand et non Falco.

— Sait-on jamais si Falco aura le lendemain vingt francs dans sa poche.

— En auteurs dramatiques pourquoi Honorat et non Faré?

De Ligny ne répondit pas, les portes de la salle à manger venaient de s'ouvrir, et Geoffroy n'eut que le temps d'aller offrir son bras à Théodolinda.

Si blessé qu'il fût, si préoccupé de cette intrusion de M. de Chaumes chez lui, il était trop maître de soi pour en laisser rien paraître: il convenait de sourire, il souriait; son devoir était de se montrer tout à tous, il s'acquittait de son devoir.

Au reste, il lui eut été difficile de prendre une autre attitude, sans qu'elle fût en désaccord criant avec le milieu. Pendant les courts instants qui avaient précédé le dîner, Gabrielle avait pu adresser quelques paroles aux convives, et les physionomies gardaient un reflet de la satisfaction de ses compliments et de ses éloges. Le « beaucoup de talent » ou « le plus grand talent » qu'elle conseillait à son mari, n'avaient pas été suffisants pour elle, et c'était plus franchement, plus effrontément qu'elle avait procédé. Sa tactique avec tous était la même, après avoir reçu l'hommage de chaque arrivant, elle laissait celui-ci se reconnaître pendant quelques secondes et prendre langue, puis, traversant le salon, elle marchait droit à lui avec cette démarche ondoyante et résolue, réservée et provocante qui était un de ses charmes, et alors, à mi-voix, avec une vivacité qui trahissait l'entraînement, elle vous disait que vous étiez ou l'homme supérieur ou l'artiste qu'elle admirait le plus, et vous laissait entendre que c'était pour vous seul qu'elle donnait ce dîner, pour vous avoir et créer des [illegible]ations qu'elle se flattait de faire durables; d'un mot qu'on retenait, si gros qu'il fût, on était caractérisé par un rapprochement : pour Anjorrand, lui et Mozart; pour La Jarrie, lui et Van Dyck; pour Audrieu, lui et Chamfort; pour Honorat, personne, lui, Lui! tout seul.

Pour n'être ni Mozart, ni Chamfort, ni Van Dyck, ou autres morts illustres, ces convives n'étaient point des sots; plusieurs avaient de l'esprit, tous cette parlotte parisienne qui peut, pour un certain temps, en tenir lieu. On causait, avec gaieté, surtout avec l'entrain des gens qui se connaissant, ont des sujets communs sur lesquels ils s'entendent à demi mot.

Quand on passa dans le fumoir, la mauvaise impression du dîner s'était atténuée chez Geoffroy. En somme, c'étaient là d'agréables convives et, à l'exception de Gomer, qui n'avait rien dit et sur le compte duquel il restait dans une entière ignorance; à l'exception aussi de Jactat, trop imposant et surtout posant, parlant par-dessus tout le monde, la tête en arrière en professeur dans sa chaire, maintenant qu'il commençait à les connaître, il admettait qu'on les eût invités. La seule question qui restât à éclaircir était de savoir à quel intention, et si le rôle de M. de Chaumes était bien celui que les paroles de Ligny semblaient lui attribuer.

A cette question, ce fut le duc lui-même qui répondit et sans qu'on la lui posât.

Leparquois avait donné le signal de rentrer dans

le salon où Jactat, seul, tenait compagnie à Gabrielle, à Théodolinda et à madame de Baudemont, profitant de ce moment pour se montrer comme toujours irrésistible, et Geoffroy n'attendait plus que le duc, quand celui-ci. avec un geste de camaraderie lui prit le bras :

— Eh bien, demanda-t-il, êtes-vous satisfait de cette répétition générale? Comment trouvez-vous qu'elle a marché?

Pour que l'entretien se continuât et aboutît à quelque révélation, il fallait répondre:

— Très bien.

— N'est-ce pas? Pour un début ce n'est pas mal; nous aurons une bonne presse: Query est plus que satisfait, il a déclaré dix fois que votre maison est une de celles où l'on mange le mieux à Paris; c'est une légende, reposant sur la réalité d'ailleurs, qui va se répandre et s'établir. Pour notre vraie première, nous ferons servir le même menu puisqu'il est réussi; vous verrez mercredi,

Il se mit à rire :

— Si ces braves gens savaient qu'ils ont fait fonction de dégustateurs, ils ne seraient peut-être pas très fiers; mais ce n'est ni moi ni vous qui le diront, n'est-ce pas?

Et le duc, passant le premier, entra dans le salon, suivi de Geoffroy.

Le dos à la cheminée, Jactat discourait :

— Je soutiendrai toujours...

— *Unguibus et rostro*, murmura Audrieu, va donc, pion.

— Je soutiendrai toujours que les artistes, à quelque classe qu'ils appartiennent, philosophes, poètes, littérateurs, peintres, musiciens, ont tout intérêt à se montrer dans le Monde. D'abord, c'est le Monde qui fait et propage les réputations beaucoup plus promptement, beaucoup plus solidement que la presse, dont les réclames sont vraiment trop mêlées; n'est-ce pas une promiscuité révoltante que celle qui mêle un beau livre à un remède en vogue...

— Très juste, interrompit le duc; d'ailleurs, il n'y a de bonnes réclames que celles qui se répètent tous les jours... gratuitement.

— J'irai plus loin, continua Jactat, avec un sourire de remerciement et en adressant la suite de son discours à M. de Chaumes personnellement, je soutiendrai que les gens du Monde ont tout intérêt à fréquenter les écrivains...

— Pourquoi pas tout de suite un seul écrivain. Toi, murmura Anjorrand, qui commençait à trouver qu'on parlait beaucoup dans cette maison, où la musique ne tenait pas la première place.

La Jarrie s'était approché de Geoffroy:

— Eh bien, faites-vous toujours de la peinture? demanda-t-il, j'ai vu de vous, il y a quelques années, des choses délicieuses, beaucoup de talent.

Est-ce que celui-là se moquait, en lui rendant la monnaie de ses compliments? mais non, il parlait sérieusement, et à Honorat, qui était venu se mettre en tiers, il expliquait comme le sentiment artistique s'est développé en ces dernières années chez les gens du monde, et combien nombreux sont ceux qui travaillent sérieusement : les uns la peinture, les autres la sculpture, l'architecture, l'archéologie, ceux-ci la musique.

— C'est une nécessité de notre état social, répondit Honorat, les supériorités trouvant la route partout barrée par la médiocrité, sont bien forcées de chercher des dérivatifs à leur activité intellectuelle ; ainsi, moi...

On se sépara de bonne heure, au grand chagrin d'Anjorrand, qui trouva qu'on était peu respectueux pour la musique dans cette maison, — le duc avait à gagner sa matérielle dans l'un des cercles dont il était la gloire ; les journalistes avaient leur journal à faire ; Honorat avait à passer dans quelques théâtres, pour voir si ne baissaient point enfin les recettes des médiocrités qui lui barraient la route ; chacun, avant l'heure du lit, avait ses affaires.

A onze heures, tout le monde était parti, et aussitôt Gabrielle montait chez elle.

Pendant le dîner et la soirée, Geoffroy s'était plusieurs fois demandé s'il aurait un entretien ce soir même avec sa femme, ou s'il le remettrait au lendemain ; les quelques paroles du duc le décidèrent à ne pas attendre : il se sentait assez maître de sa volonté pour ne pas se laisser emporter ; et différer au lendemain serait interprété par Gabrielle pour une marque de faiblesse ; d'ailleurs, avec elle, était-on jamais assuré d'avoir un lendemain ? Pouvait-on prévoir à qui ou à quoi elle appartiendrait ?

Comme elle se faisait déshabiller, elle le vit entrer dans son cabinet de toilette, et, d'un coup-d'œil, elle comprit qu'elle était menacée d'une demande d'explication.

— Asseyez-vous donc, dit-elle.

Il prit le fauteuil qu'elle lui désignait.

— Vous avez fait bon voyage? demanda-t-elle

— Très bon, je vous remercie.

— Vous avez eu beau temps?

— Très beau.

— Pas trop chaud?

— Le temps que vous avez eu ici.

Il était facile de lire sur la physionomie des deux femmes de chambre et dans les rapides coups d'œil qu'elles échangeaient, l'envie de rire que leur inspirait ce dialogue conjugal. Comment Gabrielle n'avait-elle pas assez de tact pour s'en apercevoir, ou, s'en apercevant, comment continuait-elle sur le même ton?

Jamais elles n'avaient apporté autant de lenteur à la toilette de leur maîtresse, qu'elles prolongeaient évidemment pour leur plaisir, assurées que ni la femme ni le mari ne leur feraient d'observations : celle-ci, parce que cette lenteur lui plaisait, celui-là, parce qu'il n'oserait pas.

Et, en effet, assis dans son fauteuil où il tâchait de prendre un air indifférent, il n'osait pas.

A la fin, cependant, elles durent se décider à s'en aller, après avoir éteint les lampes, mais ce fut à regret.

— Est-ce que vous avez à me parler? demanda-t-elle lorsque la porte fut fermée.

— Je vous gêne?

— Je suis fatiguée.

— Il n'y paraissait pas pendant le dîner.

— Devais-je le laisser voir à nos convives? En votre absence, j'ai été fort souffrante.

— Qu'avez-vous éprouvé?

— Des malaises vagues; en réalité les suites de mon accident.

Pendant le dîner, il avait pu, par-dessus la corbeille de fleurs basses placée entre eux, l'examiner et se convaincre à plusieurs signes : la placide sérénité de son regard, la plénitude de son visage, le rouge de ses lèvres, que son indisposition n'avait laissé aucune trace en elle ; si ces malaises qu'elle accusait étaient réels, ils auraient certainement entravé sa convalescence.

— Dans cet état de santé, que j'étais loin de soupçonner en vous regardant, pourquoi donner ce dîner.

— J'imaginais qu'une amélioration se produirait et que les forces me reviendraient ; quand on n'a jamais été malade, on se trompe volontiers sur sa santé ; les invitations lancées, je n'ai pas voulu m'excuser et remettre ce dîner.

— Et celui dont il n'a été que la répétition générale?

— Ah! vous savez?

— Le duc a bien voulu me dire que mercredi nous aurions une nouvelle série.

— Madame de Charmont, madame d'Aussonne...

Il fit un mouvement dont elle ne comprit pas la signification :

— M. de Chaumes a des promesses formelles, dit-elle vivement, ce qui est arrivé pour la soirée ne se reproduira pas pour ce dîner.

— Alors, c'est M. de Chaumes qui invite chez moi ! dit-il en perdant le calme qu'il avait cru pouvoir garder.

Elle leva les yeux sur lui et durant les quelques secondes pendant lesquelles ils restèrent face à face, ils se dirent tout ce que leurs lèvres taisaient.

Le premier il rompit ce silence plus menaçant que les paroles :

— Je vous ai demandé si c'était M. de Chaumes qui invitait chez moi.

— Alors puisque vous insistez, je vous répondrai ; chez vous, non ; chez mon père, oui.

— Votre mot décide notre situation : puisque votre mari n'est rien, sa place n'est plus ici.

Il se dirigea vers son appartement et du cabinet de toilette passa dans la salle de bain, mais prêt à entrer il se retourna vivement :

— Gabrielle !

Elle venait d'entrer dans sa chambre ; elle referma brusquement la porte, et il entendit qu'elle poussait le verrou.

VI

Le lendemain matin, Leparquois fit prévenir son gendre qu'il désirait le voir avant de sortir; mais, presqu'aussitôt, le valet de chambre qu'il avait envoyé revint lui dire « que M. le comte était déjà sorti ».

— A-t-il dit quand il rentrerait?

— Je vais le demander.

Cette fois, l'attente fut un peu plus longue, car il fallut faire une enquête, interroger le valet de chambre de Geoffroy et aussi le concierge.

— M. le comte n'avait rien dit. Dès six heures, il s'était fait apporter une malle dans laquelle il avait mis lui-même du linge et des vêtements. Il avait envoyé chercher une voiture de place, et il était parti à six heures quarante-cinq minutes, en donnant l'adresse de la gare Saint-Lazare. Il était en costume de voyage: veston, chapeau rond.

Leparquois s'étonna de ce brusque départ et aussi s'en inquiéta un peu, mais il se dit que sa fille le lui expliquerait; il n'y avait qu'à attendre qu'elle s'éveillât.

A neuf heures, il fut admis près d'elle: elle déjeunait d'une tasse de chocolat dans laquelle elle trempait des rôties beurrées, dont le nombre disait qu'elle était femme de bel appétit.

— Qu'est-ce qu'il y a ? demanda-t-elle en devinant à la physionomie de son père qu'il se passait quelque chose.

— C'est justement la demande que j'ai à t'adresser : pourquoi ton mari est-il parti ?

— Ah ! il est parti ?

— Ce matin à six heures quarante-cinq, il a emporté une malle de voyage ; tu ne savais donc pas qu'il dût partir ?

— Pas du tout ; en te voyant entrer, je croyais que tu venais de sa part pour me faire de la morale, et reprendre l'entretien que nous avons eu hier soir, au point où il a été interrompu.

— A propos de quoi cet entretien.

Elle raconta très exactement ce qui s'était passé entre eux.

— Le voilà fâché, s'écria Leparquois, et il est parti.

— Il reviendra.

— En es-tu sûre ?

— Si j'avais voulu, il ne serait pas parti ; il n'avait pas lâché son grand mot : « Puisque votre mari n'est rien, sa place n'est plus ici », qu'il le regrettait déjà et, après quelques pas de sortie, il revenait pour se le faire pardonner ; je lui ai fermé la porte au nez.

— Pourquoi ?

— Il m'ennuie.

— Il t'aime.

Avec le plus grand calme elle avala deux cuillerées de chocolat, puis prenant une nouvelle rôtie :

— Je t'en prie, dit-elle, ne te mêle pas de ces querelles. Je me suis mariée un peu pour que tu puisses t'occuper de tes affaires en toute tranquillité, maintenant ne te mets pas en peine de chercher des soucis inutiles.

— Mais c'est ton bonheur que je cherche.

— J'en suis certaine; tu es un bon père; mais, si tu veux mon bonheur, n'interviens jamais entre mon mari et moi, c'est parce qu'il se sent soutenu par toi qu'il a des velléités de révolte; il faut, au contraire, qu'il sente bien qu'il est dans ma dépendance, ce qui n'est pas du tout la même chose que d'être dans la tienne; le jour où il en sera convaincu il se soumettra, et à partir de ce jour-là nous vivrons dans une paix parfaite, — celle que tu désires. Patiente un peu, et laisse passer la période aiguë que nous traversons en ce moment : elle est indispensable.

— Es-tu sûre qu'il se soumettra?

— Comment veux-tu qu'il fasse autrement. J'avais mon plan en voulant un mari qui fût notre obligé; Geoffroy l'est et nous le tenons. Combien te doit-il pour le compte de réparations de Canoël?

— Je n'ai pas le chiffre dans la mémoire.

— Eh bien, fais-le toi donner, et vois s'il peut te rembourser. J'avais aussi mon plan en le poussant aux travaux qu'il a entrepris; ce n'est pas à toi qu'il faut apprendre que celui-là est le maître qui tient la clé de la caisse.

— Et si tu l'éloignes de toi par trop de dureté, si tu le détaches de toi.

— Eh bien quand il aurait une maîtresse que m'importe... pourvu que ce n'en soit pas une dont j'aurais à rougir.

Il la regarda avec un peu d'effarement. Certes, il avait plus d'une fois montré, dans les affaires, qu'il était capable d'égorger ses adversaires ou ses concurrents, de les ruiner, de les déshonorer sans se laisser arrêter par des raisons de pitié : les affaires sont les affaires et l'on ne gagne pas les batailles qu'il avait gagnées sans qu'il y ait des morts et des blessés, c'est la fatalité de la lutte pour le succès. Mais cet homme si dur dans les choses d'argent, ne manquait pas de tendresse dans celles du sentiment : il avait aimé sa femme ; il aimait passionnément sa fille ; il s'était pris d'affection pour son gendre, et il trouvait que le meilleur de sa vie était dans certains souvenirs, ou dans les joies intimes que lui donnait le bonheur des siens.

— Sais-tu que, quelquefois, tu me fais peur, dit-il.

— Peur à toi.

— Je comprends ce clair regard jeté sur un adversaire ou un étranger, mais avec ton mari, comment tes yeux ne se troublent-ils point ?

— Où en serions-nous, s'ils s'étaient troublés? Sous des apparences douces et faciles, Geoffroy est un obstiné, qui tient à ses idées, et ses idées, par malheur, ne sont pas les miennes. Qui doit céder ? Lui ou moi ?

— La vie est faite de concessions mutuelles.

— Je ne demande que cela; qu'il m'en fasse d'abord, je lui en ferai... plus tard. Comprends donc la situation : j'ai pris un mari, ce n'est pas lui qui pouvait me prendre. Quand ce point de départ sera admis, tout ira bien.

— Et en attendant?

— Fais-moi encore quelque mois de crédit. Plus d'une fois, tu as engagé des affaires à terme, pendant la marche desquelles tu avais des luttes à soutenir, avec des alternatives d'espérance et de découragement. C'en est une de ce genre que j'ai engagée aussi; et, s'il y a lutte, il ne peut pas y avoir découragement.

— Ce qui n'empêche pas que, pour le moment, Geoffroy est parti, sans que nous sachions pour combien de temps et pour où.

— Pour combien de temps? Jusqu'à mercredi. Pour où? Pour Canoël, où il va bien tranquillement surveiller ses travaux, en combiner de nouveaux, les étudier, les dessiner, car il dessine et très joliment, ce gendre précieux; tu vois que je lui rends justice de ce côté; de même, je reconnais aussi que tout ce qu'il ordonne là-bas est parfait, et si bien compris, si réussi, que c'est à se demander si nous ne devrions pas chercher des prétextes pour qu'il y reste toujours.

— Tu plaisantes. Moi, je pense à mercredi.

— Es-tu assez commerçant, avec ton souci des échéances; il faut te guérir de ça. N'as-tu pas eu souci aussi du dîner d'hier?

— Assurément.

— Et tu vois que Geoffroy, malgré tes craintes, est arrivé juste à l'heure, ayant calculé son effet pour nous donner une émotion, et nous marquer ainsi son mécontentement de ce dîner arrangé et fixé sans son consentement. Eh bien, il en sera de même pour mercredi.

— Enfin, s'il n'arrivait pas?

— On se passerait de lui. Ma maison ne serait pas la première où la femme seule ferait les honneurs de la table, tandis que son mari est ailleurs. Cela se présentait assez souvent dans la vieill › aristocratie, au temps où le mariage était moins platement bourgeois qu'aujourd'hui; et, de nos jours, cela se voit encore. D'ailleurs, n'es-tu pas là?

Comme il se récriait.

— Sois tranquille, je ne te ferai jamais jouer le rôle de ce pauvre M. d'Oyat.

VII

A la gare Saint-Lazare, Geoffroy prit une autre voiture et se fit conduire rue Championnet.

Quand Lotieu, qui travaillait dans l'atelier, entendit, sur le sable du sentier, le bruit des pas de deux personnes, dont l'une marchait lourdement, elle ouvrit la porte pour voir qui venait la déranger, alors qu'elle se croyait seule pour plusieurs jours, et que Trip ne pouvait pas encore être rentré de sa tournée. Elle fut bien surprise de voir que c'était Geoffroy qui arrivait, suivi d'un cocher chargé d'une malle ;

mais elle ne se permit aucune question et se remit tout de suite à sa table, après avoir refermé la porte derrière le cocher.

Ce fut Geoffroy qui alla au devant des questions.

— Me voilà revenu, dit-il en passant sa blouse noire; l'absence dont je vous avais parlé n'aura pas été longue.

— Si j'osais, je dirais heureusement.

— Et pourquoi ne le diriez-vous pas? Qui sait. Au moins nous allons pouvoir bûcher.

Il boutonna les manches de sa blouse :

— Il y a des gens qui mettent le plaisir dans l'assouvissement de leurs vices, d'autres ailleurs. Qui a raison?

Elle le regarda, étonnée du ton amer de ces paroles, pour elle, un peu énigmatiques.

— Où est le bonheur? dit-il, dans le bien, dans le mal?

Quoique la question ne lui eût pas été posée, elle s'enhardit à répondre :

— Peut-être simplement dans ce qu'on aime.

Alors, d'une voix profonde, il dit :

— Oui, vous avez raison; et ce qu'il faut aimer, n'est-ce pas, c'est le travail. En avant.

Comme il le disait, on bûcha ferme et si rudement que, pendant vingt jours, il ne mit les pieds dehors que pour aller dîner, commençant et finissant ses journées avec le soleil, ne s'interrompant quelques minutes que pour déjeuner.

Depuis longtemps il avait l'idée d'un émail de grande dimension, qu'il n'avait jamais osé entreprendre, de peur de ne pas pouvoir le mener à bonne fin, sans être interrompu. Ses études étaient faites, son esquisse terminée, sa plaque prête. A chaque instant il en parlait, expliquant les moyens qu'il emploierait pour triompher des difficultés qui surgiraient, et Lotieu en était arrivée à croire qu'on en parlerait longtemps encore, sans passer à l'exécution et sans allumer le grand four avec rails et chariot pour porter les plaques de dimensions au delà de l'ordinaire, qui n'avait pas encore servi.

Mais au moment même où il disait « En avant », elle le vit prendre la grande plaque et la poser sur sa table.

— Vous allez commencer! dit-elle toute surprise.

— Et à moins d'accident, je ne la quitterai que lorsque j'aurai fini : j'ai tout mon temps à moi.

Tout son temps à lui. Était-ce une bonne ou une mauvaise chose? Ce fut ce qu'elle se demanda, mais sans plus trouver de réponse à cette question que lorsqu'elle se l'était posée pour la première fois. Il paraissait bien sombre, bien nerveux, bien préoccupé pour admettre qu'il fût satisfait : ordinairement, c'était d'un air joyeux qu'il se mettait au travail; maintenant, au contraire, il semblait que ce fût avec une sorte de rage. Et, cherchant une explication à cet état nerveux, elle se disait que, peut-être, ses affaires allaient mal; sans doute, il avait manqué un travail sur lequel il comptait, et c'étaient des préoccupations d'argent qui l'assombrissaient. Élevée au milieu de ces soucis d'argent, c'était par une sorte de disposition naturelle qu'elle les voyait partout, et les rendait responsables de tout ce qui se présentait mal.

Si graves qu'ils fussent, ils ne résistèrent point à la fièvre du travail qui rapidement les emporta : au déjeuner, Geoffroy, qui avait perdu son air sombre, allait par l'atelier, alerte et dispos comme en ses meilleurs jours : le grand four avait été allumé et bientôt ils passeraient au feu la plaque pour fixer les paillons d'or, c'est-à-dire les feuilles de métal qui, en certaines places, devaient servir de fond à sa peinture. La journée était chaude, et au soleil tombant dans l'atelier par le châssis du toit, s'ajoutait le calorique rayonnant du grand four bourré de coke qui produisait une température brûlante ; cependant il n'en paraissait nullement accablé; au contraire, et quand les yeux protégés par ses lunettes, les mains gantées de moufles, il poussait le chariot dans le four, ce n'était plus du tout l'homme nerveux et agité qu'elle avait vu arriver le matin, mais l'artiste maître de soi, tout à son œuvre, qui ne subit d'autre préoccupation que celle du travail.

Pendant vingt jours il en fut ainsi, cette tranquillité d'esprit ne se laissant émouvoir que par les difficultés ou les accrocs du travail : tandis que les peintres, comme les statuaires, n'ont à subir dans l'exécution de leur œuvre que les hésitations ou les défaillances de la main qui n'obéit pas fidèlement à la pensée, ou celles de la pensée qui ne donne pas ce que la main demande, l'émailleur a, en outre, à compter avec les surprises de son four, dont il n'est jamais maître, si habile qu'il soit et qui, du premier au dernier feu, le font le jouet d'un hasard ou d'un accident.

Plus d'une fois, ces hasards malheureux se produisirent, et alors ce furent des émotions, des angoisses que partageait Lotieu qui, à chaque mise au feu de la pièce, se faisait l'aide de Geoffroy ; à la voir, malgré la terrible chaleur que dégageait le four, l'œil collé au regard pour suivre la fusion de l'émail sur la plaque rougie, il semblait que ce fût son œuvre. Et de fait, n'en était-il point ainsi? Les espoirs de Geoffroy ne battaient-ils point dans son cœur? Les inquiétudes qu'il éprouvait ne l'étreignaient-elles point? Plus ferme qu'elle, il savait attendre que le feu eût accompli son travail : mais alors, bien souvent, elle s'écartait pour qu'il la remplaçât au regard.

— Voyez, disait-elle.

C'étaient deux camarades qui travaillaient, deux collaborateurs, et cela était si bien admis, que Geoffroy ne disait jamais que « notre feu » ou « notre plaque » ; et alors elle en éprouvait un mouvement de fierté qui lui faisait aussi chaud aux joues que le rayonnement du four.

Avec un pareil emportement au travail, les promenades après dîner ne pouvaient venir à l'idée ni de l'un ni de l'autre, car il n'y avait plus d'après-dîner pour eux; c'était la nuit seule qui les arrêtait et encore, bien souvent, la cheminée lançait-elle des lueurs fulgurantes dans le ciel déjà sombre, qu'ils n'avaient point achevé leur tâche de la journée;

quand Geoffroy revenait de son restaurant, l'heure était assez avancée pour qu'il ne pensât qu'à se coucher et, aussitôt au lit, la fatigue lui donnait le solide sommeil des travailleurs, à poings fermés, sans réveils et sans rêves.

Enfin, après vingt jours de ce labeur qui en valaient bien cinquante ou soixante de moyenne durée, la plaque fut achevée et une dernière fois poussée au feu pour fixer le monogramme C et G en lettres d'or que Geoffroy avait écrit avec la date dans un coin.

Elle était à peine sortie du four, que Geoffroy dit à Lotieu d'aller s'habiller; et comme elle le regardait surprise, il précisa :

— Ne trouvez-vous pas que nous avons gagné une promenade au frais? On m'aurait mis à la broche que mes joues ne seraient pas mieux rissolées; mes poumons soufflent du feu. Dépêchez-vous.

Et pendant qu'elle courait chez elle, il s'habilla vivement; s'il pensait à respirer le frais, elle ne devait pas en avoir besoin moins que lui. Avec l'égoïsme des passionnés, il ne s'était guère occupé d'elle pendant son travail; mais maintenant il se disait que le four avait dû être pour *elle* plus âpre encore qu'il ne l'avait été pour lui, et que ses morsures avaient sûrement été douloureuses pour cette peau si fraîche.

Ils se trouvèrent prêts en même temps, et en même temps aussi ils parurent dans le cadre de leurs portes : elle pour venir l'attendre, lui pour aller la chercher.

En sortant dans la rue Championnet, il la fit tourner à droite.

— Où allons-nous? demanda-t-elle.

— A la station de Nord-Ceinture pour monter dans un train.

— Qui nous conduira?

— Je n'en sais rien. Nous prendrons le premier qui s'arrêtera; pourvu qu'il nous conduise dans un pays vert et frais, c'est tout ce qu'il nous faut.

Dans la rue, ils croisèrent ou dépassèrent des gens endimanchés.

— Tiens, est-ce que c'est dimanche aujourd'hui? demanda-t-il.

— Mais oui.

— Et vous n'avez pas été à la messe!

— Je n'y ai pas pensé.

— Est-ce vrai cela? demanda-t-il en la regardant.

Elle sourit sans répondre.

— Pourquoi ne pas dire franchement que vous n'avez pas voulu me quitter au dernier moment, continua-t-il.

Il prit leurs billets pour l'Isle-Adam, mais en expliquant à Lotieu qu'ils n'iraient sans doute pas jusque-là; le train leur ferait longer la forêt de Montmorency : quand ils verraient une station près du bois, ils descendraient.

— Mais alors, c'est de l'argent perdu.

— Si peu.

— Est-ce drôle que vous n'ayez jamais souci de l'argent.

— Je n'ai pas été habitué à compter.

— Eh bien, il faut vous y habituer maintenant; quel plaisir donne l'argent dépensé inutilement?

— Vous avez raison, dit-il en riant; mais aujourd'hui, le moyen que j'emploie était le seul bon, puisque je connais mal cette ligne, pour nous empêcher de faire une longue route dans une plaine poussiéreuse et brûlante.

Ils montèrent sur l'impériale, et bien que la journée fût déjà chaude, la vitesse du train leur fouetta le visage d'un air frais qui les fit respirer.

— Quelle bonne idée vous avez eue, dit-elle.

— Toute la journée à nous, et nous l'avons bien gagnée.

A Saint-Leu, elle proposa de descendre pour gagner la forêt qu'elle voyait vaste et sombre devant elle, puis ensuite à Taverny; mais ce fut seulement à Bessancourt qu'ils s'arrêtèrent.

— Voulez-vous que nous traversions ce village promptement? dit-elle.

— Pourquoi?

— Parce que je n'ai jamais vu une forêt et que j'ai hâte d'entrer dans celle qui monte là devant nous.

En quelques minutes le village fut traversé et, par un chemin tortueux qui s'ouvrait devant eux, ils gagnèrent la forêt.

VIII

Dévastée par les carrières, les briqueteries et les fortifications du côté d'Andilly, des Champeaux et de Domont, empoisonnée aussi par les guinguettes qui ouvrent là leur berceaux hospitaliers à chaque pas, la forêt de Montmorency est restée une forêt sur les collines et les plateaux de Bessancourt, de Bethmont et de Chauvry; la rue qu'ils avaient prise ne tarda pas à se transformer en un chemin caillouteux, encaissé entre deux talus veloutés de mousses, et quand ils furent arrivés au haut, ils se trouvèrent en plein bois, en pleine solitude, sous un épais couvert de verdure.

Elle marchait en tête, légère, à pas pressés, les coudes serrés à la taille, sans souffler; elle s'arrêta et, comme il montait plus lentement, il la vit rester immobile, les yeux grands ouverts, les narines palpitantes, regardant autour d'elle, écoutant ce grand silence, respirant la senteur des feuilles, comme si elle cherchait ce qu'était ce parfum nouveau pour elle.

— Eh bien, nous sommes dans la forêt, dit-il.

— Je me sens émue comme dans une église, dit-elle gravement.

Elle respira les yeux demi-clos :

— Et grisée aussi.

Alors elle se mit à rire :

— Décidément, ça ne ressemble pas aux champs de betteraves de Dunkerque.

— A Dunkerque, il y a la mer.

— Oh ! la mer ! la mer ! murmura-t-elle... les bois, au moins, ne sont pas méchants, on peut se fier à eux.

Il voulut effacer l'impression pénible qu'il avait produite en parlant de la mer à cette pauvre fille, pour qui elle avait été si cruelle :

— Savez-vous que c'est une curiosité, dit-il, de rencontrer une jeune fille de votre âge qui n'a pas encore vu une forêt.

— Bête, n'est-ce pas ?

— Au contraire, charmante au point de vue de son étonnement et de son plaisir.

— Je vous assure que ce plaisir est vif, mais non exempt de trouble ?

— De quel genre est ce trouble ?

— Un saisissement grave, il me semble ; au reste, il m'est difficile de vous expliquer ce que j'éprouve, quelque chose comme un plaisir attendu, qui me donnerait envie de rire et de pleurer en même temps, si je m'abandonnais ; en tout cas, vous voyez que l'impression est forte ; le malheur est que je ne trouve pas de paroles pour l'exprimer.

— Mais, au contraire, vous l'exprimez très bien... au moins pour moi ; il est vrai que moi...

— Vous ?

— Je ne suis guère en état de savoir, dans cet ordre d'idées, ce qui est bien ou ce qui est mal : je comprends ou ne comprends pas, voilà tout.

— Pourquoi dites-vous cela ? interrompit-elle avec une nuance de gronderie.

— Parce que c'est la vérité.

— Si vous êtes sincère, vous vous connaissez bien mal.

— Etes-vous certaine de me connaître, et ne vous trompez-vous pas sur moi ?

Il lui prit la main et, la passant sous son bras :

— Nous allons nous expliquer là-dessus, tout en suivant cette route tapissée de gazon, où les pieds glissent comme sur du velours.

Depuis un certain temps déjà, Geoffroy voulait avoir cette explication avec Lotieu ; leur conversation, le soir de leur promenade à Saint-Ouen, les regards qu'elle fixait sur lui, les questions craintivement formulées, ses silences, les sentiments qu'elle lui témoignait, tout tendait à prouver qu'elle continuait à chercher ce qu'il était, et que, si elle ne devinait point la vérité, au moins elle en approchait sur quelques points. Et il ne voulait pas que cela fût. Qu'adviendrait-il de leur intimité et de leur camaraderie, si elle cessait de voir en lui le camarade pour le remplacer par un personnage plus ou moins romanesque ? Cela pouvait conduire loin : en tous cas, à ce résultat certain de supprimer la simplicité et la franchise dans cette intimité. Or, c'étaient elles, précisément, qui lui plaisaient. Ce qu'il aimait dans leurs heures de travail ou dans leurs promenades, c'était qu'elle se livrât en toute liberté et sans scrupules comme sans hésitations, se montrât un camarade telle qu'elle était, avec ses naïvetés, ses étonnements, ses ignorances, pour lui les fleurs de sa jeunesse. Il avait un tel dégoût des conventions, du factice, des prétentions, des mensonges au milieu desquels il vivait depuis son mariage, que, par le contraste, cette petite fille, qui était la nature même, le charmait. Par expérience, il savait comme elle était prompte à s'effaroucher, et, au lieu de la laisser aller plus loin dans le chemin où elle poursuivait ses recherches, il devait l'arrêter, s'il ne pouvait point la ramener en arrière. Combien de fois n'avait-il pas été frappé des changements d'attitude qui se manifestaient en elle, selon qu'il était en blouse ou en costume de ville, si peu habillé que fût ce costume : libre et à son aise avec l'ouvrier, inquiète et sur la réserve avec le monsieur.

C'était à l'ouvrier qu'il voulait qu'elle crût, non au monsieur, à Geoffroy tout court, sans arriver jamais au comte de Canoël ; la belle affaire, vraiment, s'ils en venaient là un jour !

— Vous êtes beaucoup trop disposée, dit-il, à m'accorder des mérites qu'en réalité je n'ai pas.

— Vous me dites cela comme si vous en étiez fâché.

— Je ne peux pas en être fâché, vous le savez bien ; mais j'aime mieux, pour la continuité de nos relations, que vous voyez en moi l'homme que je suis, plutôt que celui que vous imaginez; n'allez jamais plus loin que la blouse, c'est le plus sûr, et vous ne vous exposerez pas ainsi à des déceptions qui seraient mauvaises pour tous deux, plus encore pour moi que pour vous. Si, au contraire, vous partez des meubles que j'ai mis dans mon atelier, et aussi des vêtements et du linge que je porte et qui sont plus soignés, peut-être, qu'ils ne devraient être ; si, de mon habileté de main, vous concluez à une éducation artistique supérieure ; si certaines manières en moi, certaines façons de m'exprimer vous donnent l'idée que sous la blouse il y a...

— Qui?

— Que sais-je? Comment voulez-vous que je devine ce qui passe par l'esprit d'une jeune fille douée comme vous d'une forte dose d'imagination. Enfin, s'il en est ainsi, vous ne pourrez précisément qu'arriver à ces déceptions dont je parle.

— Et s'il n'en est pas ainsi?

— Alors, c'est parfait; vous me voyez ce que je suis, et il n'y a pas de raisons pour que nous ne restions pas dans un bon accord.

S'il avait été moins attentif à développer ces explications en les maintenant dans un certain vague, il aurait remarqué que Lotieu cherchait bien plutôt à aller au delà de ses paroles qu'à comprendre simplement ce qu'il disait, et que c'était le pourquoi de ces explications qui la préoccupait.

Après un moment d'hésitation assez long, elle se décida à les lui demander franchement :

— Enfin, pourquoi me dites-vous cela?

— En vue de l'avenir, d'abord, et aussi pour le présent, pour que votre premier mouvement ne soit pas toujours de me répondre comme à un maître de qui on attend la solution de toutes les difficultés;

maître, je ne le suis pas toujours, et vous pourriez bien souvent être maîtresse.

Elle se récria; il insista. Jusque-là, il s'était tenu dans des généralités dont l'avantage était de pouvoir s'expliquer présentement ou plus tard avec facilité. Maintenant, il voulut préciser les points sur lesquels elle pouvait être maîtresse ; n'était-il pas amusant, vraiment, de se faire donner des leçons par elle? Comme elle était gentille, les yeux baissés, un peu confuse, lui disant : « Je vous demande pardon, mais il me semble... »

— Combien de choses, dit-il, vous savez que j'ignore, combien vous en devinez avec votre instinct féminin, dont je ne me doute même pas. Ne m'avez-vous pas grondé tout à l'heure pour l'argent perdu ?

— Puisque vous voulez que je parle franchement, laissez-moi vous dire que cet exemple n'est pas très bien choisi.

— Pourquoi ?

— Parce que je suppose que votre argent n'est pas du tout perdu, comme j'avais eu la sottise de supposer qu'il le serait.

— Vous êtes contente ?

— Je n'ai jamais été si heureuse.

Par le chemin qui continuait de monter, ils étaient arrivés au haut d'un plateau dont les pentes boisées descendaient à une plaine de moyenne étendue, au-delà de laquelle commençait une nouvelle forêt qui fermait l'horizon. Sous la voûte des arbres, dans le chemin où ils marchaient, ils se trouvaient dans l'ombre, tandis que devant eux, la plaine, violemment éclairée par le soleil, rayonnait dans un poudroiement vaporeux; les blés commençaient à peine à jaunir, et, au milieu de leurs vagues mouvantes, les champs de colza, en fleurs, formaient de grandes taches d'or éblouissantes.

— Voulez-vous que nous nous assoyons un peu, dit-elle.

— Vous êtes fatiguée ?

— Non; mais je trouve cela si beau, que je voudrais m'en emplir les yeux.

— Eh bien, arrêtons-nous.

A l'abri d'un châtaignier, dont la cime étalée ne laissait point passer le soleil, ils s'assirent sur le talus du chemin, à l'endroit même où commençait la déclivité du terrain. En cette journée de dimanche, aucun bruit autre que celui de la brise dans le feuillage agité des trembles, où, de temps en temps, le cri brusque d'un oiseau ne troublait le silence; les huttes des bûcherons, entourées de lattes, de cercles et de copeaux, étaient abandonnées, et aucun promeneur, aucune cavalcade ne s'aventurait en cette partie déserte de la forêt, loin des restaurants.

Ils restèrent longtemps sans parler, dans le recueillement et la jouissance de cette solitude, les yeux perdus au loin, n'importe où, d'un point à un autre, capricieusement, la songerie envolée plus loin encore que ce qu'ils voyaient. Puis elle se leva et se mit à courir dans les herbes veules d'une jeune vente, se baissant de temps en temps pour cueillir une fleur, dont elle eut bientôt fait une grosse botte qu'elle portait dans son bras plié. Et, couché sur mousse, il la regardait passer et repasser devant lui, fraîche, printanière, se montrant ou disparaissant, au caprice des cépées. Elle ne tarda pas à revenir et, s'étant assise près de Geoffroy, elle posa entre eux la gerbe de fleurs.

— Qu'est-ce que c'est cela ? dit-elle en lui présentant une longue tige garnie de fleurs pendantes, disposées en grappe, dont les corolles ventrues étaient d'une belle couleur pourpre.

— Une digitale.

— Et cela ?

Elle lui montra une plante aux feuilles crénelées, aux fleurs en clochette d'un bleu intense.

— Une campanule.

— Et cela ? demanda-t-elle en lui en présentant une autre d'une nuance d'or.

— Je ne sais pas.

Elle le regarda, surprise.

— Vous croyez donc que je sais le nom de toutes les fleurs des bois.

— Mais oui.

— Vous voyez qu'en cela, comme en bien d'autres choses, vous vous trompez sur mon compte.

— Au surplus, cela ne fait rien, c'était de celle-là, — elle montra la campanule — que je voulais savoir le nom.

— Pourquoi?

— Parce que je vais l'emporter.

Elle avait tiré de sa poche une petite boîte en carton, dans laquelle elle plaça soigneusement une tige fleurie de la campanule.

— Et que voulez-vous en faire?

— Ah! voilà.

— Vous ne voulez pas me le dire?

— Si vous y tenez, il le faut bien.

— Dites.

— En rentrant, je vais la coller sur la feuille d'un cahier, et à côté j'écrirai son nom, la date et quelques mots qui fixeront le souvenir de cette journée

— Un cahier? Est-ce que c'est elle qui va se trouver sur la première page.

— Non; il y a déjà deux pages occupées.

— Par quoi?

— La première, par une petite rose des haies cueillie à Saint-Ouen; la seconde, par une pâquerette rapportée de la butte Montmartre, quand nous avons été voir le soleil se coucher.

— Et qu'avez-vous écrit pour fixer le souvenir de Saint-Ouen?

— Mais c'est une confession que vous me demandez?

— Ne voulez-vous pas vous confesser à moi?

— Pour Saint-Ouen, j'ai écrit: « Bien heureuse! »

— Et pour Montmartre?

— « Très heureuse! »

— Et pour aujourd'hui, sous la campanule, qu'écrirez-vous?

— Oh!

— Dites.

— « Plus heureuse encore. »

C'était, les yeux baissés, la tête à demi détournée, qu'elle avait murmuré ces trois mots d'une voix tremblée, à l'accent profond; aussitôt elle la releva et, le regardant en face en riant :

— Vous savez, je ne suis pas un grand écrivain; je dis ce que je sens, tout bêtement.

Il tendit les deux mains, les deux bras vers elle :

— Vous êtes... s'écria-t-il.

Mais, instantanément, il s'arrêta et, lui tendant une seule main :

— Vous êtes une brave petite fille.

IX

A ce moment, une musique d'orgue de Barbarie arriva jusqu'à eux, montant d'un village situé au bas même de la colline, et dont ils apercevaient quelques toits à travers les cimes des arbres.

Geoffroy se leva.

— Voilà qui nous apprend, dit-il, que nous trouverons à dîner; est-ce que vous n'avez pas faim?

— Je ne sais pas, répondit-elle, comme si elle s'éveillait d'un rêve.

— Moi j'ai très faim, n'ayant guère déjeuné.

— Eh bien, descendons dans ce village.

Ils prirent bientôt un chemin qui, en zigzag, coupait au court sur la pente raide du coteau et à mesure qu'ils descendaient, la musique de l'orgue leur arrivait plus criarde et plus bruyante.

— Je crois que nous allons tomber en pleine fête

du village voisin, dit Geoffroy, car cet orgue, qui ne change pas de place, doit être celui d'un manège de chevaux de bois.

C'était, en effet, la fête du village; aux premières maisons, ils trouvèrent des drapeaux au-dessus des portes, la rue balayée soigneusement, et, par les fenêtres entr'ouvertes, sortait une odeur de fricot qui parlait d'une grande mangeaille générale.

Ils ne tardèrent pas à arriver sur une assez grande place plantée d'arbres, où quelques baraques de marchands de jouets, de verroterie et de pain d'épice, de toupie hollandaise, de massacre des Innocents, formaient une avenue qui conduisait à un emplacement gazonné, au centre duquel se dressait une estrade tricolore pour les musiciens. C'était évidemment la salle de bal en plein air, sans tente avec des bancs en planches posées sur des billots de bois, en guise de banquettes, et, pour toute décoration, des guirlandes de feuillage qui reliaient entre eux des mâts portant les verres de couleur pour l'illumination, et des lampes en cuivre pour un éclairage plus durable.

— Voilà une fête champêtre, dit Geoffroy, tout à fait primitive, et plus champêtre que je n'en imaginais aux environs de Paris; j'espère pourtant que nous trouverons à dîner.

Au coin de la place, une maison d'où partaient des éclats de voix, des rires et des chants, avec des bruits de verres et de bouteilles choqués, avait une enseigne au-dessus de sa porte : « Marchand de vin, loge à pied et à cheva

— Voulez-vous que nous entrions là, demanda Geoffroy, ou que nous nous promenions avant dans la fête?

— Puisque vous avez très faim, entrons tout de suite.

— Si on peut vous donner à dîner? dit le marchand de vin répondant à Geoffroy, bien sûr, puisque c'est la fête : nous avons du fricandeau au jus, du lapin sauté et, si vous voulez attendre jusqu'à six heures et demie, de la dinde rôtie qu'on va mettre au feu pour une société. Jusque-là, faites un tour dans la fête; il y a de quoi s'amuser.

Cela fut dit avec la juste fierté d'un villageois qui a l'orgueil de son pays.

— Faisons un tour dans la fête, dit Geoffroy; maintenant que nous sommes sûrs de dîner, nous pouvons attendre.

Ce tour de fête ne lui suffit pas: il voulut faire jouer Lotieu à la toupie, au massacre, au tourniquet, et il y joua lui-même, s'amusant de la voir s'amuser; puis, quand ils eurent visité toutes les baraques, ce qui fut vite fait, comme il n'était pas encore six heures et demie, il voulut encore monter sur les chevaux de bois dont la musique faisait rage à l'autre bout du village. Au massacre, Lotieu avait abattu plus de poupées que lui; au premier tour de chevaux de bois, il enfila plus de bagues qu'elle; mais au second, elle eut encore l'avantage; il est vrai qu'à ce moment, l'idée lui était venue que parmi ceux devant lesquels il passait sur un cheval bleu à crinière rose, il y avait peut-être quelque

Parisien qui le connaissait et se demandait si celui qui s'amusait à ce jeu primitif, en riant avec cette jolie fille à la toilette d'alpaga gris plus que simple, pouvait être réellement le comte de Canoël; et cette idée drôlatique l'avait distrait des bagues pour le faire chercher dans le double rang des curieux.

Lorsqu'ils revinrent pour dîner, ils trouvèrent leur couvert mis dans une petite cour derrière la maison.

— Vous serez mieux là que dans la salle commune, dit la bonne qui les conduisait :

Sur leur table, étaient déjà posées une bouteille de vin et une carafe d'eau ; Geoffroy les tâta et les trouva chaudes.

— Est-ce que vous ne pourriez pas nous donner un *siau* d'eau fraîchement tirée du puits, dit-il.

— Bien sûr.

Il vit que Lotieu le regardait avec surprise et comme si elle avait quelque chose à lui demander ou une observation à lui faire.

— Que voulez-vous ? dit-il.

— Rien.

— Alors, vous avez une observation à me faire.

Elle hésita.

— Est-ce là la franchise que vous m'avez promise ?

Pendant ce temps, la bonne tirait de l'eau au puits dont on entendait la poulie grincer.

— Est-ce qu'on dit siau ? demanda Lotieu.

Il se mit à rire, se gardant bien de lui répondre que cette ancienne prononciation parisienne était encore en usage chez les vieilles gens du monde ; elle prenait son rôle au sérieux, la chère petite, et il trouvait bien amusante sa timidité grave.

— Vous voyez, dit-il, combien j'ai besoin qu'on me reprenne : siau, n'est-ce pas, c'est de l'ouvrier en blouse et non de l'artiste en veston ; c'est de mon éducation première.

Et jusqu'à un certain point, il disait vrai, car son père se moquait des bourgeois savants qui prononçaient seau.

Depuis qu'ils étaient arrivés dans le village, Lotieu avait, à plusieurs reprises, parlé du bal comme si elle désirait le voir. Geoffroy demanda à quelle heure il commençait.

— A huit heures.

— Alors, servez-nous assez vite pour que nous soyons prêts à ce moment.

— Il n'y a pas de danger que vous le manquiez ; c'est d'ici que part la musique avec les garçons pour parcourir les rues du pays.

— On ne craint pas de la fatiguer, la musique.

Un peu avant huit heures, on entendit dans la rue un bruit de pas mêlé à une confusion de voix, et aussi quelques notes isolées de clarinette et de cornet à piston ; c'était la musique qui, presqu'aussitôt, partit en jouant une marche. Alors, Geoffroy et Lotieu se levèrent de table pour se rendre au bal.

Déjà on commençait à arriver : des deux côtés, par les rues qui aboutissent sur la place, on voyait venir des bandes de jeunes filles en robes blanches ; elles marchaient à grands pas en se donnant le bras et elles occupaient toute la largeur de la rue : des bouts de ceintures roses ou bleues flottaient derrière elles ; quand elles étaient passées, il restait dans l'air poussiéreux, le parfum des pommades achetées au cornet chez les mercières du village, qui avaient dû plaquer quand même leurs cheveux indépendants ; et aussitôt, dans la salle de bal, elles s'asseyaient sur les bancs en attendant le retour de la musique et des garçons ; de leurs files serrées s'élevaient des jacassements confus mêlés de petits éclats de rire que provoque l'espoir d'un plaisir prochain.

Cependant, la musique se rapprochait, et, avec ses accords, arrivait le brouhaha du cortège qu'elle avait ramassé au seuil des maisons. Enfin, elle parut à l'entrée de la place, précédée et suivie d'un flot de gens endimanchés qui, bruyamment, en se bousculant un peu, surtout en criant fort, envahit l'enceinte du bal ; et, aussitôt qu'elle fut montée sur l'estrade, la ritournelle d'un quadrille commença.

Geoffroy et Lotieu avaient été se placer à l'autre bout de la salle, et ils se tenaient là un peu à l'écart regardant, Lotieu la main appuyée sur le bras de Geoffroy. Aux premières notes de la ritournelle, il sentit cette main frémir sur son bras comme si elle dansait.

— Vous m'avez dit que vous dansiez aux ducasses des environs de Dunkerque ? demanda-t-il.

— Toutes les fois que mon pauvre père pouvait m'y conduire.

— Et cela vous amusait?

— C'était de la folie.

— Si nous dansions ce soir.

— Y pensez-vous?

— Pourquoi n'y penserais-je pas?

— Je n'oserais jamais.

— J'oserai pour vous.

— Nous n'avons pas le temps.

— Mais si, nous avons le temps, puisque l'omnibus ne passe qu'à neuf heures.

Déjà la plupart des danseurs étaient en place, Geoffroy avisa un gros garçon à l'air bon enfant qui, tenant sa danseuse par la main, paraissait n'avoir pas encore de vis-à-vis.

Vivement il alla à lui et avec ses manières les plus affables, mais ouvertes et franches aussi, il lui demanda s'il voulait bien lui faire vis-à-vis.

Le gros garçon le regarda un moment, regarda Lotieu et, se mettant à rire :

— Tout de même, dit-il.

Geoffroy entraîna Lotieu effarée, il était temps, le quadrille commençait.

Il se dansait par quatre, aussi simplifié que possible, et de façon à ce qu'on ne restât jamais en repos, mais en permettant, cependant, toutes les fantaisies aux cavaliers qui voulaient en prendre. Dès la première figure, il fut évident que celui qui faisait vis-à-vis à Lotieu était un beau danseur, fier de ses grâces naturelles autant que de ses talents acquis, et qui savait battre des entrechats, des six, des huit avec une agilité, une vigueur que rien ne devait lasser.

— Vous êtes de Paris? dit-il à Geoffroy qui, tout en dansant avec entrain et gaieté, ne l'imitait point.

— Oui.

— Ça se voit.

Ce n'était point du mépris, il paraissait incapable d'en montrer à personne, mais au moins était-ce l'expression de la justice rendue à soi-même. Ces Parisiens!

Le quadrille terminé, comme Geoffroy le remerciait, il poursuivit son idée.

— Vous avez dîné chez Cochard, hein?

— Oui.

— Est-ce que vous avez mangé de la brioche?

— Oui.

— Et comment que vous l'avez trouvée?

— Très bonne.

— Vous savez on n'en fabrique pas comme çà à Paris.

Et satisfait d'avoir affirmé la supériorité de son pays pour la pâtisserie, comme il avait déjà affirmé la sienne pour la danse, il arrêta deux de ses camarades qui passaient :

— V'là un monsieur et une dame de Paris, vous leur ferez vis-à-vis, hein?

— Tout de même, répondit l'un.

Mais l'autre ne se contenta pas de cette réponse, s'adressant à Lotieu :

— Si madame veut danser une danse avec moi?

— Tout de même, répondit-elle en souriant à Geoffroy.

— Et bien et moi, dit Geoffroy.

— On vous trouvera des filles, il n'en manque pas.

L'heure passa vite, l'omnibus allait arriver, il fallut quitter le bal.

— Quel malheur, dit Lotieu.

— Vous auriez bien dansé encore?

— Toute la nuit.

L'omnibus venait d'un autre village; quand il s'arrêta chez le marchand de vin, il se trouva complet, complet à l'intérieur, plus que complet à l'impériale où les voyageurs étaient entassés lui faisant de trois côtés une ceinture de jambes ballantes.

— Pas de place pour un hareng, dit le cocher d'un air goguenard.

Et il enleva ses chevaux d'un coup de fouet joyeux.

— Nous allons gagner la station à pied, dit Geoffroy.

— Vous arriverez trop tard, répondit l'aubergiste qui avait entendu, le dernier train sera passé.

— Alors.

— Il me reste un lit que je peux vous donner; il est grand, vous y serez à l'aise avec votre petite dame.

Lotieu confuse, avait détourné la tête, ne sachant quelle contenance tenir.

— Vous parliez de danser toute la nuit, dit Geoffroy, cela vous va-t-il?

— Je veux bien.

— A quelle heure finit le bal? demanda-t-il à l'aubergiste.

— Au soleil levant.

— Nous irons à la station par la forêt, dit Geoffroy à Lotieu, cela nous fera une promenade dans la rosée du matin; ce sera charmant.

Ils rentrèrent dans le bal.

— Tiens, vous n'êtes pas parti, dit le gros garçon qui, le premier, leur avait fait vis-à-vis.

— Il n'y avait pas de place. Nous allons danser jusqu'au matin, si vous voulez nous donner l'hospitalité.

— Pour des Parisiens, vous êtes crânes tout de même; mais vous n'allez pas vous ennuyer : si madame veut en danser une avec moi.

Ils recommencèrent à danser; à voir ces villageois s'amuser si franchement, Geoffroy s'amusait aussi franchement qu'eux; leur joie, celle de Lotieu surtout, l'avaient animé, grisé; c'était la première fois qu'il faisait sa partie dans un bal champêtre et il y avait encore assez de jeunesse en lui pour qu'il y trouvât du plaisir.

Le bal s'était ouvert entre paysans, mais, peu à peu, les bourgeois du village qui dînaient plus tard, étaient arrivés les uns après les autres, sans se presser, dignement, en gens qui ont conscience de leur importance, et ne se mêlent au populaire que tout juste pour montrer qu'ils ne font pas fi de ses réjouissances. Maintenant, quand Geoffroy jetait les yeux au delà des danseuses assises sur les bancs, il voyait des personnages qui regardaient curieusement, avec un sourire de protection, ces ébats auxquels ils ne prenaient point part; et, comme sur les chevaux de bois, il se demandait si, parmi eux, personne ne le connaissait; mais cela ne l'empêchait pas de danser gaiement, au contraire. Comme Lotieu et lui étaient les seuls étrangers dans ce bal, on faisait cercle autour d'eux, et il était facile de voir que Lotieu produisait une certaine sensation : on la suivait des yeux et, en la regardant, on se parlait bas; mais cela non plus n'était pas pour contrarier Geoffroy, qui souriait de cet empressement.

— Jouissez-vous de votre succès? lui dit-il.

— Quel succès?

— Vous ne voyez pas les yeux qui vous poursuivent?

— On nous regarde, parce que nous ne sommes pas d'ici.

— On ne me regarde guère, moi.

— Si cela était vrai, j'en serais bien heureuse.

— Réellement?

— Au moins, je serais certaine de ne pas vous faire honte.

— Vous voyez bien qu'on m'envie.

Ce mot qu'il avait dit sans y réfléchir, simplement parce qu'il était la traduction d'une situation, lui revint plus d'une fois pendant cette soirée : aux yeux de ceux qui ne les connaissaient pas, que pouvait-il être pour Lotieu, si ce n'est son amant ou son mari?

A un quadrille succédait une polka, à une polka un quadrille, et ainsi régulièrement, sans interruption, sans repos. Certainement l'orchestre avait le sentiment d'être payé assez cher, pour qu'on fût en droit de lui demander de jouer toujours; et il jouait, devant en donner pour leur argent à des gens qui savent compter. De temps en temps, on lui apportait des bouteilles de vin ou de bière, et, à la hâte, les musiciens vidaient leurs verres d'un coup.

Si les danseurs n'avaient rien perdu de leur entrain, sur les bancs, les enfants, dont l'heure habituelle du coucher était passée depuis longtemps déjà, dormaient sans vouloir quitter la place, comme si, dans leur sommeil, ils jouissaient des plaisirs de ce bal, dont ils entendaient parler depuis un an, et, près d'eux, les mères, trop vieilles pour danser, s'assoupissaient aussi, le menton tombé sur leur chaîne d'or, attendant que les maris, attablés chez les marchands de vin, voulussent bien venir les chercher pour rentrer.

Les uns après les autres, les verres de couleur s'étaient éteints, et, maintenant, les lampes seules brûlaient encore avec une lumière rouge fumeuse, qui montait dans l'air frais et tranquille de la nuit, sous la voûte bleue d'un ciel étoilé.

Deux ou trois fois Geoffroy demanda à Lotieu si elle n'était point fatiguée, mais toujours elle répondit qu'elle n'avait jamais été mieux en train, et que le jour ne viendrait que trop tôt.

Il arriva : du côté de l'Orient, au delà des collines noires qui descendaient de la forêt, une lueur blanchit l'azur foncé du ciel; les étoiles qui criblaient de trous d'or les profondeurs sombres pâlirent; un air plus frais tomba sur les épaules; c'était l'aube qui, en cette claire nuit d'été, annonçait, longtemps à l'avance, l'approche du jour.

Peu de danseurs avaient abandonné le bal, mais, depuis longtemps déjà, les enfants, les mères et les vieux avaient quitté les bancs pour rentrer dormir dans leurs lits et, c'était avec des mouvements plus lents que l'orchestre jouait ses quadrilles, plus d'un musicien ayant le bras alangui ou la langue épaissie par les libations.

Enfin, ils se levèrent et, malgré les cris qui demandaient un dernier quadrille, descendirent de leur estrade; mais, avant que Geoffroy et Lotieu pussent partir, il fallut qu'ils promissent de revenir l'année prochaine.

Comme ils avaient plus de trois heures pour se rendre à la station où ils prendraient le premier train, ils pouvaient choisir la route la plus longue, c'est-à-dire refaire en sens contraire celle qu'ils avaient suivi la veille dans la forêt. Mais, en arrivant sur le plateau où ils s'étaient assis, ils furent déçus dans leur espoir d'une promenade au soleil levant. Pendant qu'ils montaient le chemin sombre du coteau couvert de grands arbres, un brouillard s'était élevé dans la plaine, et là, où ils avaient eu une si belle vue, ils se trouvèrent enveloppés de vapeurs qui n'avaient pas seulement l'ennui d'être un rideau, mais encore celui d'être très froides.

— Voilà notre promenade gâtée, dit Geoffroy.

— Ne nous plaignons pas; nous nous sommes assez amusés depuis hier pour n'avoir pas le droit de souhaiter davantage.

Si elle ne se plaignait pas, elle ne put pas s'empêcher bientôt de frissonner.

— Il faudrait marcher plus vite, dit Geoffroy.

— Je veux bien, mais j'avoue que les jambes commencent à être lourdes.

— Vous êtes fatiguée ?

— Un peu, mais ce n'est rien.

Ce qui surtout rendait ce brouillard froid pour eux, c'était qu'une petite brise le leur soufflait en plein visage. Au moment où Lotieu parlait de sa fatigue, Geoffroy aperçut sur le bord du chemin une hutte formée de trois côtés et abritée du vent.

— Entrons là, dit-il, nous pourrons nous asseoir et vous aurez moins froid; nous avons du temps à nous pour arriver à la station; le soleil va peut-être, en s'élevant, dissiper le brouillard.

Le sol de la hutte était couvert de copeaux qui formaient un lit sec d'une bonne épaisseur; ils s'assirent dessus côte à côte.

— Si j'en avais trouvé une pareille dans les rues de Paris, cet hiver, dit Lotieu.

— Vous pensez à cet hiver !

— Oui, pour bénir le présent.

Soit fatigue, soit recueillement, elle laissa tomber l'entretien, et bientôt en la regardant, il vit qu'elle fermait les yeux à demi.

— Etendez-vous, dit-il, et dormez un peu.

Elle voulut s'en défendre, mais il insista et, ramassant une poignée de copeaux, il lui en fit un oreiller.

— Vous vous réveillerez reposée, ou je vous réveillerai, les copeaux de cette hutte ne sont pas plus durs que ceux de la maison en construc on sans doute.

Elle posa sa tête sur l'oreiller qu'il lui avait disposé, et bientôt sa respiration régulièrement rythmée dit qu'elle dormait.

Il était resté assis près d'elle et, comme il n'avait pas du tout sommeil, il se mit à regarder les paquets de châtaignier dolés pour faire du treillage, les rouleaux de cercles, et les amas de bois non encore ouvrés.

Mais cela n'était pas pour l'occuper ; il n'y avait pas de châtaigniers à Canoël, et le travail des ouvriers de la forêt de Montmorency ne pouvait rien lui apprendre dont il eût à faire son profit immédiat. Sa pensée était ailleurs, partie sur les ailes de la rêverie, mais cependant sans sortir de sa situation présente. N'était-ce pas bizarre, cette situation et telle que personne ne pouvait supposer qu'elle fût ce qu'elle était réellement : sa maîtresse, cette jolie fille avec qui il courait les bois ; et il y avait invraisemblance aussi bien qu'impossibilité à ce qu'elle ne la fût pas. Comment admettre le contraire quand on ne savait pas la vérité ?

Songeant ainsi, il remonta dans le passé, — à la nuit même où il l'avait vue si misérable, à ses souffrances, à sa vaillance, et il s'apitoya sur elle, avec un sentiment d'admiration pour l'énergie qu'elle avait opposée aux coups qui l'écrasaient. Puis il la suivit, jour par jour, depuis ce moment, dans leurs relations d'abord insignifiantes pour lui, et maintenant dans leur intimité qui lui était une distraction et un plaisir, et, partout, il la voyait ce qu'elle était en réalité, non seulement, la jolie fille que les regards cherchaient, mais encore, la brave fille qu'il avait appris à connaître, intelligente, courageuse, douée de qualités sérieuses ou charmantes qui, à chaque instant, s'affirmaient par des preuves nouvelles. Laide ou disgracieuse, il n'eut pas pu ne pas rendre justice à ces qualités, comme il n'eut pas pu n'être pas touché de la tendresse qu'elle ressentait pour lui et qui se montrait dans tout. Sans doute, cette tendresse était pour beaucoup faite de reconnaissance, mais, ne s'y mêlait-il pas un autre sentiment.

Il se tourna vers elle ; la tête inclinée de son côté et posée sur un bras, elle dormait toujours les yeux mi-clos, les lèvres entr'ouvertes, un faible sourire sur le visage, comme si, dans son sommeil, elle le regardait et pensait à lui avec tendresse.

Jamais il ne l'avait vue aussi charmante que dans ce gracieux sommeil, où ses lèvres semblaient s'offrir au baiser ; un désir lui fouetta le sang, vivement il se pencha vers elle, les bras tendus.

Mais brusquement il se redressa.

— Et après ?

Au mouvement qu'il avait fait, elle avait ouvert les yeux.

— Il faut s'éveiller, dit-elle.

Et avant qu'il eût répondu, il la vit debout devant lui.

Le soleil, en s'élevant, avait éclairci le brouillard,

dont les nappes grises passaient maintenant traversées de rayons jaunes.

— Nous allons avoir beau temps, dit-elle.

— Vous n'êtes plus fatiguée ?

— Plus du tout, prête à aller où vous voudrez, tant que vous voudrez.

Les dernières vapeurs passèrent vite, et bientôt, dans la plaine redevenue visible, comme sur les pentes du coteau, ils n'aperçurent plus que quelques légers flocons de brouillard accrochés aux cimes des arbres.

X

Bien que, pendant ses journées de travail, Geoffroy n'eût pas un instant la pensée de retourner au boulevard Haussmann, il avait cependant voulu savoir ce qui se passait chez lui, sans le demander à personne. Pour cela, en allant dîner, il achetait le *Candide*, certain de trouver là toutes les nouvelles, intéressantes ou non, qui pouvaient servir de prétexte à parler de sa femme.

Et il ne s'était pas trompé ; le lundi, il avait eu l'annonce du dîner du mercredi, avec quelques noms des invités ; le jeudi, le compte rendu de ce dîner, avec la liste complète des convives, agrémentée d'un mot aimable pour chacun d'eux, même pour ceux qui n'usaient pas habituellement de la publicité des journaux. Les choses avaient été bien faites et plus légèrement que de coutume, ce qui semblait indiquer que le duc de Chaumes avait revu et corrigé la rédaction des bureaux de la rue Rossini; de lui, Geoffroy, il n'était pas plus question que d'un mort. C'était la comtesse de Canoël qui avait reçu ses amis et leur avait fait les honneurs de son hôtel; le mari ne comptait pas.

Cela ne pouvait pas lui déplaire; puisqu'il ne devait plus être le mari de sa femme, le mieux était qu'on ne parlât jamais de lui. A la vérité, c'était son nom qu'il avait l'ennui de voir traîner dans les journaux; mais il fallait bien qu'il fût puni de la sottise qu'il avait faite de le donner à cette femme, — la sienne.

Pour se rassurer, il se dit qu'au point où on en était dans la saison, il y aurait peu d'occasions, maintenant, pour qu'elle fît parler d'elle: on ne donnait plus ni dîners ni fêtes; Paris, jour par jour, perdait son monde brillant et bruyant; on allait entrer dans le calme plat qu'elle ne pouvait pas troubler, quelqu'envie qu'elle en eût.

Mais il se trompait; à peu de jours de là, la lecture du *Candide*, qu'il continuait tous les soirs en dînant, lui avait appris qu'en l'honneur d'un général russe, de passage à Paris, un grand dîner avait été donné à l'hôtel de Canoël, et il avait vu que sa femme, dans la notoriété toute fraîche de ce général, dont tous les journaux s'occupaient, avait trouvé moyen de se tailler une belle réclame pour son luxe suprême, pour sa beauté extracapiteuse, pour son élégance, son esprit, son goût

Il s'était dit encore qu'heureusement il ne passe pas tous les jours des généraux célèbres à Paris, disposés à accepter à dîner chez une femme qu'ils ne connaissent pas et n'ont jamais vue.

Mais si ces généraux manquent quelquefois, les couturiers, les chapeliers, les coiffeurs, les cordonniers ne manquent pas et, eux aussi, pratiquent largement l'art de la réclame avec celles de leurs clientes qui permettent qu'on se serve de leur nom.

Le lendemain de ce dîner, une note du *Candide* annonçait que la saison de Trouville se présentait comme devant être particulièrement brillante, et que, parmi les personnes les plus en vue dans le *high life* le plus *select*, qui avaient tenu à s'assurer dès maintenant une villa pour la saison des courses, on remarquait madame la comtesse de Canoël, qui venait de louer le chalet Sorbier.

Puis, le surlendemain, c'était Dieppe qui faisait la réplique à cette réclame, en annonçant que, parmi les personnes les plus en vue du *high life* qui avaient loué des villas à Caude-Côte, se trouvait madame la comtesse de Canoël, dont l'installation à Dieppe aurait lieu au moment des courses.

Le célèbre couturier Faugerolles n'avait eu garde de ne pas faire servir ce nom de Canoël, en ce moment trompetté par toutes les voix de la réclame, à la gloire de sa maison : « En ce moment, on admirait dans ses salons les trente toilettes que madame la comtesse de Canoël devait emporter dans ses déplacements de sport » ; et le *Candide* donnait la description de ces toilettes : celle rose nymphe, celle souris effrayée; celle rayée vieux rose et Danube bleu; celle en gaz de soie rayon de lune sur transparent glacé mousse.

Ceux qui, ce soir-là, étaient les voisins de table de Geoffroy et qui le regardaient lire son journal, avaient remarqué que cette lecture n'était pas pour lui « rigolo », et « qu'il n'avait pas l'air d'être à la noce, l'émailleur de la rue Championnet ». Mais, à quelques jours de là, il avait paru « être encore bien moins à la noce ». A sa table, dans son coin, tout en mangeant, il lisait le *Candide*

« On nous signale un fait de haute élégance, qui est caractéristique dans notre vie mondaine. Blanchet, le célèbre coiffeur de la rue Cambon (n° 18) doit cet été, accompagner sa cliente, madame la comtesse de Canoël, à Trouville et à Dieppe, où il aura l'honneur de la coiffer. On sait que c'est lui qui a décidé la comtesse, dont la chevelure était merveilleuse, à la faire couper pour innover la coiffure à la Titus avec raie de côté, qui est sa création. On sait aussi qu'il n'y a que lui au monde pour donner le coup de fer magistral qui fait foisonner les cheveux, et...

Arrivé là dans sa lecture, il avait froissé le journal d'une main crispée, et ses voisins l'avaient entendu murmurer avec colère :

— Sale parvenue!

Que pouvait signifier ce mot? On se l'était demandé, sans rien trouver de satisfaisant. Et le mystère qui continuait d'envelopper l'émailleur de la rue Championnet en avait été un peu plus embrouillé.

L'exaspération de Geoffroy n'avait pas été, cependant, jusqu'à le faire revenir chez lui. Au point où en étaient les choses, qu'eût-il obtenu? Rien, assurément. L'épreuve était faite; de nouvelles tentatives ne pouvaient amener que de nouvelles blessures pour sa dignité · et il ne lui convenait pas de s'y exposer.

Mais s'il avait les raisons, à ses yeux les plus fortes, pour ne pas retourner au boulevard Haussmann, il n'en avait pas pour ne pas aller à Canoël, où, au contraire, des intérêts pressants l'appelaient: travaux en train qu'il devait arrêter; domestiques, ouvriers qu'il fallait congédier. Alors qu'il voulait restaurer sa terre patrimoniale pour ses enfants, qui la recevraient de lui, comme il l'avait lui-même reçue de ses pères, il ne se faisait pas scrupule de puiser dans la caisse de M. Leparquois qui lui était grande ouverte. Mais telle n'était plus la situation: il n'avait donc pas à travailler pour ses enfants et, désormais, la caisse de M. Leparquois était pour lui celle d'un banquier comme un autre, non celle d'un grand-père qui fait une simple avance à ses petits-enfants.

Et même, dans ces avances prises ainsi imprudemment en vue d'un avenir qui paraissait assuré, quand il était, au contraire, plein d'incertitudes, il y avait un point noir, gros de danger, auquel il ne voulait pas penser pour le moment, mais qui, cependant, pesait lourd sur ses préoccupations. Evidemment, il ne pourrait les rembourser qu'en vendant sa terre, c'est-à-dire en faisant, maintenant, ce qui était décédé au moment de son mariage, mais cette vente produirait-elle une somme suffisante pour qu'il s'acquittât. S'il n'avait plus qu'un seul créancier substitué aux autres par le remboursement des hypothèques, sa dette pour cela ne s'en trouvait diminuée en rien, et même elle s'était grossie de tout ce qu'avaient pris les embellissements et les réparations.

Il importait donc qu'au plus vite, il ne laissât pas ce trou s'agrandir davantage, en attendant qu'il avisât au moyen de le combler et, en rentrant de leur promenade, il partit pour Canoël en disant à Lotieu qu'il ne resterait absent qu'un jour ou deux.

En arrivant, il trouva un monceau de lettres renvoyées de Paris ou adressées directement à Canoël et, dans le tas qu'il éparpilla, il en reconnut plusieurs de l'écriture de son beau-père : ce furent les premières qu'il ouvrit, en commençant par celle dont le timbre portait la date la plus rapprochée.

« Mon cher Geoffroy,

» Je vous ai déjà écrit trois lettres sans que vous
» m'ayez répondu, d'où je conclus que, malgré ce
» qu'en dit Gabrielle, vous n'êtes pas à Canoël : vous
» les trouverez avec celle-ci, et elles vous diront la
» marche de mes tourments et de mon chagrin.
» J'ignore ce qui s'est passé entre vous et votre
» femme, car ce que j'ai pu obtenir de Gabrielle n'est
» pas suffisant pour m'éclairer; mais, permettez-
» moi de vous dire que quoi que ce puisse être, vous
» ne deviez pas partir sans me voir. Je vous aime

» comme mon vrai fils, mon cher Geoffroy, et ma » conscience que j'interroge sévèrement, m'affirme » que vous ne pouvez me reprocher aucun tort » volontaire de ma part.

» Où êtes-vous? Que faites-vous? Que voulez-vous » faire? Je suis certain que vous me reconnaîtrez le » droit de vous adresser ces questions et de vous » demander d'y répondre.

» Non par lettre, n'est-ce pas? Les lettres ne servent qu'à embrouiller les choses en les compliquant; mais dans un entretien que vous ne pouvez » pas me refuser; j'en appelle à votre loyauté et aussi » aux sentiments que vous m'avez toujours témoignés. Quoiqu'il arrive, nous ne pouvons pas, vous » et moi, nous séparer en ennemis.

» Vous savez qu'on a la certitude de me trouver » tous les jours rue Rossini, et il y en a bientôt vingt » que je vous attends.

» Votre affectueusement,

» LEPARQUOIS. »

Cette lettre causa une contrariété d'autant plus vive à Geoffroy qu'il ne pouvait pas ne pas en reconnaître la justesse. Il n'avait que trop raison, ce beau-père, quand il affirmait que son gendre n'avait rien à lui reprocher. Qu'il eût été et qu'il fût trop faible pour sa fille, que par aveuglement paternel, faiblesse, tendresse, il l'eût gâtée, qu'il l'eût perdue, cela ne faisait aucun doute; mais là n'était point la question qui, pour le moment, se résumait dans celle de savoir si Geoffroy pouvait ou ne pouvait pas refuser l'entretien que son beau-père lui demandait.

Toute la journée il l'examina, la tournant et la retournant sous ses différentes faces et, le lendemain matin, il envoyait une dépêche à son beau-père pour lui dire qu'à six heures il serait rue Rossini. Evidemment, il ne pouvait pas différer cette explication au point de l'éviter toujours et, puisque fatalement elle devait avoir lieu, mieux valait tout de suite que plus tard; au moins la situation serait tranchée, et du même coup pour sa femme et pour sa terre; il ne se traînerait plus dans des incertitudes qui l'enfiévraient, lorsqu'il en voulait prévoir les solutions possibles.

Quand il entra chez son beau-père, celui-ci était seul dans son cabinet, l'attendant; vivement il vint à lui, les deux mains tendues.

— Mon cher Geoffroy, soyez le bienvenu; je savais que, mes lettres reçues, vous ne me refuseriez pas cet entretien.

— C'est hier seulement que je les ai lues.

— Je prévoyais bien que vous n'étiez pas à Canoël.

— En effet, je n'y étais pas.

Il se fit un silence embarrassant pour tous deux.

Par la franchise de son accueil Leparquois s'était livré; mais maintenant il trouvait prudent de ne pas aller plus loin et de laisser venir.

De son côté, Geoffroy restait sur la défensive; ce n'était point pour récriminer ni pour plaider contre sa femme qu'il venait à ce rendez-vous demandé, c'était pour répondre aux questions qui lui seraient posées, il les attendait.

Voyant qu'il ne se décidait pas, Leparquois commença :

— Je suis, mon cher Geoffroy, un homme bien malheureux.

— Je ne le suis pas moins.

— Alors cherchons ensemble le moyen de sortir de cette situation.

— Il n'y en a pas.

— Ne dites pas cela, vous me désespérez.

— Ce m'est un vif chagrin, et j'espère que ma présence ici vous montre quels sont mes sentiments pour vous; mais dans les circonstances où nous nous trouvons l'un et l'autre, je ne puis pas ne pas dire ce qui est la vérité, si triste qu'elle soit.

— Vous voulez rompre la vie commune avec Gabrielle?

— Elle est devenue intolérable pour moi.

— Amiablement?

— Oui ; d'ailleurs je reconnais que je n'aurais pas de griefs suffisants pour demander une séparation judiciaire.

— Ceux que vous croyez avoir, suffisent-ils pour que vous persistiez dans cette séparation à l'amiable?

— Il m'est extrêmement pénible de répondre à une pareille question ; j'ai pour vous, vous le savez, une estime affectueuse qui du jour où je suis entré dans votre maison a été grandissant, et je ne puis parler qu'en vous atteignant dans votre tendresse pour votre fille.

— Cependant...

— Je sais tout ce que vous pouvez m'objecter; mais moi aussi, dans une discussion sur ce point, j'aurais bien des objections à vous présenter, dont la principale est que je ne suis pas homme à prendre une résolution de cette gravité, sans raisons sérieuses, par fantaisie, sous le coup d'une contrariété irréfléchie. J'avais mis de grands espoirs dans ce mariage et, pour que je me décide à m'éloigner de la femme que j'aimais, il faut qu'il me soit bien clairement démontré que nous ne pouvons pas vivre ensemble.

Ils restèrent quelques instants sans parler, Leparquois réfléchissant, Geoffroy attendant.

— Vous savez, dit enfin Leparquois, que j'ai en votre parole une foi absolue et que j'accepte, sans doute possible, ce que vous affirmez. Cela m'amène à vous adresser une question, à laquelle je vous demande de répondre franchement, si insolite qu'elle puisse paraître : avez-vous une maîtresse ?

— Non.

— C'est donc uniquement parce que vous croyez ne pas pouvoir accepter la vie commune avec Gabrielle, que vous voulez la rompre ?

— Uniquement ; et si vous vous rappelez l'entretien que nous avons eu le jour où j'ai été vous chercher rue Sainte-Marguerite...

— Je n'en ai pas oublié un mot.

— ...... Vous avez vu le point de départ des griefs qui ont forcé ma résolution.

— Vous les abandonniez cependant, ces griefs.

— Parce que je comptais, pour amener les changements que je demandais, sur un appui tout-puissant, me semblait-il, que je n'ai pas eu.

— Mais que vous pouvez avoir.

— Que je n'aurai jamais.

Leparquois regarda Geoffroy longuement, en tâchant de lire en lui, avec une appréhension qui ne cherchait pas à se dissimuler:

— Que dites-vous? murmura-t-il d'une voix émue; certainement vous ne parlez pas à la légère.

Geoffroy n'avait rien dit à son beau-père de la découverte qu'il avait faite dans le bureau de sa femme, et rien non plus, par conséquent, de ce que Proby et le pharmacien lui avaient appris; devait-il parler maintenant et confesser la vérité toute crue? Il voulut épargner ce chagrin et cette honte à ce père, qui portait si haut l'orgueil paternel.

— La porte de la chambre de votre fille est fermée pour son mari, dit-il.

— Cela est vrai?

— Je suis parti le jour où le verrou a été poussé.

— Et s'il se rouvrait?

— Il ne se rouvrira pas.

Leparquois parut profondément troublé, il se leva, et venant devant son gendre:

— Vous ne m'en voudrez pas, dit-il, de vous avoir parlé comme si les torts étaient de votre côté; vous savez combien tendrement j'aime Gabrielle; cette tendresse, naturellement, m'a rendu partial pour elle; je vous trouvais dur, sévère jusqu'à l'injustice, fermé à l'indulgence par une susceptibilité exagérée.

Pardonnez-le moi, je me trompais, et la vérité est, que je me trompais volontairement... parce que je ne voulais pas voir ; mais je vois maintenant, vous m'ouvrez les yeux et, aussi, vous m'ouvrez les lèvres ; je conviens que vous avez eu raison d'agir comme vous l'avez fait, et que votre dignité l'exigeait. Mais si je condamne ma fille, ce n'est pas irrévocablement. Si elle a des torts envers vous, et ils sont graves, je le reconnais, il y a des circonstances atténuantes à sa conduite. Elle n'est pas libre ; ce n'est pas de son propre mouvement qu'elle parle et qu'elle agit, c'est sous l'impulsion de ces deux femmes à l'influence desquelles il faut la soustraire. Ce sont elles les coupables, ce n'est pas Gabrielle, qui est bien réellement encore, et malgré tout, digne de votre amour. Elle a été entraînée, mon ami ; aidez-moi et nous la sauverons.

— Depuis le premier jour de mon mariage, j'ai lutté contre cette influence ; vous voyez où nous en sommes arrivés.

— C'est là que ma responsabilité se trouve engagée, et lourdement, je l'avoue ; je ne vous ai pas soutenu, et Gabrielle se croyant certaine, non de mon appui, je n'ai jamais pris parti pour elle contre vous, mais de ma tendresse, de ma faiblesse, Gabrielle sachant à l'avance qu'elle ferait de moi ce qu'elle voudrait, a pu vous résister. A partir d'aujourd'hui, si vous acceptez le rapprochement que je demande, il en sera autrement. On doit reconnaître les choses telles qu'elles sont : notre existence commune était mal organisée ; vous étiez chez moi, et moi c'était

Gabrielle; il faut que vous soyez chez vous; il faut qu'elle sache que c'est son mari le maître, non son père; et je vous promets de prendre les arrangements nécessaires pour qu'il en soit ainsi; de ce fait seul vous aurez une autorité qui vous permettra de parler haut et de commander; soyez sûr qu'elle se soumettra.

— Je voudrais vous croire, mais ce que j'imagine, c'est que ce serait la lutte pour vous, pour elle, pour moi.

— Je sais, je sens ce que cette lutte peut avoir de douloureux; mais les résultats qu'elle donnerait ne méritent-ils pas qu'on l'engage et qu'on la soutienne jusqu'au bout, c'est-à-dire jusqu'à la victoire? Vous me disiez tout à l'heure que vous aviez mis de grands espoirs dans votre mariage, devez-vous les abandonner avant d'avoir tout fait pour les réaliser? La rupture de ce mariage, n'est-ce pas la vie entière manquée pour tous les deux : vous, de votre côté, Gabrielle du sien, que serez-vous, que ferez-vous? Je ne parle pas de moi, et, cependant, j'avais aussi des espérances : à qui, pour qui cette fortune? quand tout seul je serais heureux avec cent sous par jour.

— Ce n'est pas à moi qu'il est nécessaire de tenir ce langage.

— C'est à elle, n'est-ce pas? je vous promets qu'elle l'entendra, et plus ferme qu'il ne peut l'être avec vous. Quand vous êtes venu me chercher rue Sainte-Marguerite, vous aviez à vous plaindre d'elle, mais quand je vous ai parlé de l'enfant, vous avez mis votre confiance en lui pour vous ouvrir une vie nouvelle, autre que celle dont vous aviez à souffrir; aujourd'hui, n'aurez-vous pas confiance dans le père?

Connaissant sa femme comme il croyait la connaître, il était bien difficile à Geoffroy d'avoir cette confiance; cependant il était difficile aussi de la refuser nettement. Pour cela, il faudrait donner des raisons qui seraient cruelles pour ce père et qu'il devait lui épargner. Et, d'autre part, il faudrait avoir à l'avance une certitude d'insuccès, en réalité impossible, malgré toutes les probabilités résultant de l'expérience du passé. Justement parce qu'il connaissait sa femme, il devait admettre que si M. Leparquois pouvait exécuter jusqu'au bout les arrangements qu'il annonçait, elle réfléchirait devant leur réalisation. Le mot « chez mon père », qui avait amené leur rupture, n'eût pas été prononcé si précisément elle n'avait pas été « chez son père ».

Toute la question était de savoir si ce père trop faible aurait la force de persister dans sa résolution, et de faire ce qu'il promettait; mais elle ne pouvait être résolue que par un essai, et tout ce qu'à l'avance on échafauderait de raisonnements dans un sens ou dans un autre ne signifiait rien : il fallait voir. Sans doute, ce serait folie d'imaginer qu'un rapprochement dans de pareilles conditions pût promettre un avenir serein. Il y aurait des difficultés, des orages; et c'étaient des jours froids, sombres, tristes qu'on devait attendre. Jamais, pour la femme qui s'était révélée à lui, il ne reviendrait aux sentiments qu'il avait éprouvés pour la radieuse créature qui l'avait ébloui de sa beauté, au point de l'aveugler la première fois qu'elle était venue à lui. Mais enfin, si pénibles que dussent être ces difficultés, si sombres ces journées, elles vaudraient mieux encore qu'une séparation. Il n'avait pas seulement à envisager son bonheur et sa liberté; son honneur encore, celui de son nom étaient jusqu'à un certain point en jeu dans cette séparation, puisqu'il les laissait aux mains d'une femme sur laquelle il aurait perdu toute autorité. Les mariages heureux où le mari et la femme vivent dans une union parfaite de cœur et d'esprit, ne sont pas la règle de ce monde. Le sien serait comme il y en a tant d'autres. Qu'il lui donnât un enfant sur qui il reporterait sa tendresse trompée, il le tiendrait quitte du reste : n'avait-il pas le travail pour s'occuper et se consoler?

— Que voulez-vous de moi? dit-il.

— Pour aujourd'hui simplement votre consentement à une réconciliation qui me permette de parler et d'agir : vous comprenez que je ne peux rien tenter avant d'être certain que vous ne me désavouerez pas; pensez donc quelle humiliation ce serait pour Gabrielle!

Geoffroy eût pu répondre qu'il était aussi sensible aux humiliations que Gabrielle, et qu'avant de lui demander son consentement à lui, on eût pu le lui demander à elle. Mais c'était un père qui pensait à sa fille bien aimée; et il ne fallait pas lui en vouloir de cet égoïsme paternel que sa naïveté même rendait excusable.

— Ce consentement, dit-il, je ne peux le donner

que si cette réconciliation a pour base l'arrangement que vous offrez : quand, à propos de M. de Chaumes, je lui ai demandé si c'était le duc qui invitait chez moi, elle m'a répondu que ce n'était pas chez moi, mais chez vous; la question doit donc être posée très nettement sur ce terrain.

— Elle le sera ainsi, je vous le promets.

— Ma femme à moi.

— C'est précisément ce que je veux. Où dois-je vous écrire?

Moins que jamais Geoffroy pouvait parler de la rue Championnet.

— Quand voulez-vous aborder ce sujet? demanda-t-il.

— Aujourd'hui même.

— Eh bien, je reviendrai demain.

— A partir de quatre heures je vous attendrai.

— A quatre heures je serai ici.

Ils se serrèrent la main.

XI

A quatre heures précises le lendemain, Geoffroy entrait dans le cabinet de son beau-père.

— Victoire ! s'écria Leparquois en venant à lui.

— Elle accepte?

— Elle accepte.

— Sans résistance?

Leparquois hésita un court instant.

— Elle se soumet.

— Vous voyez.

— Pensiez-vous donc que je n'aurais qu'à lever un doigt pour qu'elle obéît?

Geoffroy ne voulut pas insister pour l'obliger à dire quelle avait été cette résistance; ce n'était pas quand il se montrait si heureux, qu'il convenait de voiler d'un nuage la joie de son triomphe.

— Voici les bases que j'ai posées, continua Leparquois, je vous vends l'hôtel par une vente réelle, et vous payez les intérêts, que je vous remets de la main à la main, en arrière de Gabrielle, tant qu'une bonne affaire que je vous ferai faire, ne vous aura pas permis de me rembourser; vous êtes donc maître chez vous. Voilà un premier point décidé, et il est important. Mais comme la vie de cet hôtel coûte cher, j'en sais quelque chose, et que la dot de Gabrielle ajoutée à l'héritage de sa mère n'y suffirait pas, je l'augmente de trois cent mille francs de rente que vous toucherez. Voilà le deuxième point. Quant au troisième, j'espère que vous le trouverez satisfaisant aussi : vous passerez six mois à Paris, quatre mois à Canoël, deux mois en voyage. Vous voyez que, comme vous le demandez et comme je le veux moi-même, vous aurez votre femme à vous, bien à vous.

C'était sans grand espoir que ses conditions fussent acceptées, que Geoffroy était revenu rue Rossini; stupéfait de voir qu'il obtenait plus qu'il n'avait exigé, il se demanda si son beau-père ne se faisait pas illusion sur sa victoire. Les clauses de son contrat de mariage qu'il avait acceptées si dures qu'elles fussent, parce qu'à ce moment il était sous l'influence de son amour, étaient toujours présentes à son esprit, et maintenant qu'il savait dans quelle intention elles lui avaient été imposées, il ne pouvait pas ne pas trouver invraisemblable que Gabrielle acceptât un arrangement qui lui donnait une si complète indépendance; ce n'était pas seulement à sa propre fortune qu'elle tenait âprement, c'était encore à celle de son père qu'elle considérait entièrement comme sienne. D'autre part, ayant vu l'ennui noir et le dégoût que lui inspirait la campagne quand elle n'était pas agrémentée de courses, de grandes chasses ou de réunions mondaines, il ne trouvait pas moins invraisemblable qu'elle consentît à passer quatre mois à Canoël sans autres plaisirs que ceux de la vie de château. Tout cela était trop beau pour y croire sans inquiétudes et sans doutes. Cependant, si faible que fût M. Leparquois avec sa fille, il était trop homme d'affaires pour se laisser tromper, même par sa fille, et c'était une affaire qu'il avait traitée avec elle.

— Quand voulez-vous que nous rentrions à l'hôtel? demanda Geoffroy.

— Gabrielle ne rentrera, elle-même, qu'à six heures.

— Eh bien, nous attendrons six heures.

Ce retard lui parut significatif. Puisqu'ils devaient se réconcilier, n'eût-il pas été de bon goût de montrer plus d'empressement à faire la paix

Il ne communiqua pas cette observation à son beau-père et, jusqu'au moment où ils devaient quitter les bureaux de la rue Rossini pour rentrer à l'hôtel, il resta avec lui; tout ce temps, ils le passèrent à faire des projets de vie nouvelle, ou plutôt Leparquois fit des projets que Geoffroy approuva : ils partiraient aussitôt que possible pour Canoël, c'est-à-dire dès la semaine suivante; Trouville et Dieppe seraient, bien entendu, abandonnés; il les accompagnerait et resterait avec eux quatre ou cinq jours par semaine : pour cela, il ferait établir un téléphone au château; on inviterait peu de monde, les personnes seulement envers lesquelles il y aurait des obligations strictes; et là, en tête à tête le plus souvent, dans une intimité étroite toujours, il était impossible que Gabrielle ne redevînt pas ce qu'elle était aux premiers temps de leur mariage, soustraite aux influences mauvaises qui l'avaient égarée; que ne pourrait-on pas aussi attendre et espérer d'une nouvelle grossesse?

A six heures précises, ils arrivaient à l'hôtel : madame de Canoël venait de rentrer. Comme ils traversaient l'enfilade des salons de réception pour gagner celui où elle se tenait, Geoffroy sentit que son beau-père lui prenait la main et la lui serrait comme pour l'encourager. L'encourager à quoi, puisqu'elle avait accepté les conditions posées? Mais il n'eut pas le temps de s'arrêter à cette question, son beau-père venait d'ouvrir la porte, et il trouvait devant lui sa femme en compagnie de madame de Ligny.

Sa surprise fut vive, et celle de Leparquois plus vive encore, assez même pour qu'il ne put pas la dissimuler ; mais, Gabrielle comme Théodolinda, affectèrent de ne pas s'en apercevoir, ce qui fut une preuve pour Geoffroy que cette rencontre n'était pas fortuite ; soit que Gabrielle eût appelé son amie à son aide, soit que celle-ci se fut imposée, il y avait entente entre elles ; ses inquiétudes et ses doutes étaient donc fondés.

Il y eut un moment d'embarras, surtout chez Leparquois, qui se mit à bavarder de choses insignifiantes pour tuer le temps et gagner le moment où finirait cette visite. Mais madame de Ligny n'avait pas du tout l'attitude d'une femme qui fait une banale visite dans laquelle ne s'échange que des riens : assise assez loin de son amie, mais en face d'elle, de manière à ce que leurs regards pussent s'échanger librement, elle avait une physionomie énigmatique, souriante et grave à la fois, un masque impénétrable qui, bien souvent, avait intrigué Geoffroy et encore plus exaspéré ; quant à Gabrielle, elle montrait un calme et une indifférence trop accentués pour être sincères.

Cependant, ce fut elle qui, la première, aborda l'entretien :

— Ne sommes-nous pas réunis pour une affaire sérieuse ? dit-elle.

— Réunis ! demanda Leparquois, qui n'avait pas encore admis que la présence de Théodolinda fût le résultat d'un arrangement.

— Sans doute. N'est-ce pas d'un nouveau mariage

pour moi qu'il doit être question entre nous, ou plutôt d'un nouveau contrat de mariage...

— Il n'est question de rien de cela, s'écria Leparquois, tu le sais bien.

— Je l'ai cru ; c'est pourquoi j'ai demandé à madame de Ligny de m'assister.

— Ce que je n'ai pas pu refuser, dit Théodolinda, malgré ma volonté bien arrêtée, cependant, de rester en dehors de cette discussion, comme jusqu'à ce jour je suis restée en dehors de celles qui ont pu la précéder.

— M. de Canoël, continua Gabrielle en s'adressant à son père, a eu l'habileté d'obtenir ton appui.

— Mais pas du tout, s'écria Leparquois en protestant vivement, Geoffroy n'a eu rien à obtenir de moi, puisque j'ai été à lui et qu'il n'est pas venu à moi ; j'ai proposé, il a accepté.

— C'est bien là que se montre l'habileté dont je parlais, et qui est toute naturelle, native, en quelque sorte, chez un bon Normand comme M. de Canoël.

Geoffroy ne broncha pas, et rien dans son attitude ne montra qu'il fût touché par cette raillerie ; il ne regarda même pas sa femme ; toute son attention restait attachée sur Théodolinda, qu'il ne quittait pas des yeux ; c'était elle qui commandait la bataille, et d'elle, par conséquent, qu'il fallait attendre le signal des coups sérieux.

— Il ne trouvera donc pas étonnant, continua Gabrielle en s'adressant à Geoffroy, que, dans une affaire aussi grave, j'aie voulu, moi aussi, avoir un appui, puisque celui sur lequel je devais compter me manque.

— Je ne trouve rien d'étonnant, répondit-il avec un calme parfait, pas même ce que vous dites en ce moment.

— Mais moi, s'écria Leparquois tout à fait hors de lui, je trouve profondément douloureux que tu puisses parler ainsi : mon appui te manquerait ! l'appui d'un père qui t'aime comme je t'aime ! quand ce père n'a pas une pensée qui ne soit inspirée par sa tendresse pour sa fille ! Ne sais-tu pas que tu es tout pour moi dans la vie? Ne sais-tu pas que je n'ai pas d'autre bonheur que le tien ?

Cela fut jeté avec une véhémence qui lui mit une larme dans les yeux, et il s'arrêta, la voix étranglée par l'émotion.

— Oh ! Gabrielle !

Théodolinda n'eut qu'un imperceptible froncement de sourcils, mais il n'échappa pas à Geoffroy.

Aussitôt Gabrielle changea de ton, et se faisant affectueuse en s'adressant à son père :

— Ai-je dit que tu n'étais pas le meilleur des pères ; ai-je jamais eu la pensée que, dans ce que tu désires, comme dans ce que tu fais en ce moment, tu n'es pas inspiré par ta tendresse pour moi ? Tu sais bien que non ; ne te laisse donc pas influencer par ce qu'on insinue, alors que je n'ai rien dit de pareil.

Leparquois regarda son gendre, et sa physionomie laissa voir que ces quelques mots, prononcés avec un accent caressant, l'avaient retourné

Gabrielle continuait :

— En me trouvant abandonnée, dans une position fausse et même, jusqu'à un certain point, ridicule, celle d'une femme dont le mari s'est dérobé sans qu'on sache pourquoi, ce qui donne lieu à toutes les suppositions injurieuses ou comiques, tu as voulu me venir en aide et, dans ton tendre zèle, dans ton ardeur pour cette tâche qui te tenait si fort au cœur, tu as accepté des conditions qu'on avait l'habileté de te suggérer assez finement pour que tu pusses croire qu'elles t'étaient propres.

— On ne m'a rien suggéré, je te le répète, ma chère enfant ; ces conditions sont bien miennes, et l'idée qui me les a inspirées, est qu'elles devaient assurer votre bonheur à tous les deux.

— Eh bien, je me suis trompée, voilà tout. Si généreux que je te connaisse, je ne pouvais pas supposer que l'idée viendrait spontanément, à un homme d'affaires tel que toi, d'offrir à son gendre un hôtel comme celui-ci, et, en plus, trois cent mille francs de rente. C'est pourquoi j'avais prié mon amie la plus chère, celle qui, en toute circonstance, a été une sœur pour moi, d'être mon appui dans ce nouveau contrat de mariage, quelque chose comme mon notaire. Mais, puisque je me suis trompée, puisque cette idée est la tienne, n'en parlons plus, je n'ai pas à défendre mes intérêts contre toi : tu es maître de ta fortune.

Cette fois, un sourire d'approbation rida le visage impassible de Théodolinda ; il suffit pour que Geoffroy, qui allait se laisser emporter par un mouvement de colère indignée, se calmât : évidemment on voulait, en le poussant à bout, lui faire commettre quelque sottise, et Théodolinda n'était là que pour cela.

Sa femme l'examinait ; comme il ne répondait pas, elle l'interpella :

— Vous n'avez rien à dire ?

— Rien ; je n'aurais à répondre qu'à M. Leparquois, et, de son côté, il ne dit rien. D'ailleurs, n'avez-vous pas terminé votre petit discours par deux mots qui me fermeraient les lèvres, alors que j'aurais envie de les ouvrir — ce qui n'est pas. — « N'en parlons plus. »

— Je comprends, dit Gabrielle, d'une voix un peu frémissante qui trahissait un mouvement de colère.

— Moi aussi, répondit Geoffroy.

— Ce qui veut dire ? demanda-t-elle.

— Que nous nous entendons à demi-mot.

— Gabrielle ! Geoffroy ! s'écria Leparquois, qui voulut intervenir en voyant la tournure que prenait l'entretien.

Mais elle lui coupa la parole.

— Ne te mêle donc pas de cela, dit-elle, tu n'es pour rien là-dedans ; c'est affaire entre M. de Canoël et moi, et, au fond, nous sommes d'accord.

— Parfaitement, répondit Geoffroy.

Théodolinda ne bougea pas, et, se voyant observée par Geoffroy, elle ne regarda même pas son amie ; elle eva seulement la main d'un geste qu'elle tâcha de faire indifférent, mais qui fut cependant pour lui le signal de l'attaque sérieuse.

— Puisque j'accepte toutes les conditions arrêtées entre vous, dit-elle en s'adressant à son père comme à son mari, — et, en réalité, je ne vois pas comment les refuser sans vous peiner autant l'un que l'autre...

— Certainement, interrompit Leparquois en appuyant.

—... Il ne reste plus qu'à fixer le moment de notre départ pour Canoël.

Théodolinda remit son gant, comme si elle n'avait plus qu'à quitter la place, et Geoffroy n'en devint que plus attentif à guetter l'assaut qu'on allait lui livrer.

— La date la plus rapprochée sera celle que je préférerai, dit-il.

— L'état des travaux intérieurs permet-il que nous n'en soyons pas incommodés ?

— Je vous promets que vous n'aurez pas à en souffrir.

— Le premier étage est prêt ?

— Tout prêt, au moins dans l'aile que nous devons habiter.

— Cette aile seulement ?

Surpris de ces questions, il ne voyait pas encore où elles tendaient, bien qu'à coup sûr elles ne fussent pas aussi innocentes dans le fond que dans la forme.

— J'aurais dispersé les ouvriers partout, qu'ils n'eussent rien terminé en temps.

— Mais cette aile est bien petite pour que nous y trouvions tous notre appartement séparé.

Il n'y eut pas d'affectation dans la prononciation du mot « séparé », et cependant c'était là que se trouvait l'attaque; aveugle, il avait été de ne pas la voir venir; il n'en mit aucune de son côté dans sa réponse.

— Vous savez qu'au château, l'appartement des comtesses de Canoël a toujours été celui de leur mari.

— Il y a eu tant de choses au château qui ont été et qui ne peuvent plus être.

— Sans doute; mais il y en a qui doivent être, puisqu'elles ont été, et l'appartement commun est de celles-là.

— C'est une condition?

— Formelle, sans laquelle les autres ne signifient rien, ou plutôt signifieraient, si je les acceptais sans l'exécution de celle-là, que mon nom est à vendre, et vous savez bien qu'il ne l'est pas.

— Et qui vous dit qu'elle ne doit pas être exécutée... un jour?

— C'est précisément ce jour que je vous demande de fixer.

— Vous savez que cela m'est impossible... en ce moment.

— Parce que?

— Parce que je ne peux ni ne veux m'exposer à un accident comme celui dont je suis à peine guérie.

Geoffroy se leva.

— Alors, cette entrevue était inutile, dit-il.

— Pouvais-je prévoir que vous mettriez cette condition à une réconciliation?

— Elle avait été nettement exprimée.

— Au moins, la date n'avait-elle pas été fixée, et devais-je croire que vous seriez sensible à des considérations de santé, les seules que je veuille faire valoir.

— Il est certain, dit Leparquois en tâchant d'intervenir, qu'on n'est pas maître de la santé.

— La bataille est gagnée, dit le regard rapide que Théodolinda lança à Gabrielle, ton père est avec nous.

— J'aurais voulu, poursuivit Geoffroy que la question de santé ne fût pas soulevée devant M. Leparquois.

— Et pourquoi? demanda celui-ci, qui peut-elle intéresser plus que moi?

— Personne.

— Alors?

— Madame de Canoël et madame de Ligny comprendront que, sur ce sujet, je me renferme dans une réserve que j'ai observée jusqu'à ce jour et dont rien ne me fera sortir, répondit Geoffroy.

Il les regarda l'une et l'autre, et au trouble de sa femme comme au sang-froid affecté de Théodolinda, il fut certain qu'elles avaient, en effet, compris.

— Au reste, reprit-il, ce serait de l'hypocrisie de s'en tenir à ces arguties et à ces réticences; en refusant de me répondre pour la date que je demandais madame de Canoël a résolu la question que je posais : ce qu'elle veut, c'est la continuation indéfinie d'une situation longtemps difficile, mais devenue intolérable le jour où elle m'a fermé la porte de sa chambre et que je ne peux accepter.

— Je n'ai rien dit de cela.

— Je le dis, moi, et puisque vous m'y obligez, je dis aussi pourquoi je ne l'accepte pas. Depuis notre mariage, j'ai tout fait pour vous arrêter dans la voie où vous vous êtes engagée malgré mes prières, mes conseils et même mes défenses. Vous avez cru que pour une femme de votre rang, la gloire était de s'entourer d'une publicité tapageuse qui étale au grand jour ce qui doit rester enfermé dans la maison. Il a fallu, pour que vous soyez heureuse, que le public fût informé des moindres faits de votre vie intime, qu'il connût vos toilettes, vos coiffures, qu'on énumérât avec le nom et l'adresse de votre coiffeur, vos déplacements. Vous ne supportez pas de paraître au théâtre sans qu'on en avertisse la France et l'Europe, à l'église sans qu'on le trompette aux quatre vents; désespérée quand vous vous agenouillez au confessionnal, qu'on ne fasse pas une chronique avec votre confession. Ce n'était là qu'un travers commun à plus d'une femme, j'en conviens. et si j'en ai souffert, je ne m'en suis pas fâché : vous étiez une mondaine et la fierté de votre triomphe ne pouvait pas vous permettre d'être touchée par mes observations. Vous n'avez voulu rien voir de ce que je vous montrais, rien entendre de ce que je vous disais, grisée, affolée. Et alors, il est arrivé que, devenu l'esclave de cette publicité que vous aviez recherchée, ne vous appartenant plus, mais appartenant à tous, à la galerie, à la foule, ni plus ni moins qu'une comédienne, vous avez été entraînée par le flot qui vous portait; vous avez cru qu'aborder était une défaillance, que disparaître du premier rang, était abdiquer ce que vous imaginiez être une royauté. Croyant vous élever, vous avez roulé de cascade en cascade : être la femme de votre mari un ridicule ; être mère un sacrifice. Vous n'avez voulu, vous ne voulez être ni l'une ni l'autre. « Madame de Canoël vient d'accoucher d'un fils », la belle annonce, n'est-ce pas pour une première page ; ce serait une infidélité au monde. Eh bien, puisque c'est à lui que vous vous êtes donnée, je vous laisse à lui.

Il se dirigea vers la porte, Leparquois courut à lui.

— Geoffroy.

Geoffroy lui tendit la main, mais sans s'arrêter ; Leparquois le suivit :

— Il est impossible que vous partiez, dit-il, lorsqu'ils furent entrés dans le salon voisin.

— Dites qu'il est impossible que je reste : vous l'avez vu.

— C'est la faute de cette Italienne maudite.

— Pour vous, c'est une consolation de le penser ; pour moi qu'importe.

— Je parlerai à Gabrielle : elle m'écoutera. Où allez-vous ?

— Je vous écrirai.

— Vous me le promettez ?

— N'avons-nous pas des comptes à régler pour Canoël.

— Ce n'est pas à Canoël que je pense, c'est à vous, c'est à elle ; mon cher Geoffroy, mon cher ami...

La situation de Geoffroy devenait difficile :

— Eh bien, rentrez près d'elle, dit-il, ne la laissez pas sous l'influence de madame de Ligny ; c'est en vous seule que votre fille doit trouver un appui et une direction.

— Vous avez raison. Votre main.

En arrivant dans le vestibule, Geoffroy entendit le crépitement de la pluie sur les vitres de la marquise ; c'était une averse qui tombait.

— Dois-je commander le coupé de M. le comte? demanda le valet de pied qui se tenait à la porte.

— Non, donnez-moi mon parapluie.

Mais il n'entrait pas dans les fonctions de ce personnage de monter à l'appartement du comte ; il pressa le bouton d'une sonnerie et, au valet de chambre qui parut, il répéta l'ordre que Geoffroy venait de lui donner.

Et de cet hôtel qu'on venait de lui offrir, tout ce que Geoffroy emporta, fut le parapluie qui l'abritait.

XII

Devant le porche de la maison tapissée de rosiers qui commencent à fleurir, une charrette anglaise, attelée d'un solide poney, attend, gardée par un bonhomme dont la tenue est plutôt celle d'un ouvrier parisien retiré aux champs que celle d'un cocher ou d'un jardinier. Près de lui, un petit garçon aux cheveux blonds soyeux qui tombent en boucles frisées sur son cou rose, tâche de faire claquer un fouet trop lourd pour ses mignonnes mains potelées ; une nourrice enrubannée qui, tout en se promenant, donne à téter à un autre enfant, le surveille d'un œil placide habitué à tout prendre en patience et à ne s'inquiéter de rien.

Cependant, comme, après s'être fatigué à essayer de claquer, il veut maintenant tourner plusieurs fois le fouet autour du cou d'un beau chat jaune posé gravement sur une chaise de jardin, elle se décide à intervenir.

— Jean, laisse Diavolo tranquille ; tu sais bien que ton papa ne veut pas qu'on tourmente ce chat qui n'est pas commode ; monsieur Trip, prenez-lui donc le fouet, je vous prie.

— C'est bien plus amusant de faire danser Diavolo que de l'étrangler, dit Trip, donnez-moi le fouet, vous allez voir.

Et, avant que l'enfant puisse se mettre sur ses gardes pour résister, il lui prend le fouet des mains et fait courir sa mèche sur le sable en serpents rapides, après lesquels le chat bondit à la grande joie de Jean. Alors, un bouvreuil, que le fouet avait mis en fuite quand il était menaçant, revient se poser sur le dossier de la chaise et siffle un air de danse comme pour s'associer à cette partie de plaisir.

Ce n'est point une riche villa comme on en rencontre tant aux environs de Paris, mais une maison toute simple, qui tire son agrément de sa situation à mi-côte sur la pente d'un coteau, au pied duquel vient tourner la Seine dans une noble courbure, et aussi du goût de ceux qui ont couvert ses murs noircis de treillages verts qu'escalade une végétation foisonnante de vignes vierges, de rosiers et de clématites. Pas de jardins luxueusement entretenus non plus, pas de parc, mais un potager avec des plates-bandes de fleurs à la mode ancienne qui, de terrasses en terrasses, descend à une prairie plantée d'arbres fruitiers où paît une vache et où courent des poules : sur un petit quai ombragé de saules sont attachées deux embarcations : un bachot à fond plat pour la pêche et une yole plus rapide pour la promenade.

Rien, dans tout cela, ne parle de fortune, tout juste de médiocrité, celle de gens peu exigeants dans leurs ambitions, qui se sont fixés là, autant parce que cette habitation ne coûtait cher ni d'achat ni d'entretien, que parce qu'elle leur offrait les commodités de la vie, avec une splendeur de vue sur le panorama de la Seine, depuis les tours de Mantes jusqu'au donjon de la Roche-Guyon, qui peuplerait leur solitude et dont ils sauraient jouir en artistes, sans en être las jamais.

Cependant, l'enfant s'arrête de jouer avec le chat, et le bouvreuil interrompt son air, un mouvement s'est produit sous le porche dont Geoffroy descend les marches, ayant près de lui Lotieu : en apercevant sa mère, Jean court à elle et crie :

— Maman !

Si elle n'est plus la petite fille de la rue Championnet, Lotieu n'a rien perdu cependant de sa jeune beauté, dont deux enfants n'ont pas terni la fleur : même fraîcheur de carnation en elle, même légèreté d'allure, même candeur du regard, mais avec cette profondeur insondable que donne le bonheur continu. Trip, en la regardant embrasser Jean, peut croire qu'il a encore devant les yeux celle qu'il a vue si souvent arroser son jardin en admirant sa légèreté, car les changements qu'on peut remarquer en elle ne sont pas pour le frapper. Il la trouvait bien jolie fille, comme il disait, et jolie elle l'est toujours. Ce n'est pas lui qui peut s'apercevoir que ses manières ne sont plus celles d'autrefois, et que sa toilette, si simple qu'elle soit, n'est plus celle d'autrefois non plus, mais d'une élégance aisée et discrète, qui est une révélation : l'éducation de la « fille des caves » s'est faite et son maître, renonçant à jouer le rôle d'un ouvrier, a repris sa personnalité avec les traditions dans lesquelles il a été élevé.

Elle appelle la nourrice :

— Donnez-moi Isabelle.

Tandis qu'elle tient la petite fille qui rit à sa mère, Geoffroy fait monter la nourrice, qui se place sur le banc de derrière, prend Jean près d'elle et Isabelle sur ses genoux ; Lotieu monte ensuite et Geoffroy le dernier.

Trip lui présente le fouet.

— Nous rentrerons entre sept et huit heures, dit Geoffroy.

— Qu'est-ce que vous diriez si je prenais une friture pendant ce temps-là ?

— Je dirais que vous avez eu une bonne idée.

Le poney part en piaffant et passe glorieux devant la mère Trip, qui plus colorée et plus solide sur ses jambes qu'autrefois, vient d'ouvrir les deux battants de la barrière, auprès de laquelle se trouve la maisonnette qu'elle habite avec son homme.

Bientôt la fière allure du poney se ralentit ; on arrive à une côte, et il se met au pas, bien certain qu'un coup de fouet ne viendra pas le surprendre.

— Comme je te suis reconnaissante, dit Lotieu penchée vers Geoffroy, contre l'épaule de qui elle s'appuie tendrement, d'avoir bien voulu emmener les enfants.

— Puisque tu le désirais.

— C'est une idée bizarre, n'est-ce pas, de conduire des enfants de l'âge de Jean et d'Isabelle à l'exposition de peinture ; mais j'aurais été trop inquiète de les laisser seuls à la maison ; ma préoccupation t'aurait ennuyée, et le souci m'aurait gâté le plaisir de notre promenade.

— Tu vois que tout est pour le mieux.

— Grâce à ta prévenance, car je n'aurais jamais osé t'en parler la première.

— Je t'assure que j'aime mieux le trop de sollicitude d'une tendre mère, que l'indifférence de celles qui ne cherchent qu'à se débarrasser de leurs enfants ; et puis je ne veux pas que ton triomphe soit gâté.

— Oh ! mon triomphe !

— Tu n'as pas vu tes émaux dans leur cadre de velours grenat ; il faudra bien que ta modestie te rende justice. Enfin si tu ne veux pas que je dise « ton triomphe » laisse-moi dire « mon triomphe »; car c'en est un pour moi, le plus grand, le plus doux de cette exposition. Avais-je raison dans mes pronostics quand j'affirmais que tu serais une artiste ?

— Pourquoi le maître donne-t-il sa place à son élève?

— Parce que le maître est plus fier de l'élève que de lui-même; parce que rien de ce qu'il fait, ne le contente, tandis que d'elle tout le charme.

— Trop difficile pour lui le maître, trop indulgent pour l'élève.

— Juste pour tous deux : au reste, il est heureux qu'il en soit ainsi, car je n'imagine pas de joie plus vive que celle que donne le succès de la femme qu'on aime.

Ils arrivaient au haut de la côte, et le poney en reprenant son allure coupait leur entretien; maintenant, ils commençaient à redescendre et devant leurs yeux s'arrondissait le cours de la rivière entre ses rives vertes, avec la plaine au delà, toute bariolée de diverses couleurs, qui, d'une pente douce, montait jusqu'aux coteaux de Rolleboise et de la forêt de Rosny; mais ils connaissaient cette vue admirable qui, à quelques détails près, était celle qu'ils découvraient de leur maison.

Geoffroy avait dressé un programme de cette journée de fête qui devait être scrupuleusement suivi; à midi on déjeunait chez Ledoyen; à une heure on entrait à l'Exposition ; on installait la nourrice dans le jardin de la sculpture avec les enfants et l'on montait au premier étage, pour voir tout d'abord le cadre de Lotieu qui se trouvait dans la galerie au-dessus du buffet, ensuite on faisait une visite rapide des salles de peinture.

Il s'exécuta comme il avait été arrangé et, après avoir laissé les enfants à la nourrice, ils montèrent côte à côte l'escalier du jardin, d'un pas pressé.

— Tu sais que je suis très émue, dit-elle.

— Et moi aussi, je suis ému.

— Mais moi, combien plus en pensant au passé et en le comparant au présent; si misérable et maintenant si heureuse, si glorieuse.

Comme ils suivaient la galerie déserte du même pas, Geoffroy vit venir à eux La Jarrie qui les salua et s'arrêta :

— Je parie que vous vous sauvez, dit le peintre.

— Mais non.

— Si, vous vous sauvez comme des voyageurs qui traversent un désert. Eh bien, vous avez tort, car il y a dans ce désert une chose charmante qui mérite d'être vue.

— Qu'est-ce? demanda Geoffroy.

— Des émaux admirables, c'est du Léonard Limousin, et le merveilleux sans aucune imitation.

Geoffroy regarda Lotieu toute frémissante.

— Il faut que je vous montre ça, monsieur le millionnaire, quand ce ne serait que pour vous prouver que vous et vos pareils, vous pouvez acheter de très belles choses modernes au lieu de vos fausses antiquités.

Pour La Jarrie qui n'était pas retourné à l'hôtel

de Canoël depuis le dîner de M. de Chaumes, Geoffroy était toujours le millionnaire qu'il avait connu, et il ne savait rien de la séparation intervenue entre le mari et la femme, pas plus que de la vente du château de Canoël à Leparquois, qui avait voulu que sa fille gardât la terre patrimoniale dont elle portait le nom.

Et, les précédant, il les conduisit devant le cadre qui contenait les émaux de Lotieu.

— C'est signé Lotieu, dit-il, un nom nouveau, celui d'un débutant sûrement, car je ne le connais pas.

— Vous êtes du jury, cette année, n'est-ce pas? demanda Geoffroy.

— Assurément.

— Savez-vous que c'est une bonne fortune rare pour ce débutant qu'un membre du jury, et des plus compétents, des plus influents, parle ainsi de son œuvre.

— C'est admirable, je le dis et le redis.

— Eh bien, j'espère que vous allez faire obtenir une récompense à ce débutant.

La Jarrie, qui était tout flamme, se calma subitement, et le membre du jury remplaça instantanément l'artiste qui, en toute sincérité, venait d'exprimer son sentiment.

— Vous savez, dit-il, c'est une opinion personnelle; en réalité, je ne me connais pas en émaux, et puis, il n'y a pas de médailles attribuées aux émaux.

— Votre autorité ne peut-elle pas leur en faire

attribuer une; alors surtout qu'il s'agit d'un début aussi remarquable?

— Allez demander ça aux peintres, qui n'en ont que quarante quand il leur en faudrait quatre cents pour contenter tout le monde.

— Les sculpteurs s'en sont bien retiré une pour la donner aux graveurs en médailles.

La Jarrie se mit à rire :

— Vous savez, les sculpteurs ne gagnent pas d'argent.

— C'est un mot, ce n'est pas une raison.

La Jarrie le regarda :

— Ah! ça, est-ce que vous connaissez ce Lotieu?

— Beaucoup.

— Et vous me laissez aller... Elle est bien bonne.

— Est-il rien de plus agréable que d'entendre parler d'un ami comme vous venez de le faire.

— C'est un artiste, votre ami, ou un amateur?

— Un artiste.

— Qui a besoin de gagner sa vie?

— Oui, et celle des siens.

— Alors il devrait faire de l'huile : pas dans le train, l'émail.

La fierté de l'émailleur se cabra chez Geoffroy :

— Croyez-vous qu'avec de l'huile, il obtiendrait ces colorations, dit-il en montrant les émaux de Lotieu.

— Il obtiendrait des décorations, répondit La Jarrie, en qui il était resté du rapin, et, de plus, toutes sortes d'avantages solides que l'émail ne lui donnera pas de si tôt : voulez-vous me l'envoyer, je suis curieux de le voir.

— Le voilà, dit Geoffroy en prenant Lotieu par la main.

— Une femme!

La Jarrie salua tout bas :

— Ah! madame, recevez tous mes compliments; s'il en fut jamais de sincères, à coup sûr, ce sont ceux que vous venez d'entendre.

Et le juré tout à l'heure revêche lorsque Geoffroy avait parlé de récompense, se radoucit. Evidemment l'exemple des sculpteurs abandonnant une de leurs médailles aux graveurs avait du poids; c'était un argument à faire valoir, qui pour lui, l'avait touché. Il y avait quelque chose à traiter dans ce sens. Il verrait. Ce serait un honneur pour lui de faire rendre justice à un artiste d'un aussi remarquable talent, qui était une femme aussi charmante.

Ses protestations furent longues; à la fin cependant il voulut bien prendre congé « de la femme charmante et de son cher comte ».

— Eh bien, dit Geoffroy, lorsqu'il se fut éloigné, avais-je raison, est-ce un triomphe?

— Je me demande si c'est un rêve.

Ils étaient venus s'accouder sur l'appui de la galerie au-dessus du jardin pour tourner le dos aux quelques visiteurs qui passaient.

— Es-tu heureuse? dit-il.

— Pour toi, pour moi, la plus heureuse des femmes.

Elle étendit la main vers ses enfants qui se trouvaient en face d'eux dans le jardin :

— Mais pour eux aussi, les chers petits, leur mère sera quelqu'un.

FIN

NOTICE POUR « MONDAINE »

Il n'est pas toujours facile pour un romancier, — qui ne se contente pas des livres publiés avant lui, — d'étudier les gens et les choses dont il veut parler, quand il n'est pas dans son caractère de s'en tenir à l'à peu près. Si, au moment d'écrire un roman qui met en scène le monde des églises, il va demander à un prêtre ce qu'il y a dans la messe, les chances sont pour que la messe qu'il dira n'ait guère d'accent; de même si, pour aller vite, il traverse simplement en chemin de fer le pays où se passe son action, les chances sont pour que ce pays n'ait pas de physionomie propre.

Quand le plan de *Mondaine* commença à passer de la rêverie vague dans l'exécution un peu précise, je n'eus pas d'embarras pour établir assez nettement ce que serait le monde chic dans lequel mon personnage principal allait évoluer avec son entourage ; pas plus que je n'en eus pour le tableau de la rue Sainte-Marguerite d'où son père était parti; cela rentrait dans une observation courante qui ne demandait pas des connaissances spéciales.

Mais à côté de ces parties faciles, je n'avais aucune idée de ce qu'était le commerce des métaux, ni des grosses spéculations auxquelles il peut donner lieu, ni de l'industrie du cuivre si importante à Paris, ni de l'art de l'émailleur, ni de la langue flamande que parlerait un de mes personnages.

Il me fallait donc étudier tout cela, sinon à fond, au

moins aussi loin que je pourrais, et en tous cas, pour le cuivre et l'émail, de façon à ne pas faire hausser les épaules à ceux qui, par profession ou autrement, savaient ce que j'ignorais.

Pour la place assez restreinte que j'avais à donner dans mon roman au commerce des métaux et à l'industrie du cuivre, il ne m'était pas indispensable de pousser mon étude bien avant ; quelques entretiens avec des négociants en métaux, des visites dans les usines qui, à Paris, travaillent l'étain, le laiton, le zinc, le nickel, le cuivre et ses alliages, suffisaient à me mettre au courant.

Mais l'art de l'émailleur ?

Sans doute, l'industrie de l'émail, c'est-à-dire l'emploi d'une matière vitrifiable sur un métal ou sur le verre est largement représentée à Paris : il y a les émailleurs pour plaques de rues, numéros, écussons, étiquettes, plaques de propreté, cadrans, réflecteurs ; il y a ceux pour bijoux, coffrets, flacons, bonbonnières ; il y a ceux pour carreaux et panneaux ; ceux pour mosaïques et bien d'autres encore. Cependant dans tout cela je ne trouvais pas ce qu'il me fallait : des industriels, des ouvriers, des artisans plus ou moins habiles, quelques-uns d'une habileté extraordinaire dans le bijou, oui ; des artistes, non. Chez Barbedienne, aux ateliers de la rue de Lancry, je vis en exécution de beaux *émaux cloisonnés*. Chez Bapst et Falize de plus beaux encore qui étaient d'admirables œuvres d'art. Mais les émaux cloisonnés sont de l'orfèvrerie, bien plus que de la peinture, et ceux qui les exécutaient n'avaient rien du peintre dont j'avais besoin. N'en était-il donc pas un à Paris qui continuât les Pénicaud et les Limousin, ces grands artistes du seizième siècle, ou les Petitot, ces gracieux portraitistes du dix-huitième.

Je devais cependant le trouver ce peintre-émailleur, ou faire mon roman de chic, c'est-à-dire ne pas le faire du tout, puisque telle n'est pas ma manière de travailler : d'après nature ou rien ; et un moment, je crus que ce serait rien.

Ce fut M. Falize qui me vint en aide et je ne pouvais pas trouver un guide plus compétent, plus homme de goût, avec l'érudition et l'autorité. Il voulut bien me conduire rue

Couesnon, là-bas, bien loin, derrière la gare Montparnasse où dans un petit jardin je trouvai un atelier de peintre-émailleur avec un four pour la cuisson, et l'occupant deux jeunes artistes, MM. Grandhomme et Garnier, qui se mirent à ma disposition avec une entière bonne grâce, en me permettant d'assister à leur travail : si je ne suis pas devenu peintre-émailleur, c'est que les études premières me manquaient.

Depuis cette époque, les expositions du Champ-de-Mars ont fait connaître ces deux artistes en mettant sous les yeux du public, avec le style et le caractère de chacun, des œuvres dignes des plus belles du temps passé. Mais alors leurs noms n'étaient pas encore sortis du cercle étroit des connaisseurs. Et combien en est-il à Paris qui ont assez de flair et de hardiesse pour aller au neuf et à l'original avant qu'il n'ait été signalé à leur attention, tambouriné, surtout diplômé, garanti assez solide pour passer à la postérité. Ce n'est pas la beauté ou le mérite que le connaisseur recherche dans l'œuvre d'art qu'il commande ou qu'il achète, c'est ce qu'elle vaudra plus tard, en cas de vente. L'art n'a rien à voir dans les affaires, et rares sont les amateurs qui dépensent leur argent sans la conviction qu'ils font une dépense rémunératrice.

La question du cuivre étant réglée et aussi celle de l'émail, restait celle de la langue flamande ; et bien que le flamand que j'eusse à mettre dans mon roman fût de peu d'importance, il devait cependant être correct aussi bien pour le nom de mon héroïne que pour les paroles qu'elle dirait.

Comme j'ai des amis et des parents à Dunkerque cela n'était pas pour moi une difficulté. Je consultai le docteur Duriau, et bien que celui-ci parle flamand, il voulut pour me guider s'entourer de garanties exceptionnelles. Pour cela, il s'adressa à l'interprète flamand du tribunal qui est une autorité en la matière, et lui soumit les renseignements qu'il me donnait. Je pouvais donc me croire solidement documenté. Ah! bien oui!

Alors que *Mondaine* paraissait dans l'*Illustration*, je reçus une lettre d'un avocat de Hasselt (Belgique) qui me prouva (une fois de plus) que si grande que soit la conscience qu'on mette dans les choses dont on parle, il se trouve toujours des braves gens heureux de vous trouver en faute.

« Je prends la liberté de vous faire une petite remarque, uniquement de détail. Le nom de votre héroïne Lotieu que vous dites être en flamand un diminutif d'Isabelle, est en réalité un diminutif de Charlotte. *Dogter* s'écrit *dochter*. »

Aussitôt, je consultai mes autorités, et la réponse fut que *dogter* s'écrivait ainsi ou *dochter* à volonté. Pour Lotieu qui s'écrit Lotje et se prononce Lotieu, c'était bien le diminutif d'Isabelle, Belle, Lotje, les trois dernières lettres tje s'ajoutant en flamand à ce qui est familier. Le diminutif de Charlotte était *Carletje*.

N'y avait-il pas là de quoi jeter des doutes sur l'utilité de la précision dans l'exactitude?

H. M.

ÉMILE COLIN — IMPRIMERIE DE LAGNY

www.ingramcontent.com/pod-product-compliance
Lightning Source LLC
LaVergne TN
LVHW011941220826
846092LV00001B/56

9782019136383